建立中華聯邦的芻議

從中西文化探索中國之出路

作者雖然認識到中國走向民主的艱巨性，

但卻絕不悲觀，

指出「從民主到專制再回復民主，

是人類歷史必然的發展規律」，

中國遲早都會走上民主之路。

寒山碧 著

必須徹底批判王權文化，並清除其影響

（代序）·寒山碧·

王權文化，源流遠長，影響至廣至久，荼毒至深，歷時三四千年，中國仍無法從其泥淖中自拔。何謂王權文化？即「王」至高無上，等同聖人，蹟近天帝。「王」擁有「天下」，擁有一切資源，「王權」無邊，不受任何制約。

王權無邊，自古已然

上古之君王稱「皇」稱「帝」，燧人、伏羲、神農稱爲「三皇」，亦有一說「三皇」指天皇、地皇、人皇。稍後之「人王」則稱「帝」，黃帝、顓頊，帝嚳、唐堯、虞舜稱爲「五帝」。夏禹、商湯兩朝之天子也稱「帝」，但夏后朝和殷商朝皆出了不肖之「帝」，「帝發崩，於帝履癸立，是爲桀。…桀不務德而武傷百姓，百姓弗堪……湯修德，諸侯皆歸湯，湯遂率兵以伐夏桀。……湯乃踐天子位，代夏朝天下。」❶自此，禪讓制度廢，世襲制度興。殷商末年，「帝乙崩，子辛立，是爲帝辛，天下謂之紂……紂愈淫亂不止，微子數諫不聽，乃與太師、少師謀遂去……周武王於是遂率諸侯伐紂。紂亦發兵距之牧野。甲子日，紂兵敗……周武王遂斬紂頭……封紂子武庚祿父，以續殷祀，殷民大說。於是武王為天子。其後世貶帝號，號為王。而封殷後為諸侯，屬周」❷。古王稱「帝」，其位尊貴如天神，仿若上帝、天帝、玉皇大帝等，周武王自謙一點，稱己為「王」，其屬下諸侯則稱為「侯」或「侯王」。

周朝稱「王」，似乎由「帝」退了一步，接近人間，只是人王而非天帝，可是「天子」之權力並無絲毫減損，「王」仍然擁有天下一切資源和一切權力。「普天之下莫非王土，率土之濱莫非王臣」❸，天下成為王個人之私產，天下資源無人可分享，只靠王之賞賜；天下臣民皆是王之奴隸，沒有獨立生存權，臣民必須順從王命，否則無立錐之地。伯夷、叔齊不願食周粟，他們逃亡到荒野，可是不食周粟也得食周朝的野菜，野菜也是周王的。中國文化滿天神佛，卻沒有一個西方的創世上帝，西方的上帝高於君王，是有形象有教條（《聖經》）的，因而可以制約君王。中國雖有類似西方上帝的「天」，但中國的「天」不設形象，也可以說中國的天是虛的；中國人雖相信天有「道」，相信有「天命」、「天律」，但中國的天道、天命、天律沒有具體的條文，是虛化的，因此無法對人王作有效的約束。中國帝王既缺乏約束，他們表現出來的結果是比西方君王更加狂妄自大。西方的君王只敢說自己是上帝的僕人，不敢與耶穌爭鋒；中國帝王自稱為天子，說自己代表「天」來管治天下，宣稱君權「天授」，說自己是「攝行天之道」❹。又說：「皇矣上帝，臨下有赫。求民之莫……上帝耆之，憎其式廓……」」❺；還說：「帝德廣運，乃聖乃神，乃武乃文，皇天眷命，奄有四海，爲天下君」❻。中國帝王之權力確實不受制約，權力無邊，無遠弗屆。周天子退了一步，只自視爲人王。周朝是中國歷史上管治最寬鬆最開放的朝代，這也造就了八百年文明最鼎盛的時期，管仲、老子、孔子、孟子、莊子諸子百家皆生於周，而且他們的思想皆可得到發揮。儘管如此，諸子百家卻無人批判王權，尊王頌王的文化亦生於周，「溥天之下，莫非王土」的歌謠（〈小雅〉）固生於周，「道大、天大、地大、王亦大…」❼之言也產於周。連老子都認爲王與天地同大，然則王愈大百姓就愈渺小，小至如草芥芻狗。

頌聖文化令王權失去制約

王權無限大，無人敢斥其非，中國之頌聖文獻俯拾皆是，賢者如老子、孔子尊崇堯、舜、禹、湯、文王、武王、周公，稱這些掌握最高統治權力者爲「聖人」（周公雖未稱天子，卻也是攝政王）。我不必一一舉例證明，讀者只要稍翻閱老子、孔子的著作就觸目可見。尊稱最高統治者爲聖人，不僅推高了君王的地位還拔高其道德，令平民百姓覺得統治者非同凡響，他們不只超乎賢能，而且是天縱英才，尊位近乎天帝。作爲百姓豈敢仰望，只可俯伏順從之膜拜之。

老子、孔子雖然尊王頌聖，但深知陰陽剛柔之道的老子，和學《易》而知其變的孔子，自然知道任何事物發展到極至就會失去平衡，失衡就會生變，並走向其本質的反面。因此他們也是想制約王權的無限膨脹，老子提倡「無爲」，希望通過哲學思想來影響統治者，王雖擁有天下資源，也應認識到天下資源不能盡爲自己一個人所享用；王雖擁有無限權力，但最好是不要去行使這種權力。所以他說：「聖人處無爲之事，行不言之教。萬物作焉而不爲始（按：河上本「作而不辭」），生而不有，爲而不恃，成功而不居」[8]。這裡我棄「作而不辭」，取「而不爲始」，意思就是任由萬物自然生長，不去倡導，不去干預「處無爲之事」；老子又說：「法令滋彰，盜賊多有。故聖人曰：『我無爲而民自化，我好靜而民自正，我無事而民自富，我無欲而民自樸』」[9]；老子的核心思想是說：王你很偉大，你的權力也很大，正因你偉大，你最好甚麼事都不要做。這樣萬物就自然而然生長得好，百姓自然而然富裕，世界就會愈來愈好。

孔子也尊王頌聖，尤其是尊崇堯、舜等古帝王，要求「法先王」，言必先王，堯、舜，這就是用「先王」來制約今王。勸告今王，這樣不可以做，那樣也不可以做，因爲堯、舜是如此這般的，大家都要學堯、舜。孔子制約今王只一個「仁」字。孔子說：「爲人君，止於仁；爲人臣，止於敬；爲人子，止於孝；爲人父，止於慈；與國人交，止於信。」[10]；孔子又說：「一家仁，一國興仁；一家讓，一國興讓；一人貪戾，一國作亂；……堯、舜帥天下以仁，而民從之；桀、紂帥天下以暴，而民從之……」⓫我認爲這裡的「一家」、「一人」，不是對普通人講的，也不是對他的學生講的，而是對掌握絕對權力的君王講的。「君王」仁，才會舉國興仁，「君王」一人貪戾，才會舉國作亂，一般人沒有這樣的能量。所以堯、舜帥仁，而百姓跟從，桀紂暴戾，百姓的行爲也變得暴戾。

何謂「仁」？儒家學者或許可以寫一本書來解釋，我沒有那樣的本事。我的理解「仁」就是愛心，就是「博愛」，就是「以人爲本」，就是「人道主義」。可是中國尊孔尊崇了二千多年，儒家理論也教化了二千多年，在中國歷史上可曾出現過「仁」的統治者？據我的觀察，是完全沒有，有的只是短暫的讓步政策。幾千年來中國政治都是在「讓步政策」與暴力施政兩者之間輪換更替，讓步政策總是短暫的，暴戾虐民的暴力政治卻是長久的。

「法後王」之後「仁」已死

老子、孔子言者諄諄，聽者藐藐，掌握權力的君王沒有一個眞正聽得進去。道家思想在戰國之後逐漸邊緣化，變成山林泉石之言；儒家以「仁」和「法先王」來制約君王的努力，也因荀子的「法後王」論產生而破功。荀子曰：「欲觀先王之蹟，則其粲然者矣，後王亦者，天下之君也。舍後王而道上古，譬之是猶舍己之君而事人之君。」[12]荀子原本的想法是，不要只單純從道德層面對君王和社會有所約束，而要學習文王周公，建立一套著文字的規章制度，使君王和社會有所遵從。可是他教化出來的學生卻一個個變成法家，法家的理論爲帝王統治者排除禮教的約束，並制訂出一套嚴苛的殘民虐民害民的法典。法家的法律把統治者及與統治者有血脈關連的人置於法律之外之上，公然宣傳及推行雙重標準。

商鞅變法行嚴刑峻法之後，如何處置觸犯法規的上等人呢？《史記》曰：「於是太子犯法，衛商曰：『法之不行，自上犯之』，將法太子。太子，君嗣也，不可施刑，刑其傅公子虔，黥其師公孫賈。」[13]，太子犯法不受罰而罰其老師，試想想，現在的學生如果犯罪，自己不受處罰，卻打老師的屁股，學生會變乖嗎？我想學生可能恨不得多犯幾次罪，讓老師的屁股被打到開花。

法家明目張膽地推行罪不及君王、刑不上大夫的雙重標準文化，荼毒至深，遺害至久，所以二千幾年後大陸仍有「我爸是李剛」；台灣仍有司法關說。

禪讓制度的衰亡

儒家尊崇先王，仰慕禪讓制度，大位傳賢不傳嫡。這種傳承制度貌似公正，其實也是虛僞的，因爲傳來傳去大位都只是傳給自己人，不是傳給外姓。《史記》曰：「自黃帝至舜、禹，皆同姓而異其國號，以章明德」[14]，也就是說，所謂「禪讓」，只是不硬性規定要把帝王大位交給自己的兒子，而是在家族中挑選一位賢能的後輩繼承。這種禪讓制度能否成功運行，關鍵是居上位者必須是毫無私心的眞聖賢，而且還得具有洞識賢能之慧眼，這樣才能傳對人，才能使禪讓制度持續長久，一旦傳錯人就令制度崩潰。「帝禹東巡狩，至會稽而崩，以天下授益。三年之喪畢，益讓帝禹之子啓，而辟居箕山之陽。禹子啓賢，天下屬意焉。及禹崩，雖授益，益之佐禹日淺，天下未洽，故諸侯皆去益而朝啓，曰：『吾君帝禹之子也。』於是啓遂即天子之位，是爲夏后帝啓」[15]。自此，禪讓之禮崩，世襲制興。益禪讓予啓，乃因威望不夠，實力不足，諸侯不朝拜益，而去朝拜啓。益之禪讓，實屬被迫，若堅持不讓，恐怕只會人頭落地。啓之後就形成傳子傳弟的傳統了，「夏后帝啓崩，子帝太康立……太康崩，弟中康立，是爲帝中康。」[16]殷商繼承夏法，大位傳予子或弟。「湯崩，太子太丁未立而卒，於是乃立太丁之弟外丙，是爲帝外丙。帝外丙即位二年，崩，立外丙之弟中壬，是爲帝中壬。帝中壬即位四年，崩，伊尹乃立太丁之子太甲。太甲，成湯嫡長孫也，是爲帝太甲。」[17]殷商之後，大位傳承辦法固化，即傳子或傳弟，甚至傳予襁褓中之幼子，這當然是拜儒家崇王忠君教化之賜。

武力打江山，殘暴保特權

江山是武力打出來的，這不是理論，而是眞理。軒轅黃帝的江山是打出來的，《史記》曰：「與炎帝戰於阪泉之野，三戰，然後得其志」⓲；「蚩尤作亂，不用帝命，於是黃帝乃征師諸侯，與蚩尤戰於涿鹿之野，遂禽殺蚩尤……天下有不顧者，黃帝從而征之。」⓳黃帝靠武力打江山，誰不服則攻打之。唐堯，虞舜，夏禹的江山是同姓繼承，是禪讓。殷因與夏不同姓，所以殷商的江山也是打出來的。「桀不務德而武傷百姓，百姓弗堪。乃召湯而囚之夏台，已而釋之。湯修德，諸侯皆歸湯，湯遂率兵以伐夏桀。桀走鳴條，遂放而死」⓴。周朝的江山也是打出來的，武王伐紂，上文已述，不贅。秦用法家，虐民而強，滅六國，廢分封，設郡縣，建立中央集權制度，皇令可以直達民間，王權比歷朝更膨脹。嬴政不滿足於只當「人王」，他把自己提升爲「皇」，稱爲「始皇」（要與上古三皇較勁了）。秦之後劉邦沿用秦法，此後中國最高統治者皆稱爲皇帝，中央政權之下分封的王或侯，與秦前之王或侯已大不一樣。秦後一切權力集中到中央「皇帝」，分封之王或侯皆無主權，也欠缺治權，只是食邑而已，因王令可以透過官吏直達民間。

西漢之後董仲舒罷黜百家，獨尊儒術，逐漸統一了思想，使中國成爲政教合一、權力高度集中的國家。漢後獨尊之儒家，「仁」已流於空談，「王權」則無限膨脹，天下萬物全成爲「王」的私產，百姓官吏都成是「王」的奴隸。歷史教科書雖然說，周朝之後已沒有奴隸，井田制之後奴隸已變成自耕農，是黎民、庶民而不是奴隸。我認爲這只的窄義的奴隸制滅亡，即貴族直接擁有的奴隸制度衰亡，但廣義的奴隸制一直存在，延續到民國建立才眞正消滅。因爲王權無限大，王擁有天下資源，所以個人擁有的私產無論是祖宗傳下的或自己購置的，都是在「王」即中央政府恩准下才能暫時擁有。「王」一旦翻臉，你成爲欽犯，一聲抄家，你所有資產都可以被沒收。不僅你的財產可以被沒收，你的「人權」、「生存權」也可以被沒收，男的坐牢充軍，女的賣爲妓爲婢。質言之，周後中國雖然沒有分散的奴隸主，但全國臣民卻有一個共同的奴隸主，即帝王。

在「王權」這個層面，中國與西方世界大不相同。在西方世界「王權」從來都不是無限的，從來都不是不受制約的。基督文明未大興之前的羅馬帝國（與中國秦漢同一時期），皇帝的權力受到元老院的節制，甚至出現過二皇制；基督文化大興之後，王權與神權是分開的，國家管治權歸國王掌握，神權卻由教會掌握。國王即位需要得到羅馬教庭的准許和祝福，國王的施政和個人行爲受到《聖經》的制約，而《聖經》的解釋權在教會而不是朝庭。西方文明由於一向是二元制，從未出現過王權擁有一切資源及一切權力的狀態，「私有產權」一向受到尊重。像中國那樣，一人犯罪，可以沒收全家財產，妻女發配為奴的情形，文藝復興後的西方應該未出現過（也許我孤陋寡聞）。正因為西方國家王權一向受到制約，有二元分權，有尊重私有產權及尊重個人生存權的優良傳統，所以容易走上民主、自由、憲政的道路。西方在羅馬帝國時期已出現法律專家，負責解釋法律，執法者可向其諮詢。不像中國，從皇帝到知縣都是行政、立法、司法三大權力一把抓，由一個人作決斷。

中國王權觀念由上古、秦漢一以貫之傳至明清，沒有任何減損，只有不斷加強。明清的皇帝不僅擁有資產權、行政權，而且擁有知識的解釋權，皇帝寫錯的字、說錯了的話，錯了也是對的，別人無權糾正，只有遵從。所以我認為，如果中國想走上正路，想與現代國家接軌，必須批判王權文化，必須全面徹底地批判王權文化，讓全民共知之，共同認同之，並逐漸徹底地消除王權文化的影響。可惜中國歷史上的啓蒙運動做得遠遠不夠。孫中山從西方學來的「三民主義」，民主憲政思想宣傳得既不全面，也不深入，更不持久，遠遠未能達到深入民心的程度。是以辛亥革命推翻帝制、建立共和之後，掌權者之帝王夢未死，袁世凱繼孫中山就任中華民國臨時大總統，大總統只兩年餘，就廢棄共和，復辟帝制。雖然袁世凱的洪憲皇帝只當了八十三天就覆滅，但短暫的帝制復辟卻令中國失去走向議會政治，建立民主憲政最好的時機，使中國再次墮入武力打江山，專政治江山，暴力維護統治者特權的泥淖而不可自拔。

打天下者坐天下，現在大家都知道是強盜邏輯，可是幾千年來，國人卻信服之，以爲是自然道理，可見「溥天之下莫非王土，率土之濱莫非王臣」之論，何等滲入骨髓，深入人心。然而當統治者傳子傳孫，傳到驕奢無度、荒淫無恥的不肖子孫時，百姓活不下去時，總會有怨言，總會有人起而反抗，爲了保護江山、維護特權，中國君王對百姓的鎮壓手段也遠比西方世界殘忍毒辣。「偶語棄市」[21]從秦始皇延至明清末有絲毫消滅，而法家制訂的惡法尤其臭名昭著。中國古代的死刑除斬首之外，還有凌遲至死，還有腰斬、五馬分屍等等花樣。商鞅自己制訂的酷刑自己受，「秦惠王車裂商君以徇曰：『莫如商鞅反者』，遂滅商君之家」[22]。中國在對人的殘忍暴虐程度上，羅馬帝國之後的西方世界眞的望塵莫及。

二千年來中國文化皆逆淘汰

然而，中國不是沒有仁者，也不是沒有智者，仁如孟子，提倡「民爲貴，社稷次之，君爲輕」[23]，可是這種人道主義思想根本得不到有效的宣傳，明朱洪武乾脆把它刪掉，不讓臣民讀。幸而《孟子》刻印本多，朱洪武也沒有燒書，後世出版物才慢慢補回。

另外，乾坤天地應該屬於誰？「王」打下的天下應該屬於誰？古代也不是沒有睿智者洞悉清楚。《呂氏春秋》和《六韜》都曾經說：「天下，非一人之天下，天下之天下也！陰陽之和，不長一類，甘露時雨，不私一物；萬民之主，不阿一人。」㉔，這段話有人說這句話是姜子牙說的，也有人說是呂不韋說的，姑不論是誰說，總之我認爲這是古聖賢中最有遠見、最睿智的見解。他不說「天下，非一人之天，乃天下人之天下」，而是說天下乃「天下之天下」，其意就是說，「天下」，不僅不是屬於「王」一個人的，也不只是屬於人類的，而是屬於天下萬物的，飛禽走獸，花鳥魚蟲，甚至卑微如草芥也有份。「甘露時雨，不私一物」，天下萬物皆有生存權，也應擁有賴生存的空間，這種觀點與現代環保觀念和保護瀕臨絕種物種觀念非常吻合。可惜的是中國先賢這種偉大睿智的論述沒有得到應有的尊重和大力宏揚，二千幾年來有誰站出來大聲說過：天下不是屬於王的，也不是屬於任何一個政治集團的，而是屬於天下人的，屬於天下萬物的呢？沒有，我讀幾十年中國歷史典籍從未發現過。

「天下，非一人之天下，天下之天下也」，後世鮮有人附和，更別說宏揚了。這或許是統治者有意扼殺之，讓時間的洪流將之沖淡，讓文化垃圾渣滓將之掩蓋湮沒。我察覺到自中國實行中央集權政教合一的專制統治以來，造就了一場長久的持續的逆淘汰過程，劣幣逐良幣的現象長期持續不變。傳統文化中好的東西、優良的東西，逐漸被淘汰、被清除、被革掉命，劣質文化垃圾渣滓不僅保存下來，而且堆積泛濫成主流。最明顯的例子是婦女的裹足陋習，這種惡習竟可以從北宋延續至明清，傳承千年不變。千餘年來竟然沒有一個智者敢起來說，這種文化這種陋習是違反自然的，是違背人性的，是束縛社會生產力的。

中國如果想改變文化上的逆淘汰現象，我認爲仍然需要再啓蒙，仍然需要廣泛、深入、持久地徹底批判「王權文化」，使其深入人心，植入下一代的基因中。令王權文化無法復發，令另一次民主憲政革命之後不會再出現第二第三個袁世凱。是爲禱也！

在二十一世紀的今天，中國最需要的不是物質財富，而是精神財富，新的啓蒙運動應該讓每一個人都明白自己是頂天立地站立於天地間的自由人，天賦人權不容剝奪，自由之思想，自由之意志不容剝奪。值《從中西文化探索中國之出路》在台灣再版之際，謹撰此文，作爲代序。

二〇二三年四月十一日

注釋：

❶《史記》〈夏本記第二〉。
❷《史記》〈殷本紀第三〉。
❸《詩經·小雅·谷風之什·北山》。原文：陟彼北山，言採其杞；偕偕士子，朝夕從事；王事靡盬，憂我父母：溥天之下，莫非王土，率土之濱，莫非王臣；……
❹《史記》〈五帝本紀第一〉。
❺《詩經》〈大雅·文王之什〉。
❻《尚書》〈虞書〉〈大禹謨〉「帝德應運，乃聖乃神，乃武乃文，皇天眷命，奄有四海，為天下君」。
❼《老子》第二十五章〈道法〉，《簡帛老子研究》六十七頁。〔美〕韓祿伯（Rodert G, Henriks）著，邢文改編，余瑾翻譯。學苑出版社2002年11月北京第一版。
❽《老子》第二章〈養身〉
❾《老子》第五十七章〈淳風〉。
❿《大學》第三章〈止於至善〉。
⓫《大學》第九章〈齊國治家〉。

⑫《荀子》〈非相篇〉。

⑬《史記》〈商君列傳〉第八。

⑭《史記》〈五帝本記〉第一。

⑮⑯《史記》〈夏本紀〉第二。

⑰《史記》〈殷本紀〉第三。

⑱⑲《史記》〈五帝本紀〉第一。

⑳《史記》〈夏本記〉第二。

㉑《史記》〈秦始皇本記〉第六。「有敢偶語《詩》《書》者，棄市」

㉒《史記》〈商君列傳〉第八。

㉓《孟子》〈盡心章句下〉

㉔《呂氏春秋》〈孟春紀・貴公〉；《六韜》〈文列〉。

代序　必須徹底批判王權文化，並清除其影響

第一輯（論文）

第二輯（社論）

CONTENTS

CONTENTS

第三輯（發言與提案）

CONTENTS

第一輯

論文

從中西文化探索中國之出路

一八四〇年「鴉片戰爭」的一聲砲響，把中國這個「天朝帝國」從睡夢中驚醒，使她撐開惺忪半啟的睡眼看一看這大千世界。至此她才發現「天朝帝國」的神話早已破產，祖宗燦爛的金粉早已剝落，剩下來的只是一片片斑駁的污垢。中國再也不是「世界文明」的中心，再也不是四夷朝貢的聖地。中國這個東方巨人已經沉痾不起，氣息奄奄。

於是，那一代的知識份子紛紛尋找治病的良方，希望救我中華。先有洪秀全的太平天國；繼有李鴻章的洋務運動；康有為、梁啟超的戊戌變法；接着又有孫中山先生領導的辛亥革命和中共的共產主義革命。

然而，一次又一次的革命，並沒有真正解決問題，中國仍然是大病未除，仍然是一窮二白。中國不但在科學技術方面遠遠落在先進國家之後，人文科學也遠遠落在人家的後頭。一言以蔽之，百餘年來的探討摸索，並沒有為中國找到出路，幾次流血大手術，也未能把病根割除。

百餘年來，每一次改革、每一次革命都給人們帶來希望，以為中國將會踏上康莊大道，大步前進，沒想到只是從一個死胡同走進另一個死胡同，中國只是在舊地不斷地繞圈子重踏歷史的腳印。雖不能說百餘年的摸索全無用處，但至少得承認我們實在走了很多彎路，浪費了很多時間，而中國人民為「革命」所流的鮮血絕大部份是白流了。

儘管現時的中國跟滿清皇朝大有不同，現時的世界與百多年前的世界也大有不同，但「中國向何處去」的問題仍然沒有解決。鄧小平雖然提出要實現「四個現代化」，但存在的問題仍然堆積如山，看來中國想突破歷史、地域以及民族性的局限，進入先進的現代化國家的行列，仍然是「路漫漫其脩遠兮！」中國的知識份子和有志之士，在今後的一段頗長時期內仍須「上下而求索」。

革命團體無法防止自己走向異化

要探討中國該走哪一條路，首先必須了解為什麼西方的工業革命能夠成功？為什麼千多年前生產力走在全世界前頭的中國反而沒有工業革命？為什麼西方封建時期那麼短暫（約一千年）？為什麼中國的封建歷史能夠延續二千多年，至今未衰？為什麼西方國家能夠和平地、循次漸進地從皇權過渡到民權（民主）？為什麼中國通過一場暴力革命推翻了一個封建皇朝之後，總是迅速地建立另一個封建皇朝，而後一個皇朝也總是繼續走前一個皇朝覆滅的老路？

在此，我不能就每一問題作出詳細的探討，只是想指出一項事實，就是中國的革命團體從來都無法防止自己的異化。像飛鳥飛法突破地心吸力，無論飛得多高多久，無論其姿態是何等高貴優美，最終總是要掉下來。中國的革命團體無論口號多麼漂亮，計劃多麼宏偉，最終總是要走上反人民的道路，並招致自己的覆滅。兩千多年來，中國每一次改朝換代，每一次革命都是如此，毫無例外。

從公元前二百零九年陳勝、吳廣領導中國歷史上第一次農民革命起，至一九四九年中共領導的農民革命止，兩千多年歷史，實質就是一部革命團體異化史。每一個革命團體最初的時候，都是進步的、正義的，都是代表中下階層廣大民眾利益的。可是隨着革命力量的不斷壯大，革命團體就開始異化，而異化的速度也跟革命力量以及革命團體奪得的權力成正比。儘管在不同的時代，不同的革命團體異化的速度不一，有的快點，有的慢點，但其總趨勢都是一樣的。

陳勝、吳廣、黃巢、李自成直至洪秀全，都是在「革命尚未成功」的情況下就背叛農民的利益，爭權奪利，迅速異化，導致革命團體的解體和滅亡。劉邦的漢朝和朱洪武的明朝則是在「革命」成功取得全國政權之後，異化才告急劇加速，最終也走上完全背叛人民利益的老路，成為一個殘暴的以壓迫奴役農民為能事的新封建皇朝，中國人民又是在「革命」成功之後失去一切。

近代國民黨所領導的革命也是如此。國民黨是在「國民革命軍」入城之後，才逐漸脫離人民的；中國共產黨也是在「解放軍」進城之後，才逐漸脫離人民的。國民黨的異化導致她失去中國大陸，共產黨的異化導致「三信危機」，使中共政權出現「亡黨亡國」的危機。

「法家」把皇權置於法外

為什麼中國的封建歷史和封建意識會無限期地延長？（毛、林、四時期的「封建法西斯」統治，是另一高峰）為什麼中國歷代革命團體都無法防止異化？為什麼中國不能從皇權人治的社會走上民權法治的道路呢？我們除了必須從生產力和生產方式方面尋找答案之外，還必須從中國固有文化去尋找根源。

大家都知道，中國古代哲學思想分為儒家、墨家、道家和法家四大系統，而以儒家思想影響最為深遠。毛、林、四時期尊法貶儒，開動所有宣傳機器把法家捧上天去，使一般知識不高的人也知道有一個法家。於是有許多人也顧名思義以為法家是進步，是主張法治的，而儒家則反之。其實這只不過是一種錯覺，中國古代法家跟西方的法家最大的不同，就是中國的法家把統治者擺放在法之外，西方的法家則把統治者擺放在法律之內。也就是說，中國的法家是利用法來懲治人民，法只不過是對付被統治者的一種工具。而西方的法家不僅以法來對付被統治者，也用以對付統治者，認為在法律面前人人平等。

中國古代法家以商鞅和韓非子為代表。

商鞅為衞國之諸庶公子，姓公孫，祖姓姬，秦孝公時入秦，為孝公所器重，他也就趁此機會把法家的理論發揚光大，制訂許多法例，在秦國進行大規模改革。幾經努力，終於把位處西隅的窮國建設得強大起來，為後來秦國統一七國奠定基礎。商鞅的政策在當時的「亂世」來說是具有進步意義的。

商鞅針對當時動亂的社會狀況，強調君臣之分、上下之別；他說：

「古者未有君臣上下之時，民亂不治。是以聖人列貴賤？制爵位、立名號以別君臣上下之義。地廣民眾萬物多，故分五官而守之、民眾而姦邪生，故立法制為度量以禁之。」①立法的目的在於「治民」，而治民的手段在於「禁」。為了達到「禁」之有效的目標，商鞅主張多罰而少賞，他說：「夫民憂則思，思則出度，樂則淫，淫則生佚。故以刑治則民威。民威則無姦。無姦則民安甚樂。以義教則民縱，民縱則亂。」②他不主張誘導教育，認為誘導教育就是放縱人民。所以他特別強調嚴厲懲罰。他說：「治國刑多而賞少，故王者刑九而賞一。削國賞九而刑一。」③商鞅主張用嚴厲的手段對付人民，韓非又把他的理論推進一步。

韓非子曰：「畏死難，降北之民也，而世尊之曰貴生之士。學道立方，離法之民也，而世尊之曰文學之士。遊居厚養、牟食之民也，而世尊之曰有能之士。語曲牟知，偽詐之民也，而世尊之曰辯智之士。行劍攻殺，暴慠之民也，而世尊之曰磏勇之士。活賊藏姦，當死之民也，而世尊之曰任譽之士。」④又說：「姦偽無益之民六，而世譽之如彼。耕戰有益之民六，而世毀之如此。此之謂六反。布衣循私利而譽之，世主聽虛聲而禮之。禮之所在，利必加焉。百姓循私害而訾之，世主雍於俗而賤之。賤之所在害必加焉。故名賞在乎私惡當罪之民，而毀害在公善宜賞之士，索國之富強，不可得也。」⑤

韓非子的理論與毛、林、四「寧要社會主義的草，不要資本主義的苗」、「寧要沒有文化的勞動者，不要有文化的資產階級」實有異曲同工之妙。韓非子完全站在統治者的立場，認為文學哲學、辯智遊俠皆無可取，為「無益」之民，主張排擠甚至殺戮。唯有老老實實去耕種和作戰的「工農兵」才是「有益」之民，只須政治（紅），不須文化（專）；只知國家（實質是官僚貴族統治者），不知人生以及人性；僅知君主，不知人民。

在韓非子的心目中，政治只不過是駕馭人民的藝術，能夠把人民管得服服貼貼就是最好的政治。他說：「夫聖人之治國，不恃人為吾善也，而用其不得為非也。恃人之為吾善也，境內不甚數。用人不得為非，一國可使齊。為治者用眾而舍寡，故不務德而務法。夫必恃自直之箭，百世無矢。恃自圓之木，千世無輪矣。……不恃賞罰而恃自善之民，明主弗貴也。何則，國法不可失，而所治非一人也，故有術之君，不隨適然之善，而行必然之道。」⑥

韓非子倒是很坦白的，他不像毛、林、四那樣扭捏作態，無論做什麼都假「人民」和「革命」之名而行之，韓非子則老實不客氣地申明，統治者不必得到人民的愛戴和擁護，只要鎮得住不讓他們犯法造反就行了；不必搞什麼道德教育，只要他們犯了過錯就用「法律」來懲治就行。正因為韓非子的指導思想如此，所以他的「法」只是用來對付人民，而不是對付統治者的。統治治者是「法」的制訂者，置身於「法」外，不受「法」的管束。韓非子的理論對毛、林、四來說，真是十分合用，難怪他們把「法家」捧上天去。

法家理論源自荀子的「性惡論」

法家理論的產生是有一定社會基礎的，其社會基礎就是一個「亂」字，自東周以後中國已經亂了幾百年，諸侯征戰，百姓流徙，生活動蕩不安。由於亂之已久，人心思治，所以法家搞出一套治亂的法典。

至於法家的哲學基礎則是建立在荀子的「性惡論」之上。

荀子的「性惡篇」一開口便說：「人之性惡，其善者，偽也。今人之性，生而有欲利焉，順是，故爭奪生而辭讓亡焉；生而有疾惡焉，順是，故殘賊生而忠信亡焉；生而有耳目之欲，好聲色焉，順是，故淫亂生而禮義文理亡焉。然則從人之性，順人之情，必出爭奪，合於犯分亂理，而歸於暴。故必將有師法之化，禮義之道，然後出於辭讓，合於文理而歸於治。用此觀之，則人之性惡明矣，其善者偽也。」⑦又說：「今人之性，飢而欲飽，寒而欲暖，勞而欲止，此人之情性也！」⑧

荀子認為人性本惡，所以他主張教育，他在「勸學」篇裏說：「木受繩則直，金就礪則利，君子博學而日叁乎己，則明知而無過矣。」⑨又說：「君子曰：學不可以已。」荀子認為通過教育可以糾正性惡這種本性。認為通過學習可以增強道德修養。除此之外，他還認為人必須有一定的約束和管制，他說：「無君以制臣，無上以制下，天下害生縱欲，欲惡同物。欲多而物寡，寡則必爭矣。」⑩

荀子雖然認為人性惡，但他並不認為「聖上」、「明君」也是人，其性也惡。而認為「聖」、「君」是有別於一般人，只要求君王管束臣民，而不懂也不敢要求管束君王。他甚至反對孟子用堯舜、用先王之法來約束現任國王之行為。他說：「欲觀聖主之跡，則於其粲然者矣，後王是也。彼後王者，天下之君也，舍後王而道上古，譬之是舍己之君而事人之君也。」⑪又說：「百王之道，後王是也。君子審後王之道，而論百王之前，若端拜而議」⑫由於荀子對現任國王推崇備至，不但從未想過要約束國王的行為，連諫勸也欠奉，是以繼承他「性惡論」的商鞅、韓非也就更勇於對付人民而怯於對付統治者。

孟子只要「禪讓」不要民主

與「性惡論」相反的是孟子的性善論。孟子世稱「亞聖」，他是繼孔子之後最偉大的儒家，對人性的看法恰好跟荀子相反。他在「公孫丑」章裏說：「人皆有不忍之心。」「今人乍見孺子將入於井，皆有怵惕惻隱之心。非所以內交於孺子之父母也，非所以要譽於鄉黨朋友也，非惡其聲而然也。由是觀之，無惻隱之心，非人也；無羞惡之心，非人也；無辭讓之心，非人也；無是非之心，非人也。」⑬

孟子認為「惻隱之心，人皆有之；羞惡之心，人皆有之；恭敬之心，人皆有之；是非之心，人皆有之。惻隱之心，仁也。羞惡之心，義也。恭敬之心，禮也。是非之心，智也。仁義禮智，非由外鑠我也，我固有之也。」⑭孟子覺得仁義禮智是人性所固有的，人生來本性是良善的，他們後來之所以為非作惡，是因為人性逐漸「非人化」，固有的良善本性喪失，習染了「惡的性情」，也可說是人的獸化。

正因為孟子認為人性是良善的，所以他主張「仁政」，希望發揚人類善良的本性。

他說：「堯舜之道，不以仁政，不能平治天下。今有仁心仁聞，而民不被其澤，不可法於後世者，不行先王之道也」⑮。他又主張要改善人民的生活，認為改善人民生活是社會安定的基礎，他對齊王說：「無恒產而有恒心者，惟士為能，若民，則無恒產，因無恒心。苟無恒心，故辟邪侈，無不為己。及陷於罪，然後從而刑之，是罔民也。」⑯

孟子最為人傳頌的一句話是「民為貴，社稷次之，君為輕」。⑰他認為人民是最重要的，國家次之，最後才是君王。也就是說執政者應該把人民的利益放在第一位，國家的利益放在第二位，君王的利益放在第三位。他認為要行「仁政」，那麼執政者必須是仁人。孟子認為「天子」應是超越於普通人，道德修養很崇高、識見很高、器量宏大的「聖人」。所以他開口是堯舜，閉口也是堯舜，用堯舜的標準來要求當世的君王。

至於行暴政，壓迫奴役人民的統治者，孟子認為只是獨夫，根本不是君王。他說：「賊仁者為之賊，賊義者為之殘；殘賊之人謂之一夫，聞誅一夫紂矣，未聞弒君也。」⑱殘暴無道的暴君，孟子雖然認為可殺，但他畢竟是繼承孔學的儒家，其總的趨向是求治、是保守的。儒家由於強調「禮」、強調尊卑之分，所以他們非但不主張「造反」，而且相當尊君、忠君。

孟子認為，人生來是有先知先覺和後知後覺的分別，先知先覺的就要負起領導後知後覺的責任。

他說：「天之生斯民也，使先知覺後知，使先覺覺後覺，予，天民之先覺者也，予將以斯道覺斯民也。」⑲

孟子主張「仁政」，主張「禪讓」，言必堯舜。他說：「是以唯仁者宜在高位；不仁而在高位，是播其惡於眾也。」⑳他認為居於「天子」之位者必須是仁義禮智齊全的聖人，像堯舜。但堯舜也未能保證他們的子孫世世代代都是聖人，所以又說：「天子能薦人於天，不能使天與之天下」㉑，主張後世「天子」都像堯舜那樣「禪讓」。而「禪讓」也只不過適當選擇接班人，把領導權交到賢者、聖者手中。並不是主張「民主」。他不認為後知後覺的「斯民」有足夠的判斷力，可以當家作主。因而他的「禪讓」和「仁政」，只是人道主義而已，與西方近代民主思想相去甚遠。

孟子說「仁者宜在高位」，可是經過秦、漢中央集權的專制統治，董仲舒為了迎合專制帝王極權統治的需要，把儒家思想「去菁存蕪」之後，竟變成「在高位者」必「仁」、必「聖」，「聖主萬歲，萬萬歲」也由此而生，個人崇拜也就發展到登峰造極。

在中國的「信史」之中，我們無法找到「民主」、「法治」的根據，也就是說，中國文化雖然悠久，但固有的中國傳統文化未曾出現過真正的法治觀念和真正的民主思想。

英國「大憲章」和「議會制」對歐洲影響深遠

歐洲的文化背景以及傳統精神跟我們大不相同，儘管歐洲文明史比中國短，但古希臘、古羅馬的文化成果卻非常豐碩，柏拉圖和亞理士多德的理論對世界的影響非常深遠。

公元五〇〇年至一千年，當中國（唐朝）成為世界文明中心的時候，歐洲由於受到東方的游牧民族（例如匈奴）和北方蠻族的入侵，經歷了一段「黑暗時期」。在這段時間，古希臘、古羅馬的文化藝術、科學技藝全告消失；城市頹敗、手工業產品落後，基督教文化受到殘酷的摧殘。平民階層消失，大家都變成封建領主的附庸。然而，也正由於封建領主勢力的不斷膨脹，觸發了國王和封建領王之間的權力鬥爭。這場鬥爭在歐洲各國斷斷續續進行了二百年，終於導致英國「大憲章」和「國會」的產生，為現代民主法治政體播下種籽。

一二〇八年因坎特堡大主教人選問題，英國約翰王與羅馬教皇英諾森三世發生衝突，一二〇九年教皇把約翰王逐出教會，並鼓勵貴族反對約翰王，約翰王終於屈服，向教廷稱臣，可是英國貴族跟約翰王作對的情形並未改善。

一二一五年英國貴族提出條件要求約翰王簽字公佈，約翰王被迫接受了大部份，簽字後送到各郡宣佈，這就是著名的「大憲章」，其中有許多條文都是旨在限制國王權力的。

其中一條：「除了按照慣例收稅外，國王不可徵服役代金或捐助金」；另一條：「任何自由人如未經過同階層人按照當地法律審判，不可隨意逮捕、監禁、沒收或放逐。」「大憲章」共分六十三章，條文繁多，但最主要的精神是把國王擺放在法律之中，（1）國王必須受到法律的制約；（2）國王不能不遵守法律。㉒

一二五〇年，亨利三世時代，英國貴族選出二十四人組成的委員會，發表了「牛津條款」，其中二條曰：國王的任何要求，都須經過由十五個貴族組成的會議同意，徵求他們的意見，此外又組成十二人委員會代替「大型會議」來支配英國，這就是英國國會的雛型。一二六五年西門・蒙福特召開的會議中，有武士和平民出席，成為英國「下議院」的始祖。㉓

英國十三世紀的政制改革，雖然只是貴族向國王爭權的結果，但「大憲章」和「議會制」的產生對歐洲和世界的影響，卻極其長久和深遠。

正因為早年在十三世紀歐洲人已有限制國王權力的意識，所以隨着科學技術的改良，隨着工業和經濟的發展，歐洲的資產階級才可以逐漸壯大，因而，十五、十六世紀才會出現文藝復興。肯定人的價值，宣揚人是生活的創造者和主人翁的「人文主義」，才會得到廣泛的認同。並在此基礎上引發十八世紀英國的「工業革命」和法國的大革命，使歐洲逐漸結束封建統治，從君王專制政制過渡到君主立憲和共和政制。資產階級也終於取代了貴族階級，成為真正是統治者。

歐洲的資產階級革命之所能夠成功，當然還可以從經濟、政治、民族、宗教、文化各方面找尋答案，但最主要的是歐洲社會具備了「革命」的經濟基礎及文化基礎。

基督教認為人生來平等

基督教文化對歐洲的影響異常深遠，它跟中國傳統文化最大的不同，在於對人的態度上。基督教認為，人類生來就是平等的，大家都是上帝的選民。人雖然有原罪，但只要信奉上帝，就可贖罪，就可得救。

基督教是在羅馬人統治下的巴勒斯坦興起的，它的信徒多數是受壓迫的下層民眾，所以基督教主張博愛、主張對弱者、對受苦受難的人施以愛心。使貧苦無助的人們得到撫慰，保存自尊，得到鼓勵。

羅馬統治者最初把基督教視為異端，殘酷迫害，耶穌基督就是被羅馬士兵釘死在十字架上。所以基督教主張和平、崇尚理性、反對暴力。

雖然後來由於救會勢力日益壯大，在羅馬設立教廷，成為統治者。為了維護教廷和教士的利益，在不同時期對基督教的原始教義作了修改，但其最基本的精神並未喪失。正因為有基督教文化作為基礎，十六世紀的「人文主義」和十八世紀的啟蒙運動才可以在歐洲興起。

法國的啟蒙運動實際上就是把自由、平等思想作更充分的發揮。盧梭說：「人生而自由」；狄德羅說：「自由是天賜的東西」；伏爾泰說：「一切享有各種天然能力的人，顯然都是平等的」，這就是「人民主權」和「天賦人權論」，這是其一。

啟蒙思想家認為，「理性」是人類普遍人性的一個基本要素。因為人不管時代、地區、民族如何不同，都有一種共同的普遍的本性，這種本性就是普遍人性。他把抽象的人作為一切的中心，鼓吹「人」是唯一的點，一切事務從這點出發，而又復歸於這點，這個「普遍人性論」這是其二。

啟蒙學派認為，人類在國家存在之前，是過着「自然狀態」的。所以社會契約應該回復和保持人類的自由平等。這種自然狀態社會契約論，就是其三。[24]

我們認為假如沒有基督教文化長期的影響，上述思想是不可能產生的。

教會組織成制衡力量

除了文化思想之外，另一個值得我們注意的，就是教會組織。為了傳教方便，為了維持秩序，基督徒在羅馬人統治時代，就有教會組織。由傳教士主持教堂，由若干個教堂組成一個教區（相當於羅馬的邦區或城邦），教區設有主教。而在羅馬則設有總主教，統率所有的教區，發號施令。後來，羅馬的總主教也就自稱為教皇，成立教廷。

由於教會組織是一個由下而上的組織，先有教士，後有教區和主教，所以主教和教皇的產生，是自下而上選舉出來的。教士選出主教再由主教選舉教皇。雖說教士和主教只管理宗教事務，沒有行政權力，但由於信徒眾多，教會的影響力相當大，儼然成為政府之外另一股制衡的力量。

教廷和教會組織並非一直都是進步的，它在某些時期也表現得相當反動和野蠻。它迫害過天文學家哥白尼、迦利略，也迫害過不少革命志士。它跟各國君主既有矛盾又有統一，既有聯合又有鬥爭。這些不必詳加闡述。我們只須注意到一點，自從基督教勢力興起後，歐洲社會的力量結構就是二元的甚至是多元的。國王從未能真正享有絕對的權力。即使高呼「朕即國家」、「法律出於我」的路易十四（法國）也是如此。㉕

正由於歐洲社會的權力結構本來就是多元的，所以從「君主專政」過渡到「君主立憲」和「共和國」也就比較容易。

革命根苗早已異化

中國的情形恰好與歐洲相反，中國和大多數東方國家一樣，一向實行政教合一制度。國王既是政治領袖也是宗教領袖，享有絕對權力。路易十四的「朕即國家」、「法出於我」的「理想」，中國老早就實現了，並行之幾千年。在中國不管什麼朝代，皇帝的言論就是法律，皇帝的意見就是宗教教條。他想做的事情無論怎樣荒謬，都無人可以反對，大臣們最了不起只是上朝時加以勸諫。但是否接納，權仍在皇上，別人無權置喙。更有甚者，勸諫者可能因語言受罰，輕者罷官，重者斬首。臣民只能寄望於皇帝寬宏大量，英明神武，假如統治者不英明、不大量，臣民是一點辦法都沒有的。如此一來，統治者也就流於感情用事，缺乏理性，缺乏實事求是精神。這樣也就無形中助長了阿諛逢迎之風，不僅對統治階層，甚至對整個社會、整個民族都起了腐蝕作用。

權力可以腐蝕人，絕對的權力絕對地腐蝕人，即使聖賢也難幸免。中國的革命團體及其領袖，在革命力量開始發展的時候就已開始異化，日後隨着革命力量的壯大，異化也不斷加深，最後終於走上跟最初的革命目的完全相反的道路。

中國幾千年來，每一次農民革命都只是捧出一位新的皇帝，一方面因為根本沒有完整的有體系的指導思想，只是官逼民反；另一方面是因為革命隊伍之根苗一開始就被腐蝕。

暴力革命只能摧毀民主而不能帶來民主

人類社會雖然愈來愈複雜，但其統治方式卻仍然很簡單，不外是民主和專制兩種。而訴諸暴力，非但未能帶來民主，反而會摧毀民主。

氏族公社時代，也就是孔孟所推崇的堯舜時代，領袖由群眾推選出來，為大眾辦事，向大眾負責。大家共同遵守幾條簡單的規則——例如平均分配食物等，這就是原始的民主社會。東方經歷過這個階段，西方也經歷過這個階段。後來由於工具的改良，生產力得以提高，一個人勞動不僅可使自己溫飽，而且有剩餘。於是人類開始儲備糧食和物資，人類佔有慾也就隨着物資的豐富而增大。於是戰勝者再也不殺害俘虜，而是把俘虜變成奴隸，奴役他們，剝削他們的勞力。因為戰爭可以帶來奴隸和財富，較強大的氏族就不斷發動戰爭，併吞弱小的氏族。於是原始的氏族公社制度便告滅亡，取而代之的便是奴隸主專政。國家自此形成，私有制也自此誕生。

奴隸制度出現之後，人類互相殺戮更趨嚴重，其間出現過無數次戰爭，爆發過無數次革命。其「犧牲」雖曰「壯烈」，但人民的血卻白流了。因為幾千年的人類歷史證明了暴力不能帶來民主，只會帶來新的暴君。而民主卻是一場「靜默的革命」，是從量變到質變，是一點一滴地漸變，通過和平方式過渡。這點我們從歐、美走向民主政制的過程可以看來。

英、法走上民主政制的歷程

民主議會政制的發祥地英國，從教會、貴族與王權發生衝突開始，王室在鬥爭中處於下風，王權逐漸受到箝制。一六八九，英國會通過了「權利法案」，進一步限制國王的權力。一七〇一年通過了「王位繼承法」㉖，這個法案除了規定產生新君的一些程序之外，還對國王的權力作一系列的限制。英國就這樣逐漸從君主專政過渡到君主立憲政制，把權力交還給人民，沒有戰爭，沒有流血。

法國在這個時期爆發了好幾次暴力革命，也發生過好幾次王朝復辟。人民作了很大的犧牲，流了很多血，但民主卻不是在革命的血泊中誕生，而是在和平的環境中自然而然地建立起來。一七八九年七月十一日，法王路易十六把主張改革的財政大臣奈克爾免職，翌日消息傳遍巴黎，人民湧上街，爆發了武裝起義，佔領巴黎，攻打巴士底獄。八月二十六日制憲議會通過了十七條「人權宣言」。一七九一年九月，制憲議會通過了「憲法」，廢除了等級特權，取消了貴族爵位。一七九二年路易十六被廢黜，宣佈成立「法蘭西共和國」。可是法國人民並未能真正享受民主，因為雅各賓派篡奪了革命果實，取替了國王的地位，採取恐怖手段鎮壓一切反對者，實行新的專政。一七九九拿破侖發動政變，取得權力，篡改憲法，終身執政，實行軍事獨裁。一八〇四年拿破侖再次修憲，恢復帝制。

一八一四年侵歐戰爭失敗，英、俄、普、西、葡聯軍開入巴黎，拿破侖帝國崩潰，波旁王朝復辟，路易十八在聯軍的支持下登上王位。一八一五年春拿破侖又神奇地推翻路易十八，再度坐上王位。可是拿破侖這次只坐了一百天，是年六月在滑鐵盧被聯軍打敗，再次被放逐到大西洋的孤島（一八二一年死於島上）。七月，路易十八又在聯軍的支持下作第二次復辟。

一八三〇年巴黎又爆發七月革命，八萬居民拿起武器與軍隊對抗，並於三天後攻佔王宮，推翻查理十世（路易十八之弟），建立「七月王朝」。法國的復辟和反復辟鬥爭，從十八世紀末持續到十九世紀，經過「七月革命」之後，大勢才告粗定，封建帝制終於一去不復返。此後隨着工業革命的順利發展，法國終於走上議會民主政制。儘管此後尚有革命和鬥爭，且爆發過「巴黎公社」「無產階級革命」，但都跳不出「議會民主政制」範疇。總括來說，法國的民主政制，絕對不是在刺刀下在血泊中建立的，而是在和平的環境中逐漸演變而成的。

美國為何在獨立戰爭後能建立民主

美國是唯一在戰爭後建立起民主政制的國家，華盛頓領導北美十三州民軍，經過抗英戰爭，終於把英國軍隊驅出北美，於一七七六年發表「獨立宣言」，建立美利堅合眾國，並於一七八七年制定三權分立的「美國憲法」。為什麼美國可以在戰爭之後迅速建立起民主政制且得以順利發展，中途未曾出現過反覆呢？我們認為這固然與華盛頓個人的素質有關，但也和美國特殊的文化背景和種族背景有關。

第一，美國的前身是英屬北美十三個殖民地，居民絕大多數是由歐洲遷移來的，其中以英格蘭人最多，此外還有蘇格蘭人、愛爾蘭人、荷蘭人、法國人、德意志人、瑞典人、瑞士人、猶太人等。由於種族複雜，文化背景各異，所以不容出現「一元化領導」。另一方面，美國是由十三個「英屬殖民地」所組成的，獨立之前，各個殖民地都是一個只聽命於英國的獨立的政治實體，力量也是分散的。為了共同的目標，大家聯合起來，並推選華盛頓為領袖，可是倘若華盛頓背離革命目標，想做拿破侖，勢必引起其他種族、其他州的反抗。

第二，美國的人民本來就是富於反叛精神、慣於獨立鬥爭的拓荒者。來自英格蘭的移民絕大多數都是反抗英王室的清教徒，其他國家的移民，也多數是要擺脫王權統治的自我放逐者。再加上到荒蕪地區拓荒，必須具有獨立堅毅的精神，面對困難和威脅，不畏懼、不退縮。想在這群人中搞個人崇拜，搞特權專制，那是注定要失敗的。

第三，美國獨立之前，英國老早已實現了議會民主政制，前北美十三個殖民地也是實行議會民主政制。也就是說，美國獨立之前就已經置於議會民主的列車之上，獨立之後也只能沿着民主的軌道前進，不可能跳下車來另辟蹊徑。美國的獨立使議會民主更臻完善，「獨立宣言」和「美國憲法」都是議會民主的典範之作。

為什麼暴力革命不能帶來民主？

為什麼暴力革命不能達至民主？理由很簡單，因為暴力革命的鬥爭形式，和革命陣營的組織方式都不利於民主意識的培養，只有利於集權專政。

第一，為了鬥爭的需要，暴力革命的發動者必須有一個很嚴密的組織，秘密進行宣傳和策劃「武裝起義」，這種鬥爭形式根本就不容許「民主討論」，只能自上而下，一層層貫徹。在這類嚴密的組織中，經過不斷地鬥爭而爬上權力巔頂的人，更易於養成獨行獨斷的習慣。認為每一次成功都是領導智慧的體現，群眾在他們心目中只是供其任意擺放的棋子，古代的農民起義領袖如此，近代的「革命領袖」也如此。

西歐的暴力革命常常是一哄而起，未經歷過長期的武裝鬥爭，其革命領袖尚且會在革命勝利之後專權（例如法國的幾次革命），那麼像中國這樣，武裝鬥爭有時長達幾十年，其革命領袖有什麼辦法不在革命的過程中變質呢？人畢竟是人，他必然存有人類的一些劣根性，在秘密鬥爭的環境中，一切活動皆由領袖指揮，人類獨裁專橫的劣根性就得以滋長和發揮，賢者如孫中山先生也未能倖免。晚年，孫中山先生改組國民黨，黨員的誓詞中有向孫先生個人效忠的句子，這就是一個明證。孫中山先生是中國近代史上對民主政制認識最深刻的一位革命領袖，他尚且會在武裝鬥爭的過程中被權力所腐蝕，其他革命領袖則不遑多論了。

第二，由於戰鬥生活的需要，武裝鬥爭的成員，必定逐漸養成下級服從上級的習慣，不容許懷疑，不容許抗爭，用林彪的話來說，就是「理解的要執行，不理解的也要執行」。

革命組織成員長期以來慣於被上級指揮，也習慣於指揮下級，民主觀念在他們的腦子已經逐漸褪色，褪至一片空白，於是對上級是哈巴狗，對下級是「一言堂」。也就是說，暴力革命培養不出民主骨幹，只能培養出一批大小官僚。

第三，從專政過渡到民主，是一個頗為艱鉅的過程，不僅需要有民主領袖，不僅需要大批民主骨幹，而且還需要具有民主意識的群眾。暴力革命只能製造英雄，而不能培養群眾的民主意識。人類有很多劣根性，崇拜英雄是一種，奴性也是一種。

經過幾千年的專制統治，在一般群眾的腦海中奴性是十分根深蒂固的，而中國的老百姓尤為明顯。你對他們說：人生來就是平等的。他們會說：笑話，人家是含着銀湯匙出世的，咱是含着泥巴出世的，怎能平等？你對他們說：人民要當家做主，自己的事自己做決定，不要盲目相信上頭的。他們會說：羊都要有個帶頭羊，那麼多人沒有頭兒怎行？面對着這樣的群眾，試問又怎樣實現民主？

暴力革命，長期戰爭，必然導經濟凋零，教育倒退，在這種環境中，人民的民主意識不可能得到提高。他們根本不懂得選擇，也不敢作主，打倒暴君之後，只會期待新的英雄來搭救他們。

國共革命的經驗教訓

正確的目標必順通過正確的手段方可達至；使用卑鄙的手段永遠達不到崇高的目的。我一再強調暴力手段不能達至民主，是因為在中國現化史上暴力太多而民主太少。中國通向民主之路有太多荊棘，受過太多的折騰。

孫中山先生所領導的革命，是中國現代史上最重要的一場民主革命，其目標是正確的、清楚的，其理論也是紮實的。但這場革命以民主革命始，卻以軍事專政終（並非真正的終，國民黨政府仍繼續存在於一隅）。

孫中山先生的「三民主義」和「建國大綱」都是中國極佳的民主文獻，可是當革命遭受挫折，他卻錯誤地採取「聯俄容共」的政策，錯誤地採用列寧的建黨原則來改組國民黨。結果國民黨也就逐漸從一個民主政黨蛻變成集權專制的政黨，國民黨領袖也就取代了滿清皇朝和北洋軍閥的地位，成為新的專政者。並因此而失去民心，並終於失去中國大陸。

國民黨的失敗是失敗在過多倚重武力，過多倚重軍事，而忽略了民主思想的建設；另一方面，也由於吸取「布爾什維克」的經驗，導至革命的路向乖離最初的目標。

繼之而來的中共革命，則是從目標到手段都是錯誤的，共產黨人的革命目標是共產主義的烏托邦，這是不存在、不可實現、不可抵達的海市蜃樓。馬克思學說雖然偏頗，但仍然主張民主，主張人性的解放。可是馬克思學說到了列寧的手裏已經變質，列寧的階級鬥爭理論和組織路線都是違反民主原則的。因而，俄國的「十月革命」根本不是民主革命，而只是一場農民革命，其領導層逐漸蛻變，並產生斯大林這類新暴君，那是必然的。中國共產黨的革命也只是一場農民革命，所以取得政權之後便逐漸蛻變，產生毛澤東這樣的新暴君也是必然的，不可避免的。

共產黨主義思想潮從本質上來說，是一種反民主的思潮。它的階級鬥爭論和階級專政論都是反民主的，所以共產主義運動只能在生產力落後、文化教育不普及、人民的民主意識淡薄的國家和地區興起。俄國的共產主義革命，並未經歷過資本主義議會民主階段，它直接從農奴制度跳進所謂「社會主義」；中國共產黨的「革命」，也是在尚未完成資本主義革命，尚未經歷議會民主的狀況下，直接跳進所謂「社會主義」。所以蘇聯共產黨和中國共產黨都帶着非常濃厚的封建習性，這種封建習性和馬列主義的鬥爭哲學融為一體，於是演變成蘇式的「社會帝國主義」和中國式的「封建法西斯」。由蘇聯或中共扶植和支持下的共產黨政權，自然無法脫離中蘇的軌道，於是產生拉科西、黎筍、波爾布特這類小暴君也是必然的和不可避免的。

民主——專政——民主的規律

從民主到專制再回復到民主，是人類歷史必然的發展規律，在某個特殊時期或許會出現短暫的反規律現象，但從總的趨勢來看，人類社會步向民主是不可抗拒、不可避免的。共產主義運動是人類走向民主之路的小波折。共產黨專政比封建專政更要嚴厲、更加極端。斯大林時期的蘇聯，「文革」時期的中國大陸，波爾布特時期的柬埔寨，比歷史上任何封建王朝都更加暴虐、更加黑暗。但這種反動時期必然是短暫的，它最終會向人民的民主要求讓步。斯大林死後，蘇聯的專制少了一點，民主則多了一點；東歐各個共產國家八十年代和五十年代比較，也是專制少了一點，民主多了一點；打倒「四人幫」之後，中國共產黨向人民所作的讓步就更大了。專制者被迫向人民讓步，這種趨勢是不可避免的，不會停滯的。

倒不是共產黨幡然省悟，「放下屠刀立地成佛」，他們是被迫作出讓步的。是人民對共產黨專政制度，作出各式各樣抵制之後，共產黨才被迫作出讓步。當人民嚐到些許自由、民主的甜頭之後，就會提出更多要求，共產黨又將被迫作出更多的讓步。整個共產世界的發展都是如此，中國如此，蘇聯如此，東歐也如此。人民與共產黨統治者是一寸一寸地爭奪「失地」。

當然，在人民的步步進迫之下，共產黨可能惱羞成怒，突然採取暴烈的手段，鎮壓人民，例如中國大陸一九五七年的「反右」和後來的「文革」，例如波蘭雅魯澤斯基的軍法統治。但誠如上面所說，這種反動時期必然是短暫的。

共產國家和平演變走向民主的可能性

共產國家如何步向民主，這是一個新的課題，筆者不可能預測出種種細節，但卻可以斷言，人類步向民主的潮流是不可抗拒、不可阻擋的。二十世紀之後，由於工業科技的迅速發展，為人類步向民主提供了豐富的物質基礎。又由於共產政權的暴虐，使人們看清楚專政政制所帶來的巨大災難，中國大陸的「文革」，越南、柬埔寨的「革命」都是屍山血海的教訓。這種教訓不僅自由世界感到震慄，而且也震撼整個共產世界，促使共產黨人進行反省，為共產世界步向民主打下了思想基礎。

也許有人會說，共產黨是不會變的，共產黨不可能放棄抓在手裏的權力。關於第一個問題事實已經作出答覆，共產不僅會變，而且正在變革之中，東歐共產黨在變，蘇聯共產黨在變，中國共產黨的改變則更大，鄧小平時代的中國共產黨與毛、林、四時期的中國共產黨，幾乎已變得面目全非了。

然而，並不是共產黨喜歡變，而是因為蘇式的「社會主義」走進了死胡同，必須在變革中尋覓出路，可說是形勢逼人。現時，改革的潮流已在整個共產世界興起，中國共產黨體制改革的成敗，不僅影響中國的興衰，而且將影響東歐，影響蘇聯，影響整個共產世界。

第二個問題是共產黨和所有既得利益集團一樣，他們絕對不甘願放棄握在手中的既得利益。他們願不願意是一回事，能不能夠長期保持則是另一回事。當年英國王室也不甘願放棄手中的權杖，但形勢比人強，當形勢發展對王權愈來愈不利的時候，英國王室也只好乖乖地放棄已抓到手的權力。共產黨也如此，他們不可能主動放棄既得利益和權力，但當形勢迫使他們不得不放棄之時，他們也只能順應形勢。現在以鄧小平為首的中國共產黨，近年來實際上已被迫放棄了不少既得利益和權力。因而，我們認為不應排除共產世界通過和平演變，逐漸步向民主的可能性。

當然，共產黨畢竟不同於英國王室，共產黨是一個結構很嚴密的組織，一環扣住一環，扣得死死。此外在共產國家共產黨是一切權力的中心，實行「一元化」的專政制度。因而共產政權通過和平演變方式過渡到民主政制，一定比英國從君主專政過渡到君主立憲艱鉅得多，但艱鉅並不等於不可能。因為八十年代之前，中、蘇兩大共產黨既未興改革之念，也未做改革的嘗試。弱小的東歐國家，如匈牙利、捷克和波蘭，稍為偏離蘇式共產教條的軌迹，就遭到蘇聯的武力鎮壓，改革者之夢也被坦克的履帶所輾碎；現在的情況則頗為不同，改革之風起於共產大國——中國，這股勁風正吹向五湖四海，吹向蒙、疆、藏等邊陲地帶，其步伐之大，影響之巨，超過共產世界以往任何一場改革，而蘇聯武力鎮壓的可能性幾乎等於零。因而，當體制改革方興未艾之時，過早地斷言共產國家不可能通過和平演變達到民主，未免過於武斷。

中共體制改革的成敗還是未知數，但從其發展趨勢來看，只有兩種可能性。第一種可能性是繼續沿着目前的路子走下去，這樣權力就會逐漸趨向分散，共產黨的勢力就會相對削弱，久而久之，從量變到質變，出現一種新的統治形態，並不是絕對不可能的。第二種可能性便是體制改革中途受挫，極左派奪權成功，一切回復到五、六十年代。但是從現在的形勢看來，極左派復辟的可能是非常微小的。「實踐是檢驗真理的唯一標準」，尚在試驗中的事物，且讓「實踐」作出檢驗罷，我們不必過早地作出主觀的判斷。

思想革命是民主革命的基礎

民主革命不是一個集團打倒另一個集團，一個階級打倒另一個階級那麼簡單，它不僅僅是爭奪統治權力的鬥爭，而且是一場廣泛深刻的思想革命。然而思想並不是憑空而來的，它需要有一定的物質基礎，這是自不待言的。在生產力落後、衣食匱乏、文盲成堆的地方，絕對開不出民主的奇葩。孔子曰：「衣食足而知榮辱」，長期在饑餓線掙扎的人民，他們想到的只是麵包，不可能提出什麼民主要求。能夠順利完成民主革命的國家，都是生產力比較發達、物質比較豐富、教育比較普及的國家，例如英、法、美等。只有在溫飽問題已經解決的情況下，人們才會認識到自身的價值，才會有民主的要求。

孫中山先生領導的民主革命，雖然有正確的指導思想，有相當完整個綱領，猶未竟全功，吃虧就吃虧在中國太貧窮，教育太落後，民眾太愚昧，這就是癥結之所在。現時亞、非、拉許多國家尚未能實現民主，其原因也在於此。

現在距辛亥革命已經七十多年，世界已從蒸氣時代發展到太空時代，但經過幾十年不斷折騰，中國還是相當落後。中國國民生產力和國民收入，還與最落後的國家排列在一起，中國迄今還有兩億多文盲和半文盲，而大專教育按人口比例，也遠遠落在世界水準的後面，在這種情況下，民主不可能一蹴而就，十億同胞仍須長期奮鬥，不斷爭取。而中國的知識分子，特別是海外的知識分子，實在應該為促進中國民主做更多的工作，作更多的努力。

民主必將取替專政

中國走向民主之路雖然非常艱鉅，但不必失望，不必氣餒，因為現在比以往任何時刻都更有希望。為什麼這樣說呢？

第一、從「五四」運動到「反右」運動，到「天安門事件」，到北京之春運動，以及最近抵制「反精神污染」的行動，說明中國的民主火炬從未熄滅，幾十年來它一直在人民的心中燃燒。也說明，中國人民從未曾放棄對民主自由的爭取，有的時候這種聲音雖然微弱或被鎮壓的機槍聲所掩沒，但一有機會又將大聲疾呼。中國人民爭取民主自由的精神是鍥而不捨、堅韌不拔的。只要繼續堅持下去，最終必定會取得勝利。

第二、經過「文革時期」封建法西斯的黑暗統治，使人民充份認識到專制獨裁的可怕，認識到人治黨治的不可取。「文革」固然產生了「垮了的一代」，但也培養了「思考的一代」、「反省的一代」。

經過封建法西斯的肆虐，不僅迫使人民群眾思索和反省，也迫使統治階層思索和反省。繼「文革」後出現的改革，就是反省的產物。而我們沒有任何理由認為這種反省不會繼續深化。

「文革」後所導至的全國性的反省，實際上是一場思想革命，是一場否定神權、王權，否定專制獨裁的思想革命，民主也在反省中蘊藏了生機。

第三，門戶開放，必然會迎進民主的氣息，這是不可阻擋、不能過濾的。北京打開門戶希望引進先進技術和外資，但卻想把西方的人文科學拒於門外，所以一方面開放，一方面要「清除污染」。然而「清污」運動必定以失敗而告終，因為先進科技與先進思想是一個整體，是不可分割、不可過濾的。引進西方的科技的同時，必須引進西方保養和管理的方法和制度，這樣，西方的人際關係和思維方法也就自然地滲進，也就自然地對中國人產生影響。而眾所周知，自由民主思想在中國的影響力是在不斷擴大中，除非突然倒退到「四人幫」時期，否則這種影響力是不可能遏止的。

第四，體制改革就是下放權力，加強靈活性；就是黨政分家，政經分家，政治歸政治，經濟歸經濟，不要箝制得太死。體制改革剛剛開始，此時判斷成敗，尚嫌言之過早。但改革之門既已打開，無論如何都不會回到「文革」時那種僵死立場，也就是說，體制改革或許會出現亂子，出現這樣或那樣的缺點，但導至權力分散卻是必然的。這就有利於政治權力多元化的出現，而權力多元化則是通向民主的必經之路。

做民主的促進派

總的來說，我們認為中共的門戶開放和體制改革，為中國通過和平演變走向民主社會提供了可能性，海內外的知識分子都應該作民主的促進派，支持一切有利於民主的政策措施。有幾點我們認為可以做也應該做的。

第一、支持學術交流，擴大學術交流。學術研究，是最容不得謊言，最重視證據，最實事求是的工作。學術自由是思想自由、言論自由之母，是一切自由之母。現在在中國大陸，馬克思主義雖然還是神聖的不可冒犯的禁區，但承認「馬列主義不能解決當前中國的所有問題」，已為這個禁區打開小小的缺口，各種非馬克斯、列寧主義的哲學思想就可以從這個缺口滲進去，為未來的思想革命準備了理論基礎。思想革命不一定是自下而上的，也可能由上而下，或者上下互相交流、互相影響。我們所指的學術交流是廣泛性的，不限於學術團體和學者，即使一般知識分子的交往，思想的溝通，也可視為學術交流的一種。海外的知識分子應該爭取機會，多與大陸人士進行思想交流。

學術像氣體和液體那樣，總是由高處向低處流，總是水準高的去影響水準低的。漢朝、唐朝，中國的學術水平高，所以中國的影響力遍佈四隅，直達中東和歐洲。但二千年後，中國的學術已落後於人，所以中國不能拒絕西方的影響。近百年來，從康有為的「君主立憲」、孫中山的「三民主義」、到毛澤東詮譯的「馬列主義」，無一不是西方的東西。現在進行學術交流，毫無疑問，中國將會受到西方各種思潮的影響，但只要讓人民選擇，不把某種思想定為一尊，必定好處多於害處。中國共產黨把列寧、斯大林的教條生搬硬套過來，可以說是一個很沉痛的教訓。

第二、鼓勵文化交流。學術是文化的一部分，是文化的精華，它影響的層面較高，但也較窄。文化則比較廣泛，衣、食、住、行皆屬文化。文化交流的方式也相當多，回鄉探親，旅遊觀光，皆可達到文化交流的目的。而歌曲的傳播，錄影帶的流通，表演團體的互訪，書籍、刊物的交換，更是直接的文化交流。近幾年來，海外與中國大陸這種文化交流正在方興未艾，而到目前為止也是海外對大陸的影響大，大陸對海外的影響小，所以我們應該積極支持這種交流。

第三、支持中國四個現代化（注意，是中國而不是中共），四個現代化是中共建政以來最正確的方針政策，是「文革」反省後的產物，不管中共的主觀願望怎樣，實現「四化」的客觀效果必然是提高國民生產力，提高人民的生活素質。也必然地為「民主之路」提供物質基礎。

目前，中國距離「四化」的目標仍甚遙遠，距離世界先進水準則更加遙遠。我們不應因此而潑冷水，而幸災樂禍，我們應盡一己之力為「四化」作一點貢獻，而批評中共錯誤的政策措施，也可視為「貢獻」的一種。

第四、協助中國普及教育。按人口比例，中國大陸的大學生還低於印度和許多落後國家，全國有四分之一的人是文盲和半文盲。教育事業嚴重落於時代之後，提高教育是急不容緩的工作。我們對捐錢回鄉辦學的人士表示尊敬，不管他們的私人動機是什麼，其客觀效果總是好的。許多海外學者，不計報酬回中國大陸講學，陳樹柏教授且欲創辦實驗大學，這些都是值得人們讚賞的崇高行為；假如中國教育普反，人們知識智慧普遍提高，掌權官員的知識和智慧也相應提高，就不可能出現「反右」、「大躍進」、「文革」這類禍國殃民的運動。

第五、積極支持一切民主力量。民主必須從權力多元化開始，目前，中國大陸除了共產黨之外沒有第二個力量中心，然而隨着民主思潮的擴展，隨着民主運動的深入化，勢必會出現另一個或多個非共的力量中心。我們應該對可能出現新的民主力量中心給予熱情的支持。我們應該支持王希哲、魏京生等民運人士的努力。支持一切爭持民主的個人和團體。

儘管目前中國距離民主之路仍甚遙遠，但我們卻堅信，這是遲早必走之路，因為除此之外，已沒有別的路可走。從專制回復到民主是人類歷史發展的必然結果，是不可抗拒的潮流。民主或許不只是歐美一種形式，它或許還會以另一種形式出現，但「人民當家作主」，「人生而平等」的精神卻必定是一致的，我們的信心是十分堅定的。

本文乃應《中國之春》之邀而寫於一九八五年春

刊於《中國之春》廿七·廿八期

注釋：①《商君書》君臣
②③《商君書》開塞
④⑤《韓非子》卷第十八，六反第四十六
⑥《韓非子》卷十九，顯學第五十
⑦⑧《荀子》性惡篇
⑨《荀子》勸學篇
⑩《荀子》富國篇
⑪《荀子》非相篇
⑫《荀子》不苟篇
⑬《孟子》公孫丑章
⑭《孟子》告子章
⑮《孟子》離婁章
⑯《孟子》梁惠王章
⑰《孟子》盡心章
⑱《孟子》梁惠王章
⑲《孟子》萬章章

⑳《孟子》離婁章
㉑《孟子》萬章章
㉒許介鱗《英國簡史》第四章〈大憲章〉台灣三民書局出版民國七十九年（一九八〇年）初版
㉓同㉒第五章〈議會制起源〉
㉔林舉岱、陳崇武、艾周昌主編《世界近代史》第五章第二節。上海人民出版社一九八二年一月初版
㉕同《世界近代史》第五章第一節
㉖同《世界近代史》第三章第四節

後記與補充

——中國的病根與民主的展望——

〈從中西文化探索中國之出路〉發表後，曾請教胡秋原先生，秋原先生不大同意我的觀點，也不同意金觀濤、劉青峰以及林希翎等人的觀點。他說：「在最近一兩年間，我看到和聽到下面這些意見。有人將原因歸於中國封建社會之長期延續，並將這延續歸於中國封建社會『超穩定系統』（金觀濤、劉青峰《歷史的沉思》）。有人將中國封建歷史和封建意識無限期延長的原因歸於中國文化之本身：法家將統治者放在法外，而西方法家將統治者放在法內；儒家的孟子也只要禮讓，不要民主；在中國的信史之中，無法找到民主法治的根據；然而希臘羅馬的文化固然豐頭，而英國的大憲章和議會制度的傳統與我們大不相同。基督教宣揚博愛平等，所以才有人文主義和啟蒙主義的興起。況且教會組織成為制衡力量。而中國情形恰和歐洲相反，一向實行政教合一。美國是唯一在戰爭後建立民主政制的國家，這和美國特殊的文化、種族背景有關（寒山碧《從中西文化探索中國之出路》）。有人說到中國封建主義是壓在中國人民頭上最大禍害，對領袖的個人迷信，特權等級制，文字獄，變愛婚姻不自由，專制獨裁，一榮俱榮，一損俱損，焚書坑儒，對文化知識的仇視……都屬於封建主義。而中國封建主義不能轉變為資本主義，則又由於中國是亞細亞生產方式（林布翎《給鄧小平的萬言書》」①。

金觀濤、劉青峰、林希翎和筆者，離開中國大陸時間雖有前後，但都是一九四九年後在紅旗下成長的知識分子，我們的看法至少代表了一部份大陸知識分子的看法，胡秋原先生甚為重視，為此寫了《西方何時才有民主？中國是否封建社會？》和《論中西文化異同與中國未能完成美法式革命之故》兩篇長文，系統地闡述了他的觀點和看法。關心中國文化和中國前途者，甚值得細心一讀。（這兩篇長文原刊於《中華雜誌》，現收錄在《胡秋原選集第一集——文學與歷史》，台灣東大圖書公司一九九四年二月初版）

胡秋原先生學貫中西，博大精深。無論在史學、哲學、政論和文藝理論方面都有傑出成就。交往二十餘年，筆者一向視之為老師，執弟子之禮。就中西文化和中國前途的問題上，秋原先生與筆者並無本質之分歧，只是着眼的重點不同而已。《從中西文化探索中國之出路》發表距今已十一年，其間發生過很多重大事情，台海兩岸和世界形勢都有了很大的變化，例如：蔣經國解禁後兩岸文化和經貿交流迅速發展，台灣民主化和台獨勢力的迅速發展；例如：八九年北京的「六．四事件」；九〇年東歐共產集團的崩潰和蘇聯九一年的解體；九二年鄧小平的南巡和市場經濟的確立等等，因此筆者認為有必要作一些補充和說明。

專制主義是中國的總病根

（一）筆者同意胡秋原先生的論斷，近兩千餘年中國是專制主義社會，而不是封建社會。中國封建社會戰國之後（公元前二百二十四年）已經結束，秦朝（公元前二百二十五年）開始中國就進入專制主義社會。與其說中國封建社會是「超穩定系統」，不如說中國專制主義社會是「超穩定系統」。二千多年來中國的農民革命和改朝換代，總是以一個新的專制集團代替舊的專制集團，統治成員雖然換了，但其專制本質則一如既往，甚至變本加厲。

專制統治窒息人民的思想，扼殺人民的創造力，正因為這樣，秦朝之後二千多年中國的哲學、人文化科學不僅無法超越春秋戰國時代，甚至大步後退。這也就是清末鎖國防綫崩潰之後「全盤西化」論興起，又繼而興起馬克思主義列寧主義的原因。

專制主義統治二千餘年來，對中國多元的傳統哲學、傳統文化都是「去菁存蕪」，延至清末，我們已沒有什麼東西，沒有什麼力量抗拒西方思潮了。防綫一崩潰全國就淹沒在西化的海洋裏，繼而又淹沒在列寧、斯大林專制主義的海洋裏。

（二）筆者並不贊同「五四運動」前後的「全盤西化」論，「全盤西化論」在當時或許還有多少進步意義，但以今天的眼光來看，「全盤西化」論未免偏頗和幼稚，這與反對母乳育嬰主張牛奶育嬰一樣荒謬。我們不能因為有了先秦諸子的成就而抗拒西方文化，也不能為了吸納西方文化而全盤否定甚至全盤擯棄中國的傳統文化。無論對西方文化或傳統文化都應態度謹慎，取其精華棄其糟粕，這是不易之理。

中西文化並非是完全對立的排他的，兩者不僅有共同之點，而且可貫通融會，取長補短，並駕前進。「全盤西方」論者全盤否定中國傳統文化價值固然錯誤，國粹派全力抗拒西方文化也是錯誤的。時至二十世紀末，相信多數人都已放棄偏頗之論，而寧取中庸之道。

（三）秋原先生認為中國文化「停滯」不前，是「由於中國遭遇三次蠻族入侵，這是考慮到西方民族大移動造成西方之後退，所以清人入關以後中國四十年之長期內戰造成中國社會經濟之大破壞」②此說恕難苟同。元蒙、遼、金、滿清之入侵中土，雖然人民遭殺戮，社會經濟受到重大破壞，但中國傳統文化並未受到摧殘，反而是入侵者逐漸被同化，逐漸融入中國文化之中。中國文化的「停滯」和倒退，病根是專制主義的塗毒和扼殺。

中國傳統文化的精華部份例如尚王輕霸，民重君輕，仁愛禮義，重諾守信，推己及人，中庸之道等等，不利於專制統治，不利於樹立皇帝的絕對權威和絕對權力。所以自西漢董仲舒貶百家而定儒學於一尊，提倡「天人合一」，強化「三綱五常」之後，中國傳統文化的精華部份逐漸被淘汰，糟粕反而泛濫成災。君權掙脫了禮教的約束，變成絕對權力，可以為所欲為。明、清兩代大興文字獄，箝制言論自由，箝制學術研究，窒息思想達到高峰。毛澤東的思想改造，反右運動，文化大革命又把專制主義推上新的高峰。毛不僅是繼承和發展了中國傳統的專制主義，而且還繼承和發展了列寧、斯太林的專制主義。

中國傳統文化的精華，經過二千餘年的汰菁存蕪尚未被徹底摧殘，「五四」前後的「全盤西化」也未能達到目的。但經過中共四十餘年統治，經過十年文革酷劫，中國傳統文化的精華已蕩然無存，已被徹底消滅，剩下來的只是共產文化和傳統文化的糟粕。

（六）中國傳統文化沒有把統治者（皇帝）置於法中而是置於法外、法上，這是千真萬確的事實。皇帝的聖旨就是法律，皇帝的隻字片語也是法律。皇帝不僅是國家元首、政府首腦、最高統帥，還是最高法官，最高立法者。根本不存在任何制衡機制和制衡力量。歷史上的明君依靠的是自省自律，是個人的品格和智慧，而不是法律制度。也正因為皇帝是明君才可以起用賢相賢臣。碰到昏君坐朝，胡作非為，臣民是一點辦法都沒有。等到忍無可忍時或許有人弒君篡位，或許農民暴動革命，社會又大動盪，經濟生產又受到重大破壞。所以筆者堅持說，導致中國經濟生產長期停滯不前，最主要的原因就是專制主義，就是統治者無孔不入的絕對權力。

（七）秋原先生認為中國也有少許民主傳統，他說「我國過去，村級之事務，向由人民直接選舉保正，漢代由官吏於鄉里選舉孝廉方正，然後敍官。」③這一論點筆者也恕難同意。因為鄉村真正掌權者是鄉紳和族長，不是保正。而鄉紳和族長是自然形成的，不是選舉產生的；漢代的舉孝廉，是由地方行政長官選拔舉薦，其權在長官而不在民眾，談不上民主；舉薦了要送到中央審核分配，任何官何職，其權也全在中央而不在民眾，自然也談不上民主。

筆者雖然未能苟同秋原先生一些觀點，但卻贊同秋原先生的結論：「中國前途問題一是民主化，二是工業化。」④

對中國民主發展的展望

十一年前撰寫上文（即〈從中西文化探索中國之出路〉）時說：「中國走向民主之路雖然非常艱巨，但不必失望，不必氣餒，因為現在比以往任何時刻都更有希望。」這些年來儘管發生過「六・四事件」，儘管中共對意識形態的箝制力度更加增強，儘管中國大陸要求民主的呼聲十分微弱，亦近沉寂，但筆審慎樂觀的看法沒有絲毫改變。

（一）經過十七年「開放改革」，特別是九二年鄧小平「南巡講話」之後，市場經濟已紮根於中國大地，即使毛澤東再世也無法把它鏟除。市場經濟的確立，不僅確立了新的經濟制度，而且樹立了新的思想，即鄧小平所說的「換腦筋」。現在毋須宣傳教育，誰都明白必須按照市場規律辦事，誰都明白經營賺錢是天經地義的事，是大家共同努力的方向，不管你是國營企業，集體企業或是私人企業。今天，江澤民雖然要講政治，但卻不會再講要把個體戶「不留情地整治，甚至令其傾家蕩產」⑤的蠢話了。由此可見中國人民和中共官僚在思想認識上都上了一個台階。而思想認識的提升，也為民主改革打下了基礎。

（二）中共統治集團仍然狀甚強大，但實際上它比四九年掌握政權以來的任何時刻都更要脆弱。以前，中共不僅掌握了統治權力，而且掌握了經濟權力，掌握了一切資源。它治下的臣民，假如離開共產黨，一天也活不下去。「改革開放」之後，經濟領域逐漸多元化，形成共產黨之外的民間經濟力量。現在（九六年）非公有的經濟力量，已發展壯大至可與國有經濟分庭抗禮。可以預見再過三幾年，非國有的經濟力量就會超過共產黨所掌控的國有經濟力量。也就是說，到時超過一半人口毋須依靠共產黨吃飯，毋須依賴單位生存。共產黨常說，存在決定意識，就個人來說，有了獨立的經濟實力，就會有獨立的人格，獨立的價值觀。作為一種社會力量來說，既然存在不同的經濟力量，必然會有不同的利益訴求，這種訴求不可能局限於經濟層面，也會涉及政治層面。說得直接點就是參與管理公眾事務和國家事務的民主訴求。有強大經濟實力作為後盾的民主訴求，有別於群眾示威，不是暴力所能鎮壓得下去的。

（三）江李核心對中國人民的民主訴求一直佯裝不見，一直採取不協調的政經分離手法，經濟放鬆，政治嚴控。不但不推行鄧、胡、趙時期所許諾和探索的「政治體制改革」，而且從「十三大」的路綫，甚至從「十一屆三中全會」的路綫上退下來。姿態十分僵硬，跟蓬勃發展的市場經濟非常不協調，但這必然是短暫的。

經過十年文革的「封建法西斯」統治，中國人民及中共各級官員，深刻認識到「紅色恐怖」日子的可怕，深刻認識到絕對權力的可怕。經過十七年「改革開放」之後，中國人民又從另一面認識到絕對權力衍生的官場腐敗，社會腐敗的可怕。「六四」之後，腐敗迅速擴展，迅速深化和惡化。現在腐敗已侵蝕社會每一個器官，每一寸肌膚，如果任其發展下去，不僅老百姓無法存活，整個社會都會隨之敗亡。

現時中共實際上已面臨這樣惡劣的局面，但鄧小平尚活在世上，誰都不想挪動一步，不想改變由鄧小平所造成的局面，只是強硬地不擇手段地維持着。鄧小平逝世，就會受到猛烈的衝擊，僵局就維持不下去。中共又將面臨毛澤東逝世後那樣的重大抉擇，到底是向人民主訴求讓步，放棄部份權力，進行政治體制改革，認真打擊貪污腐敗，整飭社會風紀？還是更加強化專政的力度，退回到六、七十年代的「封建法西斯」時期去？

選擇前者，中共的權力就會被分薄被削弱，社會就會出現中共之外第二股、第三股或若干股力量，並逐漸走向多元化，民主化。選擇後者，就必須冒着蘇聯、東歐那樣崩潰解體甚至是爆炸的危險。

（四）一九九〇年東歐的崩潰，九一年蘇聯的解體出乎所有人的意料之外，沒有人想得到如此強大的共產帝國會在一夜之間土崩瓦解，但這卻是千真萬確的事實。別以為歷史不會重演，聳峙的大廈，傾倒之前仍是那樣壯厚雄偉，但傾倒卻只在瞬霎之間。

從蘇聯的解體東歐的崩潰，我們清楚地看到這不是武裝鬥爭的結果，而是思想革命的力量。蘇聯東歐崩潰的初期，社會震動很大，經濟十分困難，人民忍受很大的痛苦。但現在最惡劣的時刻已經過去，蘇聯和東歐的經濟都已復甦，逐漸上了軌道。捷克和匈牙利兩國表現尤佳，一馬當先，正在追趕西歐。由此可證，社會從崩潰到重建也無須血流成河。因而筆者更加堅信暴力革命不可取，民主制度可以從社會改良中逐漸達至。

（五）筆者雖然對中國的民主前途保持審慎的樂觀，但也充分認識到其艱巨性。中國疆土太大，人口太多，經濟發展不平衡，教育不普及高等教育佔人口比率大少，民智太低。想如東歐、蘇聯那樣一下子實現大民主，不僅要冒很大的風險，而且可引起很大的混亂。

民主不僅是一人一票的選舉制度，而且是一種文化，是一種生活習慣。民主最重要的精神——是容忍不同意見，尊重少數持不同意見者，尊重每一個人的思想自由和表達自由。這種習慣這種氣度就不是一朝一夕所能養成的。一個社會如果欠缺民主文化和民主素養，一下子放縱搞大民主，很容易衍化成暴民政治，像「文革」時期那樣把不同意見者，打倒在地，再踏一腳。所以筆者主張中國的民主進程要循序漸進。先實現學術自由，思想自由，新聞自由，擯棄人治，實現法治。繼而開放基層權力，實現鄉鎮以至縣市的民主選舉，充分尊重地方的自治。再進一步才提升到地區和省一級選舉，最後才實現中央政府的民主選舉。

從專制過度到民主是一個頗長的歷程，每一步都要十分謹慎小心。

一九九六年九月十八日

注釋：①胡秋原〈西方何時才有民主?中國是否封建社會？〉原刊《中華雜誌》一九八五年十一月，見《胡秋原選集第一卷文學與歷史》，東大圖書公司一九九四年二月版。

②胡秋原〈論中西文化異同與中國未能完成美法式革命之故〉，原刊《中華雜誌一九八五年十二月，見《胡秋原選集》第一卷（東大版）

③④同②

⑤寒山碧《鄧小平最後歲月》第二十一章。東西文化事業公司一九九三年九月初版。

試評趙紫陽的功與過

政治家和政客最大的區別是前者有堅持不渝的政治理想，願為它而奮鬥終生；後者不僅沒有政治理想甚至沒有穩定的立場，一切皆隨現實利益的轉變而轉變。

趙紫陽到底是政治家還是政客呢？我們認為在一九八七年一月十六日出任黨中央代總書記之前，他基本上只是一名政客。出任代總書記之後他才逐漸形成自己的政治理想，堅持自己的主張。儘管如此，在五月學潮之前，他的政治家氣質還是不明顯的，但在史無前例的學運民運的衝擊下，在殘酷的政治鬥爭的催迫下，他的政治家氣質終於表現出來。他堅守自己最後的防綫，準備作出犧牲，明知不可為而之，明知反抗實際上的最高領導人——鄧小平會遭沒頂之災，但他仍然堅持己見不向權威屈服，這是需要巨大道德勇氣的。趙紫陽能在這個關鍵的時刻堅持自己的立場，不被折服，使人不能不對他刮目相看，不能不對他作出新的評價。因為在這場鬥爭中他所煥發出來的政治家風度，使他的形象變得更為高大。可以說，沒有八九年民運不僅看不透鄧小平，也看不清趙紫陽。

廣東人對趙紫陽並沒有好印象

趙紫陽調上中央之前，曾在廣東和四川當過頗長時間的封疆大臣，同是一個趙紫陽給廣東和四川人卻留下完全不同的印象。

在廣東沒有多少人欣賞趙紫陽，特別是他當國務院總理之前。因為在人們的眼裏，他只不過是一名緊緊跟隨權威的很懂得做官秘訣的技術官僚而已。他沒有自己的思想，沒有自己的看法，以毛（澤東），陶（鑄）的思想為自己的思想，以毛、陶的意志為自己的意志，所以在那段時間他表現出來的是一副極左的形象。依靠「反地方主義」和積極推行農村的所謂「社會主義改造」（即「合作法」、「公社化」）起家。所以廣東人對他並沒有什麼好感，視他與陶鑄為一丘之貉，是壓迫排擠廣東人的「南霸天」，是代表毛澤東統治和奴役廣東人的「撈鬆佬」（廣東人統稱北方人為「撈鬆」）。

理由很簡單，趙紫陽在廣東期間所執行的是一條從毛澤東到陶鑄的極左路綫。自一九五二年葉劍英被撤掉廣東省省長調往北京投散置閒之後，陶鑄就一步步把廣東推上極左之路，無論土改、三反五反、反右、公社化、大躍進，廣東都表現得比大多數省（區）更左。而趙紫陽毫無疑問是陶鑄主要的幫凶，他是依靠從「土改」到「大躍進」的極左表現，積聚了個人的政治資本。也就是說他的第一筆政治資本是建築在廣東人民的痛苦之上，難怪廣東人（含海南人）當年對趙紫陽沒有甚麼好的印象。

鄧小平為何提拔趙紫陽

一九七五年十月，趙紫陽調往四川。出任四川省委第一書記、省革委會主任兼成都軍區第一政委。趙紫陽這項任命是由當時主持中央工作的鄧小平提議，經周恩來，毛澤東批准。其時周恩來病重，鄧小平以中共中央副主席、中央政治局常委、國務院第一副總理、中央軍委會副主席兼總參謀長的身份主持中央日常工作。鄧把趙調到自己的故鄉，這個全國最大的省份擔任要職，自然是出於對趙的欣賞。那麼鄧小平欣賞趙什麼呢？

第一是欣賞趙在「批林批孔」運動中有突出的表現，協助許世友清除林彪，黃永勝在廣州軍區和廣東省根深蒂固的勢力。廣東在「文革」中是一個重災區，一直被視為林彪集團最堅強的堡壘。林彪也曾一度擬退到廣東另立中央。「林彪事件」後由於廣東省和廣州軍區的重要職務仍然由林、黃餘黨所把持，在清除的過程中遭遇很多困難。一九七三年十二月許世友調往廣州軍區任司令員，開始進行清洗工作，趙紫陽協助有功，所以幾個月後（一九七四年四月）便晉升為為廣東省委第一書記、省革委主任兼廣州軍區政委。

第二，趙紫陽於「文革」後重返廣東工作時一直抓農業，幾年間廣東農業的形勢遠比其他省（區）為好。一九七四年廣東的夏糧收購量就比七三年增加百分之二十三。農民的生活也有一定程度的好轉。這就是趙獲得「鄧大人」欣賞的第二個原因。

七五年十月獲得新任命之後，趙紫陽立即辦交割工作，兼程西奔，赴蓉城履新。趙紫陽明白鄧小平、周恩來看得起他，這又到了一個站隊押寶的時刻，他毫不猶豫地把寶押到周、鄧的一邊。

趙紫陽上任才一個月多一點，風向開始轉變，清華大學颳起一股指向周、鄧的逆風，七六年元旦「兩報一刊」社論第一次出現了「右傾翻案風」的字樣。一月八日周恩來逝世，鄧小平也於一月十五日周恩來追悼會後被軟禁。趙紫陽失去了靠山，但久經官場考驗的他卻能沉着應付這個變局，他一方面召開大會熱烈表示堅決擁護「中央兩項決定」，另一方面卻盡量免避親自在大會上表態度發言。是年夏天，四川發生地震，他就組團下鄉慰問災民去。他長期留在農村，不回成都辦公，既避過了「反擊右傾翻案風」的麻煩，又贏得深入基層深入農村的美名。

一九七六年年十月，葉劍英、華國鋒「一舉殲滅四人幫」之後，趙紫陽卻一反往態，親自在大會上揭露批判「四人幫」的種種罪行，因為他知道形勢大變，周恩來雖然已去世，鄧小平的復出卻是指日可待的了。

一九七七年七月十六至二十一日，中共召開第十屆三中全會，鄧小平恢復黨內外一切職務，趙紫陽在成都召開了三十萬人的軍民大會，親自在會上作報告，大力頌揚鄧小平的歷史功勳和華主席這項「英明決策」。他知道自己的寶是押對了，決定繼續投以重注。

一九七八年夏，在關於《實踐是檢驗真理的唯一標準》的爭論中，趙紫陽毫不猶豫地站在鄧、胡的一邊，雖然他並沒有立下什麼功勳，但他支持鄧、胡新政的態度卻是十分明確的。

學習萬里搞包產到戶

經過十年「文革」動亂，在政治上人心思治；但被僵硬的農村政策折騰了二十年，農民吃不飽穿不暖。在經濟上卻是人心思變，這時比四川更貧窮，饑荒情況更嚴重的安徽省，被迫把大片不能播種的土地借給社員種麥、種菜度荒。這種方法鼓勵了農民的積極性，為最貧窮的地區帶來一綫生機，這樣便進而演變為「包產到組」，「包乾到戶」的「聯產責任制」。

趙紫陽縱觀了國內外形勢，決定學習安徽，也搞「三自一包」。因為四川農村的局面十分惡劣，農民窮得賣兒鬻女，他必須面對着如何解決一億人的吃飯問題。《實踐是檢真理的唯一標準》提出之後，形勢已漸趨明朗，所以在學習安徽經驗上四川走在全國各省區的前頭。一九七九年的春夏、四川省就在全省推行農村生產責任制（包產到戶），農村的生產力迅速提高，一億人吃飯的老大難問題終於得到解決了，趙紫陽的聲望也隨之迅速升高。民間流傳了「要吃糧，找紫陽，要吃米，找萬里」的諺言。是年九月，在中共十一屆四中全會上趙紫陽被選為中央政治局委員，正式步上中央領導層的廟堂。

趙紫陽在四川給予人們的印象跟在廣東時完全不同，倒不是他個人的思想和氣質有什麼改變，而是因為他在廣東時執行的是毛澤東、陶鑄僵硬、急進的極左路綫；而四川所執行的卻是實事求是的寬容的開放改革的鄧小平路綫。

趙紫陽不是全無主見的人，但作為地方行政首長，不適宜有太強烈的主見。他一直把自己真正的想法隱藏得很好，一直以頂頭上司的意志為自己的意志，以頂頭上司的思想，為自己的思想。換言之，當鄧小平登上實際上的最高領導人寶座後，趙紫陽一直是唯鄧之馬首是瞻，未敢有任何越軌行為。

當八年總理為鄧做管家

一九八〇年八、九月舉行的「五屆人大」三次會議，趙紫陽接替華國鋒出任國務院總理，這是他人生途程中另一個重要的里程碑。他在六十有一之年步上了位極人臣的高位，這恐怕是他先前所未曾夢想得到的。此時，儘管華國鋒仍然掛着黨中央主席和中央軍委會主席的頭銜，但實際上已是由鄧小平發號施令，華國鋒連虛君也不如。趙紫陽的國務院總理實際上也是向鄧小平、葉劍英等元老負責，而不是向華國鋒負責。

在這個階段，鄧小平等元老確是一心一意栽培趙紫陽，要趙為他們打理複雜而繁瑣的事務；另一方面趙也想有所作為，有所表現，工作甚為起勁。

批判「兩個凡是」之後，中國的指針開始向右扭轉，過左的論調受到批判，政策路綫都需要作重大的調整。當年雖然還沒有成套的規劃但糾左的方向卻是明確的，希望在糾左的過程中摸索出一條可以行得通的路子。

趙紫陽一共當了八年總理，這八年都是為鄧小平的「開放、改革」出謀定略，宣傳推廣。如果說在這段時間也有他自己的意志和思想，那是因為他的想法跟鄧小平思想一致，被包容進鄧的思想之中。在八年總理任期內趙紫陽雖然做了很多工作，但若說「傑出貢獻」嘛，也談不上。因為他所做的僅僅是事務性的工作，在策略上並沒有突破性的表現。

在經濟體制改革方面，農村改革尚稱成功，但城市的經改卻是一籌莫展，因為城市經改牽涉到太多問題，尤其是所有制問題。這個問題超越了他的認識和魄力，面對如此巨大的難題他確實是力有不逮。而政治體制改革他只能順着鄧小平的意思說話，他自己是連碰也不敢去碰的。在鄧、胡、趙當家的年代，趙紫陽的表現反而不及胡耀邦，趙孜孜孜於抓經濟事務，多年來並無什麼過錯，但也無太大建樹。胡耀邦則擋住了保守派一次又一次的進攻，保護了大批思想開放的知識分子，並敦促鄧小平要在政治體制改革方面開步。雖然政改因遭受到保守派強力反對而擱置，但胡耀邦在這方面所做的努力肯定比趙紫陽多得多。

抵制「反資產階級自由化」

一九八六年十二月，上海、北京等大城市爆發了大規模的學潮。學生本來是要求加快政改步伐，鄧小平卻視之為「資產階級自由化」，胡耀邦被迫下台。趙紫陽被推舉為黨中央代總書記，命運把他推上第一綫，讓他與保守派正面交鋒。

趙紫陽一九八七年一月兼任代總書記之後，他曾多次表示，他不適合當總書記，他更適合當總理。因為他明白，登上總書記之位，前面再已沒有什麼屏障，必須直接面對保守派的明槍暗箭，前途相當險惡。然而他沒有選擇的餘地，鄧小平等元老既然要他上，他就不能退。只能硬着頭皮頂上去，這是他的悲劇，也是中國的悲劇。

一九八七年年一月掀起「反資產階級自由化」運動，實質就是一場反改革開放的運動。如果任由「反自由化」漫無止境地擴展下去，經濟就會萎縮，八年改革成果就會毀於一旦。他自己也很難繼續留在台上掌權，因為他跟胡耀邦一樣，是靠開放改革上台的。如果倒退到五、六十年代計劃經濟的保守路綫上去，他就會變成右傾分子遭受整肅批判。所以當保守派企圖全面地掀起「反資產階級自由化」時，他設法說服鄧小平，穩住了陣腳。規定農村不搞，工廠企業只搞正面教育，不搞人人過關；民主黨派，非共產黨員也不搞「反資產階級自由化」。把這場由保守派老人掀起的，旨在打擊改革開放政策的「反自由化」運動，限制在很小的範圍內。趙紫陽說：「試問，如果把現行政策說成是自由化，人心惶惶，生產不搞了，生意不做了，砍樹的砍樹，殺豬的殺豬，誰負這個責任？」①

抵制「反資產階級自由化」，保護了「團派」和大量想思開放的知識份子，是趙紫陽當總書記後第一項貢獻，也是他的獨立意志第一次發揮作用。假如沒有趙紫陽，或者由其他保守派人士當總書記，八七年的「反自由化」就會飈成十二級颱風，大陸早已一片肅殺。

趙紫陽上台之時因得到鄧小平全力支持，擋住了保守派的進攻，但他並不是勝利者，因為保守派只是按兵不動，他們的實力分毫無損，隨時可伺機再來。而趙紫陽卻要窮於應付，既要繼續促進開放改革，又要提防保守派從暗角裏射來的冷箭。即使不去深究內容，光從外表看趙紫陽當代總書記和總書記後，比起以前就憔悴和蒼老得多。

接近權力巔峰也更接近危險

一九八七年十月二十五日，籌備已久的中共十三屆全國黨員代表大會終於開幕了，趙紫陽正式被推舉為中共中央總書記兼中央軍委會第一副主席，他比他的前任更加接近權力巔頂，但也更加接近了危險。因為這樣一來他已變成眾矢之的，有政治野心者的弓箭瞞準他，等待機會一箭把他射下馬。

「十三大」是趙紫陽一生的巔峰，表面上他好像收獲很多，但實際上他得到的只是虛銜。他雖然身為中共中央軍委「第一副主席」但卻沒有機會過問軍務。軍隊的重要事情一概由鄧小平作主，軍隊的日常工作則由中央軍委「常務副主席」楊尚昆指揮，趙紫陽根本無從插手。

趙紫陽一貫當地方黨政幹部，從未真正在部隊工作過（青年時曾一度掛名當地方軍分區副政委），沒有打仗經驗。以資歷來說，他比他的前任胡耀邦差得很遠，胡耀邦參加過「長征」，至少當過軍政委和兵團政治部主任。如果不退役，一九五五年至少可獲授中將銜。可是像胡耀邦這樣老資格的人對軍務都無法插手，試問在軍隊裏誰會聽趙紫陽的？因而，趙紫陽當軍委「第一副主席」對他的權力和接班毫無幫助，只是為此虛銜徒然招忌而已。

「十三大」是一次妥協的會議，趙紫陽在會上贏得了虛銜，但實力沒有絲毫的增長，元老垂簾聽政的局面也沒有任何改變。半年後中共「十三屆二中全會」又從「十三大」的台階上退了下去。元老換椅調位後繼續當政，保守派回朝。趙紫陽面對這種局面一點辦法也沒有，因為他自己缺乏實力，他的權力來自鄧小平的授予，而鄧小平本身也具有相當濃厚的保守性，為了「安定團結」他情願跟保守派妥協而不是決裂。

趙紫陽當總書記而不能把自己的親信，或與自己想法相同的同僚扶上國務院總理之位，已使他的處境十分被動。「七屆人大」後元老登基，保守勢力佔據國務院，趙紫陽更是處處受箝制。形勢發展到這個樣子，要麼放棄自己全面向保守派投降；要麼在開放改革方面找尋突跛點，做出新的成績來，以換取鄧小平更加大力的支持，趙紫陽選擇了後者。

尋求突破點，搞物價改革

然而在這裏我們必須指出，趙紫陽雖然謀求突破，但他實際能做的卻十分有限，「六·四」事件後逃亡法國的中國社會科學院政治研究所前所長嚴家其透露：「中央政治體制改革小組，是由鄧小平、陳雲、李先念等批准成立的。由趙紫陽、胡啟立、田紀雲、彭冲和薄一波五人組成政制研究小組。趙紫陽還經常邀請胡喬木和鄧力群兩人參加會議。會議舉行時，都是根據鄧小平的有關言論談政治體制改革，鄧的任何一句話都不能動，五人小組只能在鄧講話剩下的空間發表意見，同時盡量做到互相尊重，從不辯論。五人小組談罷以後剩下的空間才是如鮑彤、嚴家其、周傑這些實際從事政制改革研究設計者的，窄狹得不能再狹窄了。」②因此可以預見趙紫陽不可能在政治體制改革方面做甚麼突破。政改的路已被封死，他只能在經改這條窄巷裏尋找出路，而任何重大的經改又必然要觸動所有制，觸動政治體制，這樣，趙紫陽實在沒有多少迴轉之餘地。於是他被迫選擇了市場經濟和物價改革這一環。

市場經濟和物價改革屬於「經改」的範疇，一向都由趙紫陽抓，也一向都得到鄧小平的支持，因此說服鄧小平支持闖物價關並無多大困難。一九八八年五月中下旬，鄧小平一連三次在接見外賓時大談物價改革，強調「長痛不如短痛」，強調要「過五關斬六將」，強調不闖過物價險關，市場經濟就沒有希望。趙紫陽也在很多場合談開放物價，他會見美國著名的經濟學家諾貝爾獎得主佛利民和香港大學教授張五常時，佛利民也主張一下子開放物價，任其漲價。認為應該一次過斬掉狗尾巴，一寸一寸地斬反而會把狗弄死。就物價改革問題而論，毫無疑問趙紫陽是主動的創導者，加上李鐵映（前體改委員會主任，現教委主任）的遊說，鄧小平毫不猶豫地排除元們的反對，站到趙紫陽這一邊，他之所以再三地站出來鼓吹物價改革，就是要公開表態，讓保守派不要再發出反對之聲。

物價改革是一劑重藥，可能藥到病除，但弄不好也可能吃死人。趙紫陽出到這一招可以說是孤注一擲，最後一擊。八八年五月下旬，他在政治擴大會議籌備會上說：「中國這條大船遇到了風浪，形勢嚴峻」③，但當時他還認為這個險關是可以闖過去的，沒想到物價一開放就像脫韁野馬，完全失控。開放四種副產品，豬肉、雞蛋、蔬菜、糖的價格直竄而上，未開放的物品也被帶動而飛升。一時怨聲載道，民憤衝天，呈現出一種總崩潰的景象。這種情形既是趙紫陽始料不及的，也是鄧小平始料不及的、面對着如此惡劣的形勢，鄧、趙別無選擇，只好緊急剎車。再用行政命令的老辦法控制物價，收緊貨幣，緊縮開支，憑票供應等計劃經濟的老法寶也隨之出籠。

經改權被削，大踏步倒退

趙紫陽從「物價改革」這一關敗下陣來，他自己的聲望大跌，鄧小平的聲望也大跌。照理趙紫陽是應該引咎辭職的，因為他是在沒有做過仔細的社會調查，沒有做好充分準備的情況下開放物價，引起這麼大的社會動盪，造成這麼大的損失，實在難辭其咎。可惜中共沒有這種習慣，鄧小平也不願造成一年換一個總書記的印象。因而對闖物價關這件事暫時不追究責任，讓趙紫場在總書記的位子上耗下去。這以乎是他的福氣，誰料卻蘊藏着更大的禍害。

闖物價關失敗後，趙紫陽的權力大為削弱，李鵬和姚依林已從他手上接過主管經濟工作的大權，而八八年九月召開的中共「十三屆三中全會」更是大步退卻的大會。全會《公報》再次強調「計劃經濟」，強調「統一集中」，在政治和意識形態上再度強調「政治掛帥」。一九八九年三月召開的「人大」和「政協」會議，更加是一次大倒退，而李鵬的「政府工作報告」可以說是大倒退的旗幟④。會後，著名的經濟學家千家駒不禁發出「中國倒退不是不可能」的驚呼。

中國大陸的開放改革，十年來都是摸着石頭過河，沒有全面的規劃也沒有長遠的目標。走了十年，河水已深，再也摸不到石頭了。這樣中共便面臨着一個重大的選擇，退回去還是繼續向前？退回去就是過不了河，無法實現「四化」，但這條路子最安全最好走，共產黨人早就走熟了。李鵬和保守派元老就主張退回計劃經濟的老路；繼續向前可能會衝過彼岸，但也可能沒頂。而且倘若繼續向前走就必須改變姿態，改變方式，或許游過去，或許乘渡船過去，總之是再也不能摸着石頭過河了。明確地說，所謂改變姿態或方式，就是要進行政治體制改革，改革所有制，改革現時的政治結構。可是保守派堅決反對，鄧小平也不敢冒這個險，趙紫陽孤掌難鳴，這樣就產生了「十三屆三中全會」全面退卻的路綫。循着這條路子走，衹見李鵬、姚依林揮刀舞斧，趙紫陽已沒有多少事情可做了。他自己也看得很清楚，這樣下去他遲早都得下台，所以趙紫陽才會發出他的

「下場可能比胡耀邦更悲慘」的嘆息。

一九八九年四月十五日因悼念胡耀邦而爆發的學運，毫無疑問是自發的，是八六年底學運的延續，是受方勵之等中國知識精英長期思想影響的結果。學運的目標非常明確，就是「打倒官倒」、「促進改革」、「爭取民主」、「保障人權」。是藉悼胡之機提出民眾的要求，向統治權威挑戰。學生運動矛頭指向保守派，對穩定趙紫陽的地位是有幫助的，所以他比較趨向於與學生妥協。學生在未來的政治生活中如果有一定的發言權，就可以平衡保守派勢力，減少對他自己的壓力，這也就是趙紫陽對學運的態度跟其他中共領導人截然不同的原因。

趙紫陽本人雖然沒有介入學運，但學運後期發展成一場全民爭取民主的愛國運動時，趙紫陽的一些智囊團，和一些與趙智囊團有接觸的知識分子也介入學運卻是事實。到這個時候趙紫陽已經沒有選擇了，倘若他屈從保守派的壓力，武力鎮壓學生，他將遺臭萬年，而且事後也可能負罪下台；如果能夠與學生妥協，成功地結束學潮，他不但可以保住地位而且可以向保守派施加壓力，深化改革。由於掌握軍政大權的最高領袖鄧小平趨向於武力鎮壓，而學生的要求也愈提愈高，他自知成功妥協的勝算不高，所以預見到一旦失敗，下場將很悲慘。但形勢已把他推到第一綫，已無法退縮，祇好勇往直前。

學潮期間外訪，是趙紫陽最大的失策

四月二十九日趙紫陽從平壤回到北京，他鼓起很大的勇氣向鄧小平提出，希望從《四、二六》社論退下來，這固然是他獨立意志的表現，也是他在這場鬥爭中不得不採取的措施。《人民日報》〈四、二六社論〉是他訪問北韓時發表的。是極左派槍手根據鄧小平四月二十五日講話寫成的，政治局曾把校樣電傳給他，他也表示同意。有人說，趙紫陽看到的校樣跟《人民日報》發表的〈四、二六社論〉不同，姑勿論此說是否屬實，總而言之當學運仍在發展的時候，趙紫陽竟然放下北京的事不管，赴北韓訪問，這是最大的失策。

我們不知道趙紫陽和萬里為甚麼會在學潮方興未艾的時候，相繼出國訪問？有人說趙故意把這個棘手問題交給李鵬，自己則出外逍遙去。如果真是這樣，那不僅是對形勢估計錯誤，而且也是過份輕敵，對政敵太不瞭解。

趙、萬出國後中央高層全是保守派的天下，也就是說改革派自動棄權，讓鄧小平被楊尚昆、王震、薄一波和李鵬、喬石、姚依林等元老和保守派包圍。鄧小平就是通過這些人來接觸外間的信息，完全沒有不同的情況滙報，這樣就方便了陳希同、李錫銘、李鵬等謊報軍情。等到「老爺子」的怒火被煽起來，等到「四·二五」講話出籠，「四·二六」社論發表，要他老人家嚥下這口氣，收回「四·二六」社論可不那麼容易了，鄧小平素來有一股犟勁，不服輸不信邪，說出的話不肯收回。他既然把學生運動定性為「動亂」，也就不會輕易改變這種看法，不會因為學生運動的規模更加壯大而改口。他想到的是下一步怎麼辦？因此才會有兩個不怕的指示：不怕流血，不怕外國輿論責罵，學生如不退讓，鎮壓已成定局。

中國的國運實在不濟，連趙紫陽和萬里出訪時間都被定在這個最不適當的時候，似乎冥冥中有一隻主宰命運之手，要逐步把中國推向災難。試想想，這段時間趙、萬如果不出訪，或者出訪的是李鵬、楊尚昆，結局可能就大不一樣了。

趙堅持退，鄧甚不滿

《人民日報》發表《四·二六社論》，北京學生發動「四·二七」大遊行，妥協的機會全被粉粹。四月二十九日趙紫陽回到北京，立即趕去北戴河見鄧小平，要求從《四·二六社論》上退下來，尋求一條妥協之路。這次晤面使鄧對趙產生反感，覺得趙不聽話。鄧說：「不要管我說過甚麼，你的主意行得通，就照你的辦。」⑤這本是賭氣之話，趙紫陽不可能聽不出來。但他既然無法說服鄧小平又不願意放棄自己的主見，全面屈服，唯一可以做的便是孤注一擲，試一試自己的辦法。

四月底五月初，中共宣傳機器對待學運的聲調突然和緩了，肯定學運是「愛國運動」，五月三日，趙在紀念「五四」運動七十週年大會上的講話，其基調也是如此。他肯定學生的愛國精神，肯定學生提出懲治官倒，爭取民主的要求是正當的；五月四日趙紫陽在會見「亞銀」的代表時，原本祇安排十分鐘，因為這祇是一種禮貌上的會見，可是對着直播的電視鏡頭他卻滔滔不絕地談起來，其基調雖然與「五四」講話差不多，但卻說得更仔細，更具體，態度也更加謙和。非常明顯，趙紫陽是在用他自己的辦法來處理學潮，希望與學生對話、妥協，希望能夠和平解決這場學潮。

趙紫陽講話後，五月五日北京大多數高等院校宣佈復課。「北高聯」推選出代表團準備跟政府對話。如果中共高層意見一致，支持趙紫陽，拿出誠意來跟學生對話，作一些讓步，對懲治「官倒」等問題做出一些具體答覆，這場規模壯大的學生運動也許就這樣和平結束。可是趙紫陽的意見得不到其他中央領導人的支持，保守派繼續包圍鄧小平，攻訐趙紫陽，死也不肯從「四·二六」社論上退一步。李鵬對學生的對話要求卻採取「拖」字訣。

五月八日李鵬政府還未決定是否跟學生對話，也未考慮對話的方法、方式，並表示要五月十一日前才能就對話問題作出進一步答覆。李鵬政府終於又激怒了學生，是日，北京大學學生宣佈繼續罷課，其他高校也紛紛響應，使已經沉寂了的學潮又再次澎湃洶湧。

五月九日逾千名新聞工作者聯名向中央遞交請願信，要求新聞自由；五月十日，十多間高校學生再度上街遊行，支持新聞工作者的要求，而四十多名中、青年作家也加入支持者的行列。五月十一日蘇聯領袖戈爾巴喬夫即將來訪，但政府與學生之間的敵對情緒並未消除。

學運失控，妥協失敗

新聞界和作家的介入，固然反映了知識分子對學運的支持，但也使學運變得更複雜，有可能由單純的學運發展成為各界人民共同爭取民主的運動。

五月十二日，《人民日報》引述鄧小平當天對伊朗總統的談話，「中國要力爭有個穩定的國際環境和國內環境」，要求學生冷靜，克制，遵守秩序。中共中央成立由書記處書記芮杏文為首的對話小組，這顯示趙紫陽仍然在起作用，顯示和平解決學運在黨內仍獲得一定的支持。趙紫陽一派非常希望在戈爾巴喬夫到訪之前結束學潮，可是，不知道是由於訊息不靈或是真的有黑手介入故意激化矛盾，五月十三日，北京十多間院校二千名學生在天安門廣場開始無限期絕食，引至二萬名支持學生的市民圍觀。

學生鬥爭手段升級，其壓力不僅壓向李鵬也壓向趙紫陽，顯示趙的和解、對話政策沒有實效，使趙在黨內受到更多的批評。五月十四日凌晨二時，教委主任李鐵映，北京市長陳希同到廣場探望學生，答允進行對話。同時把原定十五日舉行的對話提前到當日下午四時。書記處書記統戰部部長閻明復，教委主任李鐵映跟學生領袖王丹、吾爾開希等三十多人舉行座談會，顯示改革派急於與學生達成協議，可惜學生不理解他們的苦心，指責政府缺乏誠意，仍返回廣場繼續絕食抗議。

翌日，戈爾巴喬夫就要訪問北京，舉世矚目的中蘇最高領導人會談即將舉行，北京市公安局要求學生撤離廣場，遭到拒絕。頭腦較冷靜的著名學者嚴家其、溫元凱、于浩成等十二人晚上到統戰部，聯名簽署《告學生書》，力勸學生顧全大局，撤離廣場。可是為學生所拒絕。學運進入絕食這個階段已出現失控現象，狂熱的情緒已蓋過了真正追求的目標。

五月十五日歡迎戈爾巴喬夫的儀式要易地舉行，戈氏向人民英雄紀念碑獻花的活動也告取消。而聲援學生絕食抗議的行動卻有增無減。外地學生紛紛湧向北京，知識界以及市民、工人也都加入聲援的行列。閻明復、李鐵映繼續跟學生對話，閻指出，戈氏到訪的事，國家尊嚴已受到損害，要求學生冷靜，要有高度理智，要顧全大局。

未能在戈氏到訪之前結果學運，使舉行世矚目的「中蘇會談」失去光彩，鄧小平大為光火，黨內要求武力鎮壓的聲音更趨壯大，趙紫陽受到很大的壓力。五月十六日，北京的一些中學生、工廠工人、機關幹部、市民甚至《人民日報》等新聞單位的幾百名編輯記者加入聲援者的行列，打出「旗幟鮮明」地反對「四・二六社論」的橫額遊行。形勢愈來愈惡劣，情況愈來愈緊急，鎮壓之聲在黨內已佔壓倒性優勢。下午五時，閻明復隻身到廣場指揮站，對學生說要給政府時間，要求學生先停止絕食，治好身體，並清楚說明他們堅持下去對改革派非常不利，事物的發展可能走向他們目標的反面。可惜學生代表開會後仍然否決了閻明復的要求。

學運不斷蔓延不斷壯大，五月十六日趙紫陽在政治局常委會上受到猛烈的批評，鄧小平放手讓他搞了半個月，可是他妥協、對話的安撫手法並未生效，學潮由小貓變成老虎，頗有吞噬一切的架勢。李鵬等認為絕不再退讓了。

十六日下午趙紫陽跟戈爾巴喬夫會談時突時抖出中國一切重大問題都由鄧小平親自掌舵的秘密，因為他以為這是他最後一次公開講話的機會。他預料自己隨時都可能下台，都可能遭受軟禁，他不願代人背黑鍋，不願蒙受不白之冤。趙紫陽把鄧小平「垂簾聽政」的真相捅出來，說明他已完全豁出去，已置生死於度外。一些敏感的人看了趙紫陽跟戈爾巴喬夫的談話，紛紛表示，趙紫陽完了！

學運失控，走上緬甸的老路

趙紫陽的講話具有很大的震撼性！十七日凌晨二時，他再發表書面講話，肯定學運是愛國的，保證不「秋後算賬」要求學生停止絕食，但仍遭拒絕。天亮之後，北京爆發中國有史以來最大規模的示威，二百萬學生、工人、農民、黨政幹部、新聞界一齊上街遊行示威。所呼的口號也升級了，不僅喊出「李鵬辭職」的口號，而且打出「小平小平，腦筋不靈，快點下台，去打橋牌」的橫額。表示人民與政府的矛盾已激化，敵對情緒已升高，學生運動已發展成為全民爭取民主的運動。

這一天，全國二十多個省市學生和市民也舉行聲援北京學生的遊行集會，人數由數千至數萬不等，全國好像都沸騰了起來。與此同時，嚴家其等還發表了「五·一七宣言」，矛頭指向鄧小平。現在已不是單純的學運問題，而是由誰執政當權的問題。學生運動的急劇發展激化了中共黨內的矛盾，促使高層陷於分裂。在政治局會議中主張鎮壓的聲音已壓到一切，趙紫陽孤掌難鳴。

五月十七日政治局會議結束後，趙紫陽求見鄧小平，鄧已不願意單獨接見趙，鄧辦表示要見就五個常委一起見。趙被迫約集五名當委一齊去謁見鄧。趙仍堅持自己的意見，鄧要求表決，結果三比一，李鵬、喬石、姚依林主張鎮壓，趙紫陽反對，胡啟立棄權。鄧說遵從大多數意見，常委的決定就是我的決定。鄧既拍板定案，趙最後一點本錢也都輸掉了。

五月十八日，凌晨五時趙紫陽、李鵬、喬石、胡啟立四名政治局常委到北京協和醫院探望絕食學生，上午十一時至十二時李鵬、閻明復、李鐵映在人民大會堂會見王丹、吾爾開希等十多位北高聯代表，但李鵬等表示中央不能從「四·二六」社論上退下去，對話不歡而散。北京街頭再次出現兩百萬人的大示威，產業工人、機關幹部、店員甚至法官、「解法軍」軍官都走上街頭聲援學生。上海、天津、武漢、廣州等十多個省市也再次爆發大規模的示威。

五月十八日深夜，中央政治局十七名委員再次在鄧小平主持下開會，討論學運問題，結果十六人（包括鄧）主張把學運定性為「動亂」，主張出動軍隊鎮壓，趙紫陽、胡啟立投票反對。鎮壓的決議通過後，趙紫陽提出辭職。他說：「我的任務到今天為止結束我不能再幹下去……」⑥

五月十九日凌晨趙紫陽不理鄧小平和其他政治局成員的阻撓，驅車直奔天安門廣場探訪絕食學生，李鵬無奈只好尾隨監視。他們四時四十五分抵達廣場，趙紫陽跟學生講話時聲淚俱下，聲音顫抖。他是要藉此機會，向學生、向全國人民、向全世界作一次最後表白，他已預見自己可能隨時遭遇不測，或者被軟禁。廣場上絕食的學生深受趙紫陽感動，經過開會研究後於晚上九時宣佈停止絕食，改為靜坐，可惜為時已晚。當天深夜，李鵬、楊尚昆主持召開中共中央、國務院和北京市黨政軍幹部大會，李鵬二十日零時三十分發表講話，宣佈北京部份地區實行戒嚴。趙紫陽托病不參加會議，徹底與鄧、李、楊中央決裂。

大軍圍城，趙遭軟禁

戒嚴命令雖然用李鵬的名義頒佈，但從楊尚昆五月二十二日、二十四日兩次內部講話可以證實，戒嚴是鄧小平提出來的，幾位元老和政治常委都強烈支持。元老們在鄧小平家討論戒嚴問題，趙紫陽沒有與會⑦。楊尚昆說他請了「病假」，也可能根本不通知他來開會。原本決定二十一日零時才宣佈戒嚴的，可是由於趙紫陽十九日凌晨四時在天安門廣場所說的那番很感內疚和沮喪的話，透露了玄機，所以才緊急提前二十四小時宣佈戒嚴。

戒嚴令的頒佈更加激化了矛盾，在全國範圍激起更加大規模的抗議，天安門廣場二十萬學生於凌晨一時四十分宣佈全體絕食抗議。軍隊開始向北京進發，數以萬計的北京市民從被窩裏爬起來，湧到街上去攔截軍隊。

五月二十二日，來自瀋陽、濟南、成都和北京等軍區的十萬大軍，已把北京城團團包圍，這已經不是對付學運那麼簡單，而是要防止兵變防止政變。趙紫陽的下台激起人民群眾保護趙紫陽的熱望，也觸發了黨內極其複雜的派系鬥爭。在中國人民的心目中，趙紫陽的聲名從未這樣好過。從十萬大軍圍城到血洗京華這十二天中，雖然還有錯縱複雜的鬥爭，還有波及全國以至全世界的波瀾壯闊的群眾示威，但這都是尾聲了，因為勝負已決。鄧小平已決定採用鐵腕來對付所謂「動亂」，趙紫陽自五月二十一日以個人名義打電報催萬里回國之後就失去自由，被軟禁在中南海他自己的住宅。

由於學生不肯在槍口下退讓，由於數以百萬計勇敢的北京市民奮起攔阻軍車，截攔軍隊，向軍人做思想工作。這不僅使矛盾更加升級，不僅導至黨內分裂，而且軍隊也初呈裂痕，部分軍人就拒絕執行鎮壓群眾的命令。北京的形勢愈來愈像一九八八年的緬甸，鄧小平深以為憂。故不斷向各軍區發出命令，增兵北京，使圍城的軍隊多達三十餘萬。政府癱瘓，軍隊出現分化現象，數以百萬、千萬計情緒激昂的群眾湧向街頭，這已不止是學運，而是出現改朝換代的革命景象。鄧、李、楊終於下了死命，於是機關槍掃了過去，坦克輾了過去，「人民解放軍」終於從人民學生的手上「奪回」人民廣場，清理遺留下來的人民的屍體。

從堅決不認錯，看趙紫陽的骨氣

趙紫陽在處於十分不利的情況下，仍堅持與鄧、李、楊決裂，這固然表現了他的獨立意志和政治家風範；但他被軟禁後卻仍然不肯屈服不肯認錯，更能表現他的骨氣。共產黨這副機器，是比油壓機、水壓機更加厲害的機器，任你再硬的骨頭都可以被壓得軟，甚至壓至粉碎。鄧小平那麼硬的脾氣在壓力下也不得不一而再地寫檢討，寫悔過信；布哈林那樣不屈不撓的革命者，在斯大林的重壓下也不得不低頭承認橫加在他身上的種種罪名。趙紫陽堅決不認錯，說明他完全豁了出去，說明他對中共現時的當權派再也不存絲毫幻想。鄧、李、楊可以把他送上斷頭台，卻不能迫他承認「煽動暴亂」。李鵬集團一直希望把趙紫陽置之死地，但趙死不認錯卻使李、楊遭遇很多困難。趙雖然是一位失敗者，但他最後時刻的表現為後人樹立了榜樣，使人們欣賞敬佩他的風骨。

原載沈大為、徐澤榮、寒山碧、范音著《趙紫陽的崛起與陷落》，百姓文化事業有限公司一九九〇年一月初版

注釋

①中共中央書記處研究室編《堅持改革、開放、搞活》四二四頁，人民出版社一九八九年初版。

②〈嚴家其談政改〉，見香港《東方日報》一九八八年八月十六日

③傅力青〈北戴河會議將重申緊縮方針〉，香港《鏡報》月刊一九八八年八月號

④寒山碧《鄧小平評傳》第三卷（鄧小平時代）第十二章，〈改革止步，保守派回朝〉東西文化事業公司，一九八八年十二月初版

⑤寒山碧《鄧小平最後歲月》第六章〈趙紫陽奉鄧命處理學潮〉東西文化事業公司一九九三年九月初版

⑥楊尚昆〈八九年五月二十二日的內部講話〉，見《歷史的創傷》下冊，東西文化事業公司一九八九年八月初版

⑦寒山碧《鄧小平最後歲月》第十章〈鄧小平決心戒嚴〉

試論兩岸和談的可行性和迫切性

——第一屆「海峽兩岸關係與和平統一研討會」之論文

・寒山碧・

海峽兩岸經過四十年的對峙，「和平談判」終於露出一線曙光。李登輝總統在九〇年五月二十日就職演說中表示：「願以對等地位，建立雙方溝通管道，全面開放學術、文化、經貿與科技的交流，以奠定彼此間相互尊重、和平共榮的基礎。……條件成熟時研討國家統一事宜。」並提出三個先決條件，即要求中共放棄武力攻台，推行民主制度及自由經濟制度。

從內容上看，李登輝的就職演說並無重大突破，其中心思想仍然是一年前已提出的「一國兩府」，但同一句話出自立法委員和總統之口，其意義和分量自然是大不相同的。這至少表示海峽兩岸已經不是不可以接觸不可以談判，而是可以談。這是國民黨僵硬的「三不政策」的重大突破。我認爲北京當局應該正視這一點，設法通過各種不同渠道與台北接觸，先不要爭論「一國兩制」或「一國兩府」，雙方都不要提出先決條件或事先設限，大家坐到談判桌上再仔細討論，從長計議。

民族統一，國家統一是千秋功業，只有站立在全民族長久利益的立場，擯棄黨私才能促成其事。可是現時北京和台北的領導人都還不能做到這一點。「一國兩制」和「一國兩府」都不外是從黨派的私利出發，北京希望用「一國兩制」攏絡台灣既得利益階級，把台北政權貶爲特別行政區政府；台北則希望以「一國兩府」的形式，長久偏安於一隅，保住手中的財富和權力。

黨私是海峽兩岸爭執的焦點，也是中華民族統一的最大障礙。說得明確一點，障礙不是來自哪一方面，而是來自雙方面。在中國近代史上，孫中山先生能夠擯棄一己之私、一黨之私，毅然辭去臨時大總統職位，換取清帝遜位，避免南北分裂；毅然隻身北上，倡議召開國民大會，以期結束軍閥割據，實現國家統一。孫中山先生兩次與北方政權（一次是滿清閣揆袁世凱，另一次是北洋政府總理段祺瑞）會談，都沒有斤斤計較以「黨對黨」或「政府對政府」的形式，而是以孫文這個人，以他偉大的人格坦蕩的胸懷與對方商討國是。因此，作爲中國的老百姓，我們有權要求海峽兩岸領導人和海峽兩岸政府，向孫中山先生學習，以更寬濶的胸懷來處理國家民族的統一問題。不要讓黨派的私利蒙蔽自己的眼睛，以致貽誤時機。

「一國兩府」不是洪水猛獸

對話、談判的成功要訣，就是要有讓步妥協的心理準備，如果堅持寸步不讓，根本就不能談判，也沒有必要談判。而說到讓步筆者非常欣賞胡秋原先生的話——「以大讓小」。中共既然是一個龐然大物，爲了把台灣請到談判桌上，可以先做讓步，不必處處設限。

最近台北當局再次提出「一國兩府」對等談判的構想。除李登輝總統在就職典禮中談過之外，行政院長郝柏村也曾多次發表意見。四月二十六日他在立法院說：「中美斷交時經國先生曾要求中美維持官方關係，仍是一個中國，却是兩個政府，基本上我也支持。」五月十六日郝柏村又對記者說：「現在就是一國兩府，是一種現實。」由此可見「一國兩府」是台北執政者逐漸形成的共識。

去年四月郭婉容部長赴北京參加亞銀理事會時，立法院也放出「一國兩府」的聲音。這可視爲試探氣球。其時筆者隨費希平委員率領的「中國和平民主統一訪問團」訪問北京，在閻明復部長主持的座談會上，費希平團長、熊玠教授和訪問團的成員，大都建議北京當局在「一國兩府」的基礎上跟台北舉行會談，但我們的意見未獲接納，繼而發生「六·四」慘案，中共自顧不暇，一切都無從談起。

一年後的今天，筆者的認識和基本立場沒有改變。認爲重要的是兩岸當局坐到一塊來談，通過討論、談判逐漸解決分歧，重大的一時無法取得協議的問題暫時擱置，先解決一些技術性的迫切要處理的問題。不應該在未談之前先加固城池，更不必在「一國兩制」與「一國兩府」上爭論不休。

北京當局對「一國兩府」的提法經常作出過敏的甚至過激的反應。李登輝的講話發表後，《瞭望》週刊斥之爲「不自量力」。筆者認爲大可不必這樣，即使不能接受也無須怒斥，因爲一切過激言行對中國的和平統一都是「無益和沒有建設性的」。中共對「一國兩府」的理解就是「兩國兩府」、「兩個中國」、「一中一台」，分裂長期化、固定化。江澤民六月十一日說：「按照國際法，一個國家只能有一個合法政府代表這個國家。一個國家不可能存在兩個代表這個國家的對等的政府。所謂『一國兩府』，實質是『兩個中國』、『一中一台』，是走向分裂，不是邁向統一。」（見六月十二日香港《文滙報》）然而國際法是一回事，事實却是另一回事。不少事情是不合法的，但事實却是存在的。它們不會因爲不合法而「自動消失」，一九四九年之後地球上雖然只有一個中國，但却的確存在着兩個並不互相統屬的政府。這兩個政府一個是以北京爲首都的「中華人民共和國政府」；另外一個是以南京爲首都暫時搬遷到台北的「中華民國政府」。這兩個政府已同時並存了四十年。在這四十年間，儘管有各式各樣的鬥爭，但我既打不倒你，你也打不倒我；我既管不了你，你也管不了我，這却是鐵一般的事實。要展開對話、談判就首先必須承認存在的事實，如果連事實也不承認，我視你爲匪，你視我爲賊；我視你爲地方政府，你視我爲叛亂組織，試問又從何談起？

筆者認爲台北當局提出「一國兩府」已是一項重大的進步，是放棄幻想正視現實的表現。這表示台北已放棄代表整個中國的立場，放棄「反攻大陸」，推翻中共政權的立場，承認北京當局有效管治大陸這個事實。而承認上述事實，在國民黨內也不是沒有人反對的。國民黨中常委沈昌煥六月十三日在中常委會議上就曾對李登輝政府提出批評，他指出，最近政府官員頻頻表示兩岸可以『政府對政府談話』，或於『一國兩府』的『外交推動』政策，引起中共反感，相反更有雙方關係倒退的反效果，『我要以自己的經驗提醒大家，不要再一廂情願了！』持有與沈昌煥相同看法堅決反對兩岸接觸的人，在國民黨內仍然有相當實力，是以去年作「一國兩府」的試探得不到回應便馬上就退回去；現在再度試探如果效果不彰，台北當局可能再度退回「三不政策」的硬殼中，使兩岸關係出現實質的倒退。

「一國兩府」對中共來說也許不是一個理想的談判起點，但它絕對不是洪水猛獸，不應未加深思就立刻拒絕。即使有一天可以舉行黨對黨的和平談判，但台灣的執政黨不可能完全代替政府的機能，特別在具體的運作上，在涉及技術性的運作上。因而談到具體問題，最終不可避免要舉行政府對政府，或者政府部門對政府部門的談判。（在此暫略，下面再談）

「一國兩制」台北斷難接受

中共希望依照鄧小平制定的「一國兩制」的原則，按「香港模式」來談判「和平統一」。從「葉九條」到「鄧兩制」，本質上都是居高臨下式的迫降，名曰「兩黨對等」，實際上一坐上談判桌,台北當局就降格爲地方政府,即使談判成功所得到的也只是「台灣特別行政區政府」。這是台北當局所不能接受的，也是台灣居民所不能接受的。

台灣的處境並不像香港那麼壞，她既沒有一九九七年的期限也沒有一個宗主國；她有六十萬軍隊，七百億美元外滙儲備；她有中華民國憲法和產生合法政府的法律程序，她完全可以主宰自己的命運。符合台北當局利益、符合二千萬台灣居民利益可以談，不符合上述利益就可以堅拒不談。不至於像香港那被北京和倫敦私相授受。可是北京的當權者好像至今仍然不明白這一點，六月十一日中共總書記江澤民在回應李登輝的演說時仍然重彈舊調，說：「考慮到台灣的現狀，我們提出用同解決香港問題一樣的辦法，即『一國兩制』的辦法解決兩岸統一問題。國家統一後，台灣作爲特別行政區，將享有高度的自治權，並保留軍隊。中央政府不干預台灣地方事務，大陸不派人駐台，不僅軍隊不去，行政人員也不去。」（見六月十四日香港《文滙報》）由此可以證明，北京當局並沒有因台灣近三年來的變化而制訂出新的對台政策，仍然堅持八十年代初「葉九條」

「鄧兩制」那一套。筆者在此不能不坦率地指出，中共當局如此「以不變應萬變」，對中國的和平統一是不利的。

自一九八七年十一月蔣經國總統開放台灣居民赴大陸探親之後，台北當局的步調雖嫌緩慢，但兩年零七個月來却是穩步前進，從未倒退。例如允許兩岸直接通電話、通郵；例如批准體育團體赴大陸參加國際性比賽；例如開放基層公務員、公立學校教職員以及民意代表赴大陸探親；例如擴大到台探病、奔喪者的範圍，以及允許滯留於大陸的台籍人士返台定居等等。然而這兩三年間中共對台政策却沒有做出相應的調整，也沒有相對的回應。這也是造成台灣的大陸政策不能邁得更大步的原因之一。我們認爲中共的對台政策應該更加靈活、更加寬容、更加顧及現實。如果北京固步自封仍然堅持「一國兩制」、「香港模式」，可以預言，在可見的將來，都看不到海峽兩岸當權者坐下來談判的可能性。因爲在未來的十年或十餘年，台灣還不至於出現沒法生存下去的險境。「一國兩制」、「香港模式」這個問題由於謝學賢先生有詳細的論述，在此不贅。

由低層次先接觸，解決具體問題

和平統一雖然不能一蹴而就，但談判却宜及早進行。因爲愈遲談判，談判的障礙將變得愈多，海峽兩岸若不能達成諒解，繼續各走極端，不僅「統一」將不可能，「和平」恐怕也會消失（下節再詳述）。目前當務之急是兩岸當權者擯棄黨私，拿出誠意來。誰都不劃圈設限，誰都不提先決條件。中共的「一國兩府」、「香港模式」固然是矮化對方，李登輝的三個先決條件也是强人所難。海峽兩岸都不應堅持自己固有的立場；都不應在意識形態以及政治口號上爭，雙方先坐下來商談一些具體的急待解決的問題。高層一時不便接觸，就先舉行部長、副部長甚至是局長級的低層次會談，先解決因兩岸人民往來而衍生的一些新問題。例如兩岸通婚、重婚，財產繼承，知識產權，貿易糾紛，投資保障，刑事犯引渡等等。台灣國民政府八九年十月雖然通過《台灣地區與大陸地區兩岸人民關係暫行條例草案》，但這只是單方面的規定，台灣居民若在大陸出了什麼事，或者與大陸居民、大陸企業發生糾紛，台北當局是措手無策的，根本沒法保障台灣居民在大陸應有的權益。

鑒於實際上存在與大陸官方接觸和交涉的需要，台北當局曾建議設立「民間中介機構」，一九八九年十二月受台北有關部門委託到大陸和香港，就設立中介機構進行研究的呂榮海律師，曾就此事與筆者進行詳談，筆者十分贊成此一設想，並估計北京當局也會支持。今年四月二十四日北京國務院對台辦公室負責人，對台北方面設立中介機構的建議雖然表示歡迎但並不同意馬上設立，而認爲台灣方面應派出有決策性的團體到大陸商談。他們認爲有決策性的團體是「高層，最好是兩個執政黨」（四月二十六日香港《

文滙報》）。北京的態度非常明顯，就是擱置台灣民衆非常關心的中介機構計劃，誘使台北與之擧行「黨對黨」的談判。

台北當局沒有心理準備，對中共這一招太極無法接招，楞住了。其實台北不妨派出行政院法務部部長去跟北京會談。由於國民黨中央黨部並沒有主管司法的部門，要談有關法律的問題只能派出行政院法務部長。至於北京方面如果派出國務院司法部部長對等談判固然最佳，他們即使派出中共中央政法委員會負責人來談也無妨。倘若北京拒絕與台北行政院法務部會談，那便是向全世界暴露他們缺乏誠意。

中共主張「三通」，即通航、通郵、通電話，「三通」表面上未通但實際上都通了。輪船在第三地區港口轉一個彎就直駕對岸；郵政信件早已無須經第三地區轉；兩岸的電話也早就可以直撥了，如果現在仍然堅持三不通，可謂自欺欺人。筆者認爲與其閉目否認，不如正視事實，把暗通變爲明通，使之規範化、正式化。這樣既便於管理也可以爭取到實際的經濟利益。

筆者認爲台北當局可以派出由行政院交通部、航空管理局、港務局、電訊局組成的代表團跟北京談判「三通」。台灣實行黨政分家，中央黨部沒相關的組織，要談只能由行政院來談，北京方面即使不高興也不能拒絕。至於北京到底派出國務院交通部、郵電部、民航局、港務局來談，或派出黨中央工交部來談，台北大可以不去挑剔，只要能解決實際問題就行了。北京方面應該拿出更大的誠意來，對台北朝向和平談判所邁出的每一小步，都應該給予支持和鼓勵，踏踏實實去做一些實事，而不要老是崇尚宣傳。

海峽兩岸局級相關部門的對等談判早有先例。八六年五月台灣的中華航空公司和大陸的中國民航公司派出經理級行政人員在香港談判收回飛到大陸的貨機和機員事宜，並終於圓滿解決。「華航」和「中航」名曰「民營」航空公司。但誰都知道是官方資本，並分別由行政院和國務院管轄，若堅持這不是官方接觸只是「民間」往來，那是瞪着眼睛說瞎話。兩岸其他相關部門大可以吸取兩航談判的經驗，沿着這條路子走，所以筆者的結論是：兩岸的對等談判不僅是需要的，而且是行得通的。

公有制度可以突破

接觸、溝通只是走向和平、走向統一的第一步，往後還有很多問題要繼續磋商，還有很漫長的道路要走。而兩岸各自提出的一些先決條件，也可以在達成「三通」協議之後繼續商討。例如李登輝總統要求中共「推行民主制度和自由經濟」。這個目標跟我們是一致的，但這乃一個長遠目標，不可以作爲先決條件，而是應該通過談判去爭取。假如中國大陸現時已實行多黨的議會民主政制，已實行自由經濟制度，大陸與台灣必然自然而然地溶合，根本無須怎樣去談。正因爲兩岸政治制度和經濟制度差別甚大，才需要耐心談判，存異求同。而隨着世界潮流的發展，中共現時的經濟制度倒也不是不可以改變不可以突破的。

儘管中共口口聲聲宣稱「堅持四項基本原則」堅持以公有制爲主的「社會主義」，但自八〇年執行「開放改革」政策以來，大陸的公有制是在不斷削弱中，大陸社會滲進了很多私有制成份，例如個體戶和中外合資企業等等。直到目前爲止，中共官方文件還沒有正式承認私有產權。但實際却是不斷向私有制讓步。農村分田到戶。中共稱「產權」仍屬「公有」，農民只有使用權。實際上農民只須繳足承包的糧食或糧食代金，就可以自由使用這塊土地，跟以往繳交田賦稅性質相似。表面上農民不算擁有「產權」，但却跟擁有「產權」相差不遠。

東南沿海省份中外合資企業和「三來一補」企業不斷增加，而且這類企業的管理權多數操在外商之手。這說明即使在城市裡「公有制」也在不斷削弱，私有成份却在不斷增加。國營企業和集體企業則又因被承包而削弱「公有」、「公營」的色彩。由此可以證明中共原來的經濟制度不但不是不可以改變的，而且是正在改變中。

最近中共允許台灣商人在大陸「獨資」經營生意。這是一項很重大的突破。因爲承認獨資企業的合法地位，實際上等於承認私有產權。台北當局正應該跟北京展開談判，保障台灣商人在大陸的合法權益；促進大陸經濟制度的改革，使私有產權合法化、制度化。

由公有制計劃經濟，向私有制自由經濟改革和過渡，迄今為止世界上還沒有一個成功的例子。蘇聯雖然進行大刀濶斧的改革，東歐雖然在一夜之間由共產黨極權專政變為多黨民主制度，但在經濟改革方面，每一個共產國家都碰到相同的難題。就是從計劃經濟轉化為市場經濟的過程中，必然引至通貨膨脹，必然會損害工人及受薪者的利益；必然引起相當多人的劇烈反抗。中共一九八八年的物價改革如此，蘇聯和東歐國家九〇年的物價改革也如此，說明這項改革確是偉大的也是非常艱巨的，稍有差池就會弄到社會動亂、經濟衰退、政權不保。因而筆者認為從計劃經濟到自由經濟的改革，只能緩進不宜急進，更不宜拿來作先決條件。

公有制向私有制轉化，計劃經濟向市場經濟轉向，最大的困難在於共產主義國家的公有制太徹底了，幾十年下來，人民被弄得沒有一點兒蓄儲，沒有一點兒經濟力量。人民不僅在經濟上、生活上完全依附單位，而且在行動上、精神上也依附單位。失去了創造性和活力，現在即使解散國營企業，把國營企業的資產平均分給本單位的員工，工人和職員也不會同意。因為他們不知怎麼辦好，不曉得該生產什麼，應如何推銷？他們不敢冒這個險。

資本主義國家和地區，國營企業私有化非常成功，許多常年虧本的國營企業，一改爲私營，營業情況就馬上改觀，短期內就能轉虧爲盈，英國、日本、台灣、香港都不乏例子。究竟原因在哪裡呢？很簡單：第一，資本主義社會私人財團有足夠的財力可以購買國營企業，改組管理層，然後依照自己的方法來經營；第二，資本主義社會培養和儲備了大量管理人才；第三，資本主義社會的員工較少依附性，大多數人都能獨立工作，都有一定的創造力。因而，即使中共同意並馬上進行私有化，但要完成「自由經濟制度」的改革，也還需要一段相當長時間。

胡秋原先生曾提倡「混合經濟」，所謂「混合經濟」就是既有國營企業、集體企業也有私營企業，產權多元化。筆者十分贊成胡先生的意見。現代資本主義已增加了很多社會主義成份，工人階級和勞苦大衆都有相當足夠的社會保障，而共產國家的「開放改革」又毫無例外地引進資本主義成份。實際上東、西兩大集團都是走向混合經濟，而且會愈來愈接近。中國大陸的「開放改革」已經走上不歸之路，李鵬的緊縮政策和倒退措施，也無法從根本上扭轉這種趨勢；即使比李鵬更保守的人上台，也一樣無法扭轉這種趨勢。馬克思主義雖然有很多錯誤，但他的經濟基礎決定一切論，倒確是放之四海皆準的。中國大陸特別是沿海地區，隨着私有經濟力量的增强，勢必逐漸影響到上層建築，使僵硬的專政制度鬆動。從長遠（十年八年）來看，筆者對中國大陸的改革，對中國的前途還是樂觀的。

兩獨勢力高漲，和談時機可能失去

六月十七日中華民國立法院院長梁肅戎和資深委員張希哲、穆超、王大任等認爲「現階段海峽兩岸的談判，以黨對黨的方式進行應較爲可行的途徑」。增額委員趙少康也認爲「黨對黨談沒有什麼不好。」（六月二十日香港《文滙報》）筆者認爲重要的是海峽兩岸當政者坐下來談，不管是黨對黨或政府對政府。而且即使是以黨對黨開始，等到要解決具體問題時就避免不了要政府對政府。

兩岸談判不僅是需要的而且是迫切的，但現在社會上有一種看法，認爲兩岸生活水平、和社會狀態差距甚大，與其統一不如維持分裂的現狀；與其早談不如遲談甚至不談。不少知名學者和國民黨高層人士都持此見，筆者要坦率指出，這些人是因爲看不到中國存在着長久分裂的危機，和爆發內戰的危機。

蔣經國上台後由於確知「反攻」無望，便決心「革新保台」，調整國民黨的奮鬥目標，對中國大陸的興趣逐漸減退，對十億同胞的疾苦漠不關心。一心只想討好美國，攏絡台籍居民，保住台灣這塊地盤。非但無膽逐鹿中原，甚至無意支援大陸民衆「抗暴」，在蔣經國十幾年經營下，這種只顧台灣不理大陸的思想逐漸成爲主流，視台灣地區爲「我國」，視台灣民衆爲「我國」人民。台灣地區運動會稱爲「全國」運動會，「我國一千九百萬人民」不僅見之於官方的宣傳媒體，而且宣諸於行政院長之口。我們把這種視台灣爲一國的言行稱爲「B型台獨」或「獨台」。李登輝當總統後，獨台的力量更是迅速壯大，在各個領域都佔據要津，成爲國民黨的主流派，這不能不說是一個危險的訊號。

除獨台勢力之外，台灣還有主張制訂「新憲法」、建立「新國家」的A型台獨。島內的台獨勢力以民進黨「新潮流」系統爲代表。他們旗幟鮮明地打出要建立「台灣共和國」的旗號，別以他們人數少，實際上他們只是拋頭露面的急先鋒而已，在背後支持他們的力量相當龐大，我們只稍留意八九年底的選舉就可以看到台獨勢力迅速上漲。民進黨內雖然分爲主張「住民自決」的「美麗島」系，和主張台灣獨立的「新潮流」系，但卻沒有統一派，去年，主張統一的民進黨創建人費希平就被迫退黨，這可以淸楚地說明，儘管口號不同，但民進黨兩派反對統一卻是一致的。

最近李登輝召開「國是會議」。從籌備者和參加者的名單和言行，可以看到這是國民、民進兩黨獨台團體的聯歡會和協議會。統派在這個會議上沒有地位也沒有聲音。非常明顯李登輝是故意把統派排斥於會外。兩黨獨台人士基本上已達成諒解，可以爲爭取台灣在一個中國名義下實質獨立這個共同目標而携手合作。

兩黨獨台人士雖然不同意台獨分子過激的言論，但都無意去遏制他們，倒不是講什麼民主風度，而是讓台獨分子去做衝鋒陷陣的急先鋒。近兩年來台獨的言論充滿報刊和電子傳播媒體，這種煽動分裂國土的宣傳明顯是違憲、是犯法的，可是國民黨的主流派却予以寬容，實質就是鼓勵。雖然目前主張台獨的人只屬少數，可是在長年累月的宣傳煽動之下，必定愈來愈多的人受到影響，台獨的力量必然與日俱增。

梁肅戎六月十六日說，近來立法院主張台獨的聲浪高漲，造成許多資深立委不願到院開會，他對此深感憂慮。他還說，從前民進黨只有新潮流系人士主張台獨，現在連一向不强調台獨的陳水扁、邱連輝等也相當激烈了，使許多資深立委不安。

獨台和台獨儘管也有矛盾和鬥爭，但其近期目標倒是一致的，就是逼使老國代和資深立委退休，全面改選國會。在達此目的之後就可以修改憲法或訂立基本法。而最終目的就是建立一個「新而獨立的國家」。

國民黨主流派已訂出一九九一年底之前，讓全部年老的中央民意代表退休，而且已獲得大法官會議的「釋憲」配合。儘管還有不少資深立委反對，但筆者相信國民黨主流派有辦法也有能力依期完成此一計劃。等到中央民意代表全面改選之後，「和平統一」所遇到的障礙恐怕要比現在更大，北京當局應該看清這種形勢，趁第一代撤退到台灣的外省人士未完全凋謝、未完全退出權力圈之前，抓緊機會擧行兩岸談判。而更重要的是北京應該以更寬濶的襟胸來處理這個問題，本着以大讓小而不是以大欺小的精神，作出一些讓步，制訂出新的政策，爭取兩岸早日和談，則國家幸甚，民族幸甚。

和平需要代價，機會不會永在。海峽兩岸當權者若不把握「和平談判」的時機，仍然堅持一己的利益，一黨的利益，一旦和談機會消失，兩岸就只能以兵戎相見，再次爆發國共內戰的可能性並不像人們估計的那麼小。

中共政權是一個崇尚武力的政權，鄧小平更是一位不信邪的敢於用兵的領導人。一九七九年他甫告復出不久就下決心出兵懲罰越南；十年後又是他下決心出動幾十萬大軍用機槍坦克對付學生和羣衆；台灣如果向獨立的路子走得太遠，鄧小平第三次下決心用兵，不僅是可能的而且是必然的。倘如這種情形發生，現時兩岸的當政者（包括鄧小平）就會成爲歷史的罪人、民族的罪人。

一九九〇年六月二十五日

（按：第一屆「海峽兩岸關係與和平統一研討會」，由中國和平統一促進會和台灣中國統一聯盟聯合主辦。一九九〇年七月中旬在香港浸會學院舉行。上文乃提交研討會之論文。）

海南政經發展及人文建設研討會論文

海南社會現勢

海南人民從二十年代起就爭取建省，可惜這個願望六十年後才能實現。一九八八年四月十三日，「中共人大」會議審議了「國務院」的建議，同意撤銷海南行政區，設立海南省；並於同日決定「劃定海南島為海南經濟特區。」享受與深圳、珠海等經濟特區相同的優惠政策。於是，海南便成為中國最大的經濟特區，但這個「最大」，僅指人口和面積而已，與生產力和人均收入無關。海南的社會生產力和人均收入不僅遠遠落後於深圳、珠海、汕頭、廈門四個經濟特區，而且遠遠落後於珠江三角洲多個縣、市。

一黨專政制度不許動搖

海南建省後與建省前，在政治上最大的不同是她的統治權力直接來自北京，而不是來自廣東。但管治形式與建省前卻並無兩樣。

中共取得政權之後，對中國大陸（含海南島）一直採取蘇俄式中央集權一黨專政的管治形式。一切權力歸於中共中央（即中共中央委員會）、中央政治局、政治局常委會、最高領袖，以及受中共中央領導的中央政府。一切重要決策都先在政治局常委會、政治局裏討論，達成協議才交由中央政府貫徹執行。中共《憲法》雖然載明：「全國人民代表大會為最高權力機構」①。但《憲法》從來都只是一紙空文。因為「人民代表」是由中共提名挑選的，而且《憲法》也規定中國共產黨領導國家。海南是中共政權轄下的行省，她的權力來自中共中央，不可能出現與中共不同的管治形式。所謂特區只是「經濟特區」而不是政治特區。在經濟範疇裏中共中央允許海南採取一些靈活的做法，制訂一些有別於內陸省份的優惠政策；政治方面則絕對不允許搞試驗，必須嚴格遵守中共中央的紀律和規定。中共一黨專政、一元化領導的制度絕不容許動搖，也就是說中共絕不會放鬆一貫對海南的嚴厲統治。

兩次反「地方主義」對海南的傷害

談到海南政治現狀，談到中共中央與海南的關係，我們不能不稍為回顧一下歷史。由於毛澤東和他所領導的中共中央，對海南有過多的不必要的猜忌，防範過甚，對海南島和海南人民造成很大的傷害。一九五〇年五月一日，中共「四野」十五兵團攻佔海南島後，首先做的事情就是解散馮白駒領導的武裝力量——瓊崖縱隊。一九五二年又掀起反「地方主義」運動，馮白駒被調離海南②。其餘本土幹部有的調出島外，多數解甲歸田，一切大權全落入南下幹部手裏。一九五七年陶鑄、趙紫陽再次發動反「地方主義」，並通過《關於海南地方主義反黨集團和馮白駒同志錯誤的決議》③，海南籍幹部再一次遭受嚴重打擊。其時任廣東省委書記處書記的林李明（文昌縣人），竟變成陶、趙的打手，在反「海南地方主義」運動中立下大功。他雖掛名兼任海南行政區黨委第一書記，但實際長住廣州（仍兼任省委書記處書記和副省長），海南黨政大權全掌握在楊澤江等南下幹部手裏。

兩次反地方主義不僅把熟悉海南情況的地方幹部一掃而光；不僅打擊海南人民的感情，加深省籍矛盾；而且使海南走上極左的道路，成為極左政策的重災區。海南「土改」比廣東其他地區左得多，不僅打擊面大，而且鬥爭手段更狠辣，自殺身亡者的比率也比廣東其他地區高很多。海南「土改」對華僑造成的傷害，四十年後的今天仍然無法完全彌補。此後的「肅反」、「公社化」、「大躍進」、「四清」、「文革」海南都受創甚重，概而言之，就是北京左一步，廣東左兩步，海南左三步。

海南資源長期被掠奪

四十年來，海南不僅在政治上遭受歧視，在經濟上也處於被剝削被掠奪的地位。

海南地處南海邊陲，從五十年代「抗美援朝」到六、七十年的「援越抗美」，海南都被視為前哨陣地，每分鐘準備打仗。北京和廣東從未想過在海南搞什麼建設，只是不斷地掠奪海南的資源。海南石碌的優質鐵礦挖了就運走，從未想過在海南建一座像樣的鋼鐵廠；海南的橡膠割了就運走，從未想過在海南建大型橡膠廠或輪胎廠；海南的木材砍伐了就運走，海南則連一個像樣的木材加工廠都沒有，反而植樹育林的重擔卻加在海南老百姓的肩頭上；甚至連漁業廣東都要直接控制，海南最大的漁業公司——南海漁業公司（在白馬井）就直屬廣東而不屬於海南。幾十年來北京和廣東都只是掠取海南的資源，而沒有回饋海南社會，試問海南又怎能不越來越貧窮落後呢？海南老百姓的生活又怎能不越來越辛苦呢？一九八五年之前，海南的面貌與一九四九年之前沒有兩樣，基本沒有改變。農村破敗、交通落後、工業基礎薄弱，百廢待興。

教育落後，人才外流

毛澤東不僅無意建設海南，而且無意發展海南教育事業，無意培養海南子弟。中共攻佔海南後，與解散瓊崖縱隊的同時，也解散了私立海南大學（一九五〇年）④，改為海南師範學院。兩年後又把「海師」搬離海南，併入華南師範學院。自此，諾大一個海南島連一所高等院校都沒有。海南學子要負笈遠遊，到大陸各省市去求學，畢業了又分配在大陸工作，造成嚴重的人才外流。

一九五八年在「大躍進」聲中，海南雖然辦了師專、醫專等高等專科學校，但這畢竟是次一等的高校，成績優良的海南學子仍然繼續往外流。一九八四年在私立海南大學解散三十四年之後，中共官方終於辦了一所海南大學，但由於經費不足，取錄標準低，仍然阻止不了優秀的中學畢業生往島外流。概而言之，毛澤東歧視海南、防範海南的政策，三十餘年來對海南政治、經濟和人力方面所造成的損失，是不可估量無法彌補的。

建省後防範和歧視海南人的政策沒改變

八十年代，鄧小平的經濟政策得到廣泛支持，深圳等四個經濟特區取得初步成功之後，海南才開始受到重視，建設海南才初次放進中共的議事日程。八三、八四年才讓海南島享受經濟特區的優惠政策，於是死水一般的海南才初次泛起第一圈漪漣。可是這一來卻引發了廣東和海南的矛盾，深受海南百姓敬愛的領導人雷宇（廣西人，時任海南行署主任）終以「汽車事件」而黯然下台。

一九八六年，中共中央終於同意籌建海南省，但防範海南，歧視海南人的心態並沒有改變。在籌建海南省的過程中，海南人根本不受重視。建省籌備小組的正副組長分別由趙紫陽的親信許士傑（潮汕地區客家人，前廣州市委書記）、梁湘（廣東台山人，前深圳市委書記兼市長）擔任。許、梁並沒有利用兩年的籌備時間，培養海南本地幹部，他們除了各自帶來自己的舊部和親信之外，還到大陸各省招兵買馬，引進大量廳局級和處級幹部。在他們的招引之下，海南出現了第二次浩浩蕩蕩的「南下大軍」，使「小政府，大社會」的口號成為笑柄。

一九八八年四月海南正式建省，許士傑任省委書記兼省「人大」主任，梁湘任省委副書記兼省長，姚文緒（遼寧人）任省「政協」主席，劉劍鋒（天津人）任省委副書記，鮑克明（籍貫不詳）任常務副省長，其餘七、八名副省長當中只有一位海南人──王越豐。但他卻是黎族而不是漢族，「以黎制漢」之政策明矣。

許士傑不僅僅是排斥海南本地幹部，而且把這種做法擴大化、合法化、制度化。許士傑主政期間，以中共海南省委的名義正式發下文件，明文規定在海南實行縣籍迴避，即本縣人不准擔任縣委書記、縣長、縣公安局長三個重要職務⑤。現在許士傑雖然屍骨已寒，但他訂下的這些條規海南至今仍照舊遵循。

「六、四事件」後梁湘被撤職，許士傑因胃癌去世，海南省領導層大改組。劉劍鋒升任省長，鄧鴻勛（江蘇人，原江蘇省委副書記）調來當省委書記兼省「人大」主任。許士傑本來已經做得很絕，想不到鄧鴻勛做得更絕。他公開宣稱「海南沒有人才」（諸位注意是「沒有」而不是「缺乏」），幾個月間就從大陸各地調來一百八十名廳局級官員，三百名處級官員。他們不僅佔據了省級領導機關，而且被派去當縣委書記。而這些縣太爺們剛一上任又匆匆忙忙把自己在大陸的親信科、股長調來。難怪海南一位老幹部寫信給鄧鴻勛，叫他乾脆連農村的生產隊長也從大陸調來。

鄧鴻勛雖然沒有把生產隊長調來，但他自己的汽車司機和理髮師倒是從江蘇調來了。這也叫做「引進人才」！

本地人反彈，省籍矛盾加深

海南人曾熱烈盼望建省，希望建省後擺脱廣東的控制，沒想到建省後更進一步受到排斥。這不僅嚴重地挫敗了他們的自信心和建設家鄉的熱情，而且刺激起他們的反抗情緒，採取不合作態度。大陸籍上司交下的事情，硬是敷衍拖拉或乾脆頂著不辦。廣東地區三幾天能辦妥的事情，在海南往往幾個月都辦不通。這除了部份辦事官員想得到好處之外，還與省籍矛盾有關，彼此互不服氣、互不合作什麼事都難辦。有幾位海南籍的香港富商，在深圳、東莞開了很大的工廠（幾千名員工），但無論怎麼説他們就是不肯到海南開廠。他們説，捐錢可以（曾捐款百多萬元）投資「唔好搞我」（即堅決不幹之意）。問起原因，主要是因為海南的事情難辦。

省籍矛盾激化的另一種表現，就是正經事沒人做，專門互挑毛病，越級告狀。建省以來，中共中央收到來自海南的告狀信，比其他省份多得多。

大陸籍領導幹部南下海南，雖然可以升官發財，可以作威作福，但日子也不好過，因為受到抵制和孤立。因此，許多南下的領導人都沒有作長期打算。

許士傑、梁湘從八六年籌備建省，到病逝和下台，始終都沒有把戶口和眷屬遷來，他們身邊的主要助手也沒有把戶口和眷屬遷來。當官的都懷著過客心態，試問又怎能高瞻遠矚？怎能把工作做好呢？

領導幹部行為短期化對海南的影響

梁湘有一定魄力，曾在深圳做出過成績，他來海南後也不能說幹勁不大，但他在工作過程中卻暴露了私心和行為短期化。他上任後不是大搞基礎建設，而是讓他的妻子帶領深圳的公司來大炒地皮，率先圈地、徵地，率先收購市區的舊房屋。建省後海南的房地產價格一路上漲，現在已漲到幾十倍幾百倍。那些炒房地產的公司利潤自然十分豐厚，但炒賣房地產對提高社會生產力，對改善人民生活又有什麼幫助呢？按照西方觀點，梁湘及其夫人的做法是不道德的，甚至是犯罪的。可是在中國大陸這種事根本沒有人管，因為早就習以為常了。

海南建省後，炒賣房地產的活動一直未停止過，無論許士傑、梁湘這一屆，或鄧鴻助、劉劍鋒這一屆，副省長以上官員，幾乎沒有誰不批過徵地、賣地的條子，或搞過相關的活動。

經濟領域短期化行為

海南領導官員的短期化心態，妨礙了他們的視線，使他們無法制訂出宏觀的長期的發展規劃，這也就助長了經濟領域短期化風氣。

海南建省後引進了不少資金，資金來源主要是兩方面，一是大陸資金，二是海外資金（含港、台），總的來說是大陸資金來得多，海外投資來得少。資金來源雖不同，但其行為卻很相似，就是不投進還本期比較長的基礎建設，不開辦工廠，集中炒房地產和搞旅遊娛樂事業。結果海口、三亞到處都是舞廳，到處都是卡拉OK，把海南搞得「繁榮娼盛」（女字旁的娼）。

海南不像廣東，廣東是依靠工業來帶動整個社會的經濟，因此在發展地區特別是珠江三角洲一帶，每一個人都可以分享到而且可以長期分享到經濟發展的成果。例如，珠江三角洲地區的鄉鎮徵收了部份農田，建起工業大廈，然後把廠房租給香港的廠商，這樣鄉民就有長期收益。他們的子弟又可以進入外資工廠工作，生活大為改善。另一方面他們也辦了不少鄉鎮企業，生產力和收入都大大提高。珠江三角洲一帶，縣、鎮已經發展成都市，鄉村已發展成城鎮，跟台灣的鄉村極為相似。

海南島由於交通線長，加上人為的種種障礙，無法引進像樣的工業，因此海南的房地產事業只是飲鴆止渴。官方以低價（一兩千元人民幣一畝）把市郊的農田和坡地徵購，然後批售給發展商（很多只是皮包公司）搞開發。農村賣地得到的錢又沒有集中起來辦工業，而是三千兩千按戶分到農民手裏。賣地頭那三兩年，生活也許改善了，但錢花光了，既沒有工作又無田種，往後怎麼辦？有關當局根本沒有切實去考慮這個問題。至於地沒人要的邊遠農村，生活根本沒有改善，仍然停留在十年前的水平。反而把城鄉的差距、貧富的差距拉大了。

海南不僅政權掌握在大陸籍官員手中，財權和資源也掌握在大陸人手裏。公司幾乎全是由大陸人開的，因此，連汽車司機、端盤子的侍應生、看門口的保安員全都由大陸招聘來，海南農村大量剩餘勞動力得不到就業機會。海南建省已有五年，老百姓得不到實質好處，分享不到海南的建設成果，難怪他們要說，海南發展了，高樓越建越多，但錢都是大陸人賺了！官都是大陸人當了。

紀律部隊紀律鬆弛道德敗壞

人民長期處於無權狀態，權力缺乏監察，必然引至官場腐敗。貪污腐敗現象中國各地早已司空見慣，海南自然也不例外。其具體現象如下：

有槍就有權——握有武器的紀律隊伍——軍隊、武警、公安本來是維持社會秩序主持正義的力量，可是在海南這些握有武器的人卻成了特權階層，可以罔顧法紀，膽大胡為。只要踏足於海南，誰都可以看到掛著軍隊車牌、武警車牌、公安車牌的汽車在馬路上橫衝直撞，衝紅燈、亂爬頭。交通警察根本不敢干涉，誰敢干涉就拳頭侍候，甚至機槍侍候。交通警察吃過不少苦頭又投訴無門，只好放手不管，任由他們當馬路霸王。這類掛著軍隊牌、武警牌、公安牌的車輛並非執行緊急公務，而是貨車、工程車、泥頭車也如此。連最普通的交通法則都不肯遵守，還談什麼遵守法律、整飭風紀？紀律隊伍不守紀律，動輒罵人打人，這最為大眾詬病，但老百姓只敢怒而不敢言。

橫行霸道罔顧法紀的行為本當及時制止，可是有關部門非但沒有制止反而相率效尤，為圖方便許多廳長都把自己的座駕換上公安車牌。去年四月椰子節，江澤民訪問海南，一出機場發現幾十輛公安大房車相隨左右，驚問何須如此勞師動眾，派出幾十輛公安車護駕？後來才知道那些都是冒牌的公安車。正廳級官員竟然也以假亂真，不以為恥，下級官吏、市井流氓又怎能不群起效尤呢？⑥

包賭包娼治安可慮

海南是中國少數幾個允許開售彩票的省份，其本意是調動分散於社會上的財富，為海南籌集建設基金和福利基金。可是政府經營的彩票卻乏人問津，私人經營的彩票檔口則遍地開花，連台灣的「英雄好漢」們都跑去海南經營私彩。省政府曾下命令取締，可是各級公安機關對於已不利的命令卻敢於不執行。取締了幾年，私彩卻仍然充塞於大街通衢，因為私彩檔口大半由公安人員的親朋戚友經營，是公安機關主要的財政收入⑦。

海南繁榮「娼」盛早已遠近聞名，大陸各省的少女都湧來海南賣笑。有關當局年年都下令掃黃，結果卻是越掃越黃。不問而知是因為有公安人員從中包庇。最近一位政協委員揭露一樁個案，某縣掃黃人員奉命到某卡拉OK執行掃黃任務時，竟遭到在卡拉OK消遣的縣公安局長率眾毆打，此案告到省有關機關，但迄今仍未處理？

權力分割過於細碎，辦事難度大

官僚機構臃腫重疊，權力分割得過於細碎，是中共政制的特點，海南也不例外。要辦一件簡單的事，往往得拜許多菩薩，令人望而生畏。同一件事情分開由許多部門管，而又沒有一個部門能一管到底。且以環境保護問題為例說明：

五指山區有一種比熊貓還珍貴的長臂猴，香港環保組織幾年前統計過，全部只有八個家庭。可是（一九九三）監視調查發現只剩下三個家庭了。也就是說，假如再不採取有效的保護措施，這種罕有的動物就要從地球上消失。香港環保組織很擔心，找香港瓊籍的學界朋友談，表示他們願意提供物質和技術援助，希望能保護長臂猴生存下去。筆者跟一位友人已向省政府反應，並提出建議。為了這件事，筆者跟「資源環境保護廳」一位副廳長詳談過，他說：「生態環境的保護本由他們管，但生存在森林裏的動物卻由林業局管；禁止和限制狩獵卻由公安部門管；野生動物被抓或被殺後的買賣交易則由商業部門管；野生動物到了餐室飯館又由衛生部門管。」也就是說，誰都能管也誰都不能管，罕有的野生動物照樣被抓被宰。

生態環境保護工作，由於撈不到錢。該管的部門都放任不管，可以從中撈錢的項目，則大家都來管，這也是海南無法大量引進外資開辦工廠的原因之一。

阮崇武上任，海南人處境略好轉

一九九三年元月，中共中央突然撤掉鄧鴻勛和劉劍鋒黨內外一切職務，徹底改組中共海南省委和海南省政府。其原因是鄧、劉爭權鬧矛盾，互相告狀、互相揭瘡疤，把海南存在的問題暴露出來。中共中央大吃一驚，才決定採取斷然措施。這對海南百姓來說當然是一件好事。

一九九三年元月建立的第二屆中共海南省委和第二屆海南省政府，大陸人仍然佔絕盡優勢，阮崇武（河北人，原任勞動部部長）任省委書記兼省長；杜青林（遼寧人，原任遼寧副省長）任省委副書記兼省「人大」主任；汪嘯風（湖南人，原任湖南副省長）任省委副書記兼常務副省長；毛志君等七八名副省長中只有兩位海南人，而且又是沒有漢族。王學萍是黎族、陳蘇厚是臨高縣人。臨高人雖然自稱是漢族，但從語言、服裝、風俗習慣、祖先遷徙路線都可以證明他們是來自廣西的僮族。看來中共中央組織部「以黎制漢」的政策並沒有改變。

第二屆中共海南省委和第二屆海南省政府，仍然把本土幹部排斥於外，但這與阮崇武等無關，因為他們剛剛才調來，副省長的提名並未徵詢過他們的意見，而是由上一屆省委、政府推薦的。

阮崇武來海南之後，海南人的處境略有好轉。第一，他沒有繼續從大陸把各級幹部調來，只帶秘書等少數幾個人來；第二，他至少把縣級、科級的南下幹部從縣一級政權調走，不讓那些人在基層指手劃腳；第三，他擴編中共海南省委，提拔原海口市市委書記陳玉益為省委副書記。陳玉益是在「海南汽車事件」中隨雷宇下台的本地幹部（瓊山縣人），這次能進入省委領導核心無論如何都是一件好事。

海南領導人才嚴重斷層

阮崇武對海南人作出安撫姿態，固然值得歡迎，但這並不是表示中共中央對海南人防範和歧視的政策已經改變。以迴避制度來說，海南執行得非常嚴格，但有些省份就不必遵循，例如廣東和四川。廣東省上一屆省長葉選平是廣東人，省委書記林若也是廣東人，其餘副省長幾乎也全是廣東人（只有朱森林不是）；這一屆省委書記謝非是廣東人，省長朱森林雖然不是廣東人，但在廣東工作四十年，說得一口流利的廣東話，實際上也變成廣東人了。

四川省這一屆黨政領導層則清一色是四川人：

省委書記：謝世傑，四川梁平縣人。

省長：蕭秧，四川閬中市人。

「人大主任」：楊析綜，四川大邑縣人。

政協主席：聶榮貴，四川江津縣人。

沒有任何資料可以測知中共中央對海南籍人士的真正態度，只知道經過四十餘年的歧視和壓抑，造成海南領導人才斷層。國民政府時期，僅文昌一個縣就有將軍一百七十名⑧，高級文官未算在內，可是在中共政權中，全海南島只有五位將軍，其中還包括張雲逸、周士第這些原國軍將領。等到張雲逸、周士弟、馮白駒這些在內戰中冒出來的人才凋謝之後，就變成後繼無人。據我的調查，現時全中國的海南人當中，連一個副省級的領導人都沒有，正廳級的也很少。海南省十多個廳只有教育廳廳長由海南人擔任，而這位符廳長之所以有機會任正職，還得歸功於他的夫人。因為他岳丈是陝西省的高幹，他兩夫婦從陝西調來，夫人出任省委組織部副部長，掌握人事大權，這樣他才有機會當正廳長。海南省其餘十來個廳，本地人最多只能當副廳長。縣處級的情況也如此，所以海南老百姓說，海南人都患了「婦（副）科病」。

筆者曾向一些在北京長大的海南籍高幹子弟查詢，在大陸各省工作的海南籍高幹子弟，到底有沒有副省級的？他們肯定地說：據他們所知是一個也沒有。由此可見領導人才斷層情況是何等嚴重，即使中共當局現時改變了對待海南幹部的政策，若按照現時的遴選方式，相信在一段頗長時期也是無人可用。

建省給海南帶來的好處

單就海南人才是否受到重視這點而言，無論建省前或建省後，情況都是令人沮喪的。但也不是說建省全無好處，海南建省至少在下列幾方面有很大的改善：

一、中央政府改變了在海南只取不予的政策，短短幾年間在海南投入的基建資金超過以往四十年。每一個踏足海南的人都能夠體會到建省前後的改變，較為突出的是：

(1)供電情況有了很大的改善，海南以前是嚴重缺電地區，電廠停留在四十年代的水平，供電二天停三天。供電期間，燈泡如螢，整個城市一片昏暗。現在，在工業尚未充份發展起來之前，電力基本上是夠用的。

⑵通訊設備有了很大的改善，海南以前電話線路少，國際線路則更少。打國際電話要排隊輪候幾個小時，根本不知IDD（國際直撥電話）為何物。近這幾年情況有了很大的改善，不僅海口、三亞國際直撥電話撥電話逐漸普遍，各縣縣城的電話線路也增加了很多，方便了很多，只剩下鄉鎮還有待改善。

⑶交通情況改善了，改革開放之前海南島沒有一條柏油公路，全是紅土路，下雨天一片泥濘。路固然難走，車則更少。從海口到文昌只有七十二公里路程，但等車可能要等上三、四天，坐上了車也要走三、四個小時。現在情況已大大改善，隨時都可以坐上車，走一個小時零十分鐘就抵達。而且東線、中線高速公路都在加緊興建中。

⑷供水情況也有很大改善，城市（包括縣城），基本上有自來水供應，不像過去那樣依靠井水和自流水（地下水）。

上述情況的改善，不是依賴外資，而是依賴國家的投資，是建省之後海南向中央力爭的結果。在國家財政困難的情況下，中央仍然肯在海南投入大量基建資金，可見希望海南經濟迅速發展起來的心情是迫切的。

二、財政獨立，建省之後海南也和其他省份一樣，是一個財政獨立核算單位，中央的撥款直接撥到海南，不必再受制於廣東。另外，島上原本由廣東控制的大型企業，建省後也撥歸海南省管理和經營，使海南的經濟實力增強不少。

三、海南建省後正式成為經濟大特區，享受經濟特區的優惠政策，本來大可為，可惜建省剛一年就碰上「六、四事件」，更慘的是還碰上思想保守僵化的領導人鄧鴻勛。葉選平在「六四」後利用特區優惠政策，靈活地迅速地把廣東的經濟搞上去。鄧鴻勛則把優惠政策棄而不用，在海南大搞「清房運動」，大搞「社會主義教育運動」，把那幾年寶貴光陰白白浪費掉。現在全國各省都搞改革開放，各省都推出優惠政策，海南特區也就變得沒有什麼特色了。

睦鄰外交犧牲海南利益

海南的發展難題，除了人的問題特別是領導人的問題之外，還常常碰到國家政策問題。

最近連戰院長與新加坡總理吳作棟曾提出共同開發海南的倡儀，海南百姓感到歡欣鼓舞，可是卻「只聞樓梯響，不見人下來」，筆者注意到中共中央高層直至如今還沒有正式表態，難怪阮崇武被記者多次追問，都只能支吾以對。這件事反映出北京對台灣國民政府的動機有懷疑，躭心台灣目的不是投資開發，而是要擴大在海南的政治影響。北京的種種疑慮對海南的發展是極為不利的。因為搞成片的大規模開發，不是一兩間公司所能勝利的，往往需要多個集團聯手合作，甚至需要得到有關政府的支持。例如開發洋浦港的問題，當這個計劃提出的時候，出於民族主義情結，筆者在北京一個座談會上曾質疑，梁湘為什麼不先找香港和台灣的財團磋商，為何要把這個機會拱手讓給日本人？現在回想起來，當年倘若台灣的財團參加競投，北京也未必就能消除疑慮。兄弟鬩牆，別人自然趁虛而入。一九九一年，海南省當局以每畝一千元人民幣的超低價錢，把洋浦港三十平方公里土地七十年使用權轉讓給日本熊谷組集團，港、台財團只能望「洋」興嘆。

海南是中國陸地最小的省，但卻是最大的海洋省，管轄整個南中國海。海南老百姓和海南的「人大」、「政協」，曾多次向中共中央提出勘察和開發南中國海的石油資源；也提出改進漁業設備，提高漁業生產力，要求海軍保護漁民生命和財產的安全。可是這些聲音傳到中央卻像碰到軟體吸音板，消失得無聲無息。原來最大的阻力來自外交部。外交部躭心擴大南中國海資源的勘察和開發，會引起與周邊國家的外交部糾紛；擴大到南中國海去捕漁，也一樣躭心引起外交糾紛。在睦鄰外交政策的束縛下，海南省的利益只好白白被犧牲。現在海南的漁獲量還比不上廣東陽江一個縣級市，看來在睦鄰外交的制約下，海南的漁業很難有突破性的發展。

開發南中國海的資源（包括漁業資源）對海南島極其重要。南中國海資源如能順利開發，海南省就可以騰飛，可惜中共中央卻踟躕不前。台灣漁業實力十分雄厚，漁船眾多，設備先進，國軍又據守著太平島。台北當局若設法迴避敏感的政治問題，跟海南攜手合作共同開發南中國海，不僅可以推動兩地的經濟，而且會加深兩島人民的感情。

改革開放已走上不歸之路

海南島建省既遲，經濟建設起步又晚，好像處處都不如人。但有一點比內陸省份優越得多的就是海南人（含南下海南的大陸籍人士）思想活躍，要求自由的意願比較強烈，支持市場經濟不遺餘力。海南島政治氣氛也比較寬鬆，人們敢想敢說，報紙雜誌也要前衛一點。「六四」事件過後不久，大陸各省老百姓都噤若寒蟬，但海南人在茶樓酒館裏，仍然敢非議政府，痛罵貪官。私底下甚至敢罵李鵬、罵鄧小平。

思想活躍，敢於思考，敢於試驗和創新是一種無形的力量，海南人也和廣東人一樣具有這種力量。只要有適當的環境和適當的氣候，這種力量是可以轉化為物質財富和精神財富的。

中國改革開放的大勢，走向市場經濟的大勢是不可逆轉的，海南改革開放的大勢也是不可逆轉的。由於大勢所趨，海南人要求分享權力和分享建設成果的聲音將越來越強烈；要求決策透明化科學化的聲音也會越來越強烈。如何改革舊有的政治結構和制度，以適應經濟發展的新趨勢這個重大問題，已經提到議事的日程中了。因此，筆者對海南的前途仍抱審慎的樂觀。

註釋

①《中華人民共和國法律滙編》1988年，人民出版社1989年3月第一版。

②胡提春、邢詒孔〈馮白駒〉生平活動表〉《馮白駒研究史料》廣東人民出版社，1988年2月第一次版。

③〈馮白駒〉《中國人民解放軍海南將領傳》，中共海南省委黨史研究室編，廣東人民出版社，1991年5月第一次版。

④周潤章〈今昔海南大學的創辦〉《海南文史資料》，南海出版公司，1992年8月第一次版。

⑤1993年在海南省第二屆政協會議第一次會議小組討論會上，由前海南區黨委統統戰部副部長符玉章親口證實。

⑥1994年在海南省第二屆政協會議上小組討論會上，某海南籍廳級官員親口所述。

⑦寒山碧〈從「私彩」泛濫談到海南的精簡機構，懲治腐敗問題〉，海南省政協第二屆

第二次會議發言材之四。

⑧邢益森主編《海南鄉情攬勝》續集，南海出版公司，1993年3月第一之版。但筆者懷疑此資料有錯，誤把全島將軍人數當作文昌縣將軍人數。

一九九四年四月九日發表論文

（按：由台灣中華經濟研究院和南風學會聯合主辦：「海南經貿發展及人文建議研討會」，一九九四年八月至九日在台北中華經濟研究院舉行，上文乃提交研討會之論文。）

略論鄧小平經濟思想的發展

——從「三自一包」到「市場經濟」的飛躍

鄧小平自二十年代初（一九二四年）；就參與宣傳工作，以希賢等名字撰寫文章①，但終其一生都沒有哲學著作，也沒有形成自己的思想體系，就這一點而論，他比馬恩列斯毛大為遜色。概而言之，六十年代之前，鄧小平缺乏獨立思考，一向以別人（馬恩列斯毛）的思想為自己的思想，因此，在這一階段，鄧小平的文章都是不夠深入的只有短期時效的，也是沒有多大價值的。

（一）農業政策閃出獨立思考的光輝

鄧小平最初閃爍出獨立思考的思想光輝，始於六十年代初。由於毛澤東經濟和農業的指導思想錯誤，導至三年大災難，為了解決具體的農業問題，迫使鄧小平不得不拋開毛澤東極左的激進的一套，進行獨立思考。

一九六〇年十一月毛澤東在「中央工作會議」上承認這幾年「有些東西搞多了，搞快了」，使糾左變成有可能。

一九六一年春，在鄧小平主持和書記處成員協助下製訂了《農村人民公社工作條例（草案）》，簡稱《農業六十條》。②《農業六十條》只是一種「解放小腳」的讓步政策，核算單位退到大隊，但這已引起毛澤東的不滿和責難，責怪鄧不找他商量③，責問是「哪個皇帝決定的？」④可是在這個問題上鄧小平堅持獨立思考，堅持自己的觀點，並與毛澤東逐漸疏離。

一九六二年七月七日鄧小平在共青團三屆七中全會上進一步提出「三自一包」和「白貓黑貓」論，他說：「現在農業問題要從生產關係上來解決，現在全國有公社所有制，大隊所有制，生產隊所有制，還有安徽的責任田，實際是分田到戶，……那種形式比較容易恢復和發展生產，就採用那種形式，群眾願意採用那種就用那種，使不合法的變成合法。」又說「現在最重要的是糧食問題。只要能增產，就是單幹也好。不管白貓黑貓，逮住老鼠就是好貓」。⑤

「三自一包」發明權雖然是農村工作部部長鄧子恢，但主持中央書記處工作的鄧小平給予肯定和支持，並把這個口號接過來，實際上也成了鄧自己的思想。在左風強勁左霧瀰漫的六十年代初，鄧小平膽敢提倡「三自一包」和「白貓黑貓」論，不僅顯示出他的政治和道德勇氣，也閃爍出不隨俗，不弄虛作假，「實事求是」的思想光輝。

「事事求是」，務實是鄧小平思想的精髓，終其一生堅守不渝。

一九六二年秋中共中央在北戴河召開工作會議，毛澤東又重提反右傾，重提階級鬥爭，而且調子更高⑥。在毛澤東重大壓力下鄧小平不得不退讓，鄧子恢（副總理兼農村工作部部長）被撤職，農村工作部被撤消。農業政策退守「以生產隊為基本核算單位」這條最後綫。

鄧小平因堅持獨立思考而惹禍，在十年浩劫中兩次被打倒，幾經艱苦才得以復職，但「衣帶漸寬終不悔」，復職之後又舊事重提，這就觸發了一場農業繼續「學大寨」，還是大膽改革推行生產責任制（即包產到戶）的鬥爭。

這場鬥爭不是單純的農業政策的鬥爭，也不是孤立進行的，而是涵蓋於「兩個凡是」論和「實踐是檢驗真理的唯一標準」的論戰中。鄧小平在這場鬥爭中取得勝利，這不僅改變了他個人的命運，也改變了中國的命運。

（二）順應形勢，承認事實

一九七八年十二月十八日，中共中央召開了「十一屆三中全會」，這次全會是一個劃時代的會議，是毛澤東時代的結束，鄧小平時代的開始；是極左路綫的結束，「改革開放」的開始。鄧小平的智慧在「三中全會」中結成豐碩的果實，他名義上雖然不是最高領袖，實際卻掌握了最高決策權力。並着手推行與毛澤東時代及後毛澤東（華國鋒）時代大不相同的政治經濟政策，首先進行的試點就是他在六十年代想推行而未果的農業改革。

中共「十一屆三中全會」通過了《中共中央關於加快農業發展問題的決定（草案）》和《農村人民公社工作條例（試行草案）》打破「大鍋飯」，撤消「一大二公」。禁止國家和公社「無償調用和佔有生產隊的勞力、資金、產品……按照勞動的數量和質量計算報酬，克服平均主義；……糧食統購價格……提高百分之二十，超購部份在這基礎上再加價百分之五十，棉花、油料、糖料……等農副產品的收購價格也要分別情況，逐步作相應的提高。」⑦

九個月後，一九七九年九月二十五日至二十八日，「中共十一屆四中全會」又通過了《中共中央關於加快農業發展若干問題的決定》。向全國推行農業生產責任制，即分田到戶，包產到戶。再經過幾個月的試驗，鄧小平信心大增。

一九八〇年五月三十日，鄧小平對中央負責工作人員談話時說：「農村政策放寬以後，一些適宜搞包產到戶的地方搞了包產到戶，效果很好，變化很快。安徽肥西縣大多數生產隊搞了包產到戶，增產幅度很大。『鳳陽花鼓』中的那個鳳陽縣，絕大多數生產隊搞了大包乾，也是一年翻身，改變面貌。」⑧

從七九年至八五年這五、六年間，農村解除了舊有體制的束縛，生產力大大提高，農業生產大放異彩。鄧小平自己對農業改革的成就也很感自豪，他宣稱：「中國達到溫飽水平的第一步目標已提前二年實現，現在走第二步，這比第一步困難些。但可以有把握地說希望很大，能夠完成。」⑨

七十年代末到八十年代中，中國農業改革的成就是顯著和巨大的，一個貧窮落後的十億人口大國，解決溫飽的確不容易，但中國卻在短短的五、六年間做到了，這是應該給予肯定和頌揚的。

中國農業改革的成功鄧小平居功至豐，但從農業生產責任制的推行過程，可以看出並不是由他設計好改革藍圖，下面便依樣畫葫蘆。他只不過是一位實事求是的領導人，他的認識也是通過不斷的實踐才得以提高。農業生產責任制變成長期的政策，鄧小平只不過是尊重事實順應形勢而已。筆者這樣說絕無貶低鄧小平之意，承認事實，順應形勢，看似容易，做起來卻不簡單。許多具有高度智慧和雄圖偉略的人都做不到，例如毛澤東。

(三) 解放思想，開辦經濟特區

鄧小平經濟思想有兩個主要特徵，一是改革，一是開放，且兩者是同步進行，相輔相成。開放的意義不僅僅是對外開放，而且包括對內搞活，包括思想解放。鄧小平作這樣的詮釋：「解放思想，就是使思想和實際相符合，使主觀和客觀相符合，就是實事求是。今後，在一切工作中要真正堅持實事求是，就必須繼續解放思想。認為解放思想已經到頭了，甚至過頭了，顯然是不對的，」⑩「改革」是要解除舊有體制的束縛，「開放」就是要解除舊有意識形態的束縛；兩者缺一而不可。

「開放」最大膽的嘗試就是一九八〇開辦了深圳、珠海、汕頭（**上述三地屬廣東省管轄**）及廈門（**福建省**）四個經濟特區，制訂各種相應的法律，提出種種優惠辦法，設法引進外國（**境外**）資本和外國先進技術；設法引進資本主義國家有用的經營管理辦法。也就是說不僅要引進資本主義的硬件，也要引進資本主義行之有效的軟件。在七十年代末八十年代初，在封閉的中國大陸有這樣想法，不僅先進，簡直是超前和大膽。鄧小平那時也承受很大的壓力，黨內另一位超級權威陳雲就不同意鄧小平的想法。

陳雲在中央工作會議（一九八〇年十二月十六日）上說：「我們必須清醒地看到，外國資本家也是資本家。他們做買賣所得的利潤，絕對不會低於國際市場的平均利潤率。……我所以一再說對外國資本家在歡迎之中要警惕，這是因為我們有些幹部對此事還很天真。……按經濟規律辦事，這是一種好現象。但是，我國是以計劃經濟為主體的。因此，對許多方面在一定時期內，國家干預是必要的。」⑪

由於當時並無絕對的把握，也無全盤的規劃，只是「摸着石頭過河」，走一步試一步。因此在陳雲等保守派的強烈反對下，鄧小平也不敢過份固執己見，不得不作一些讓步。可是經過十年的實踐檢驗，鄧小平對自己當年的軟弱大感懊悔。一九九二年一月十九日他巡視了深圳的市容之後，信心百倍地說：

「對辦特區，從一開始就有不同意見，擔心是不是搞資本主義。深圳的建設成就，明確回答了那些有這樣那樣擔心的人。特區姓『社』不姓『資』」⑫又說：「回過頭來看，我的一大失誤就是搞四個特區時沒有加上上海。那時阻力很大，黨內有很高位置的老同志就反對，說上海這地方牽動全國全局，弄不好要出亂子。我看就是因為上海是這麼一個舉足輕重的地方，才應該把特區試驗一下。當時我沒有堅持，要不然，現在長江三角洲，整個長江流域，及至全國改革開放的局面都會不一樣。」⑬鄧小平這段頗長的南巡講話，在整理成中發（〔一九九二〕）二號中共中央文件時，只保留「越老越要謙虛」的前半段，批評「黨內有很高位置的老同志」反對在上海搞特區那一段，全都刪去，而《鄧小平文選》第三卷則刪節更多。這當然是為了顧全大局，維護黨的團結。但這也反映了鄧對自己的「開放」政策初則如臨深淵，如履薄冰，摸着一塊石頭走一步，經十年實踐之後才信心百倍。

「開放」初時是「四個經濟特區」，繼而是沿海十四個城市及海南島，這不僅僅是

「開放」區域的擴展，也是從中央領導人到地方領導人再到普羅百姓的思想大解放。徹底扭轉了過去四十年的鎖國心態。

（四）經濟活力大增，外貿急速增長

中共建政四十年一直都採取自力更生，自供自給，閉關自守的經濟政策，外貿以蘇聯和東歐集團為主，數量和金額都微不足道，一九七〇年中國大陸的出口總額僅有二十二億美元⑭，可是執行開放改革政策之後一九八三年就超過二百億美元⑮，在短短十三年間增長將近十倍；一九九三年「全國外貿總額達一千九百五十七億美元，是一九七八年的八倍半（**是一九七〇年的九十倍**），貿易額由世界第三十二位升至第十一位。」⑯在引進外資方面「近十五年來，累計批准外商直接投資項目十七萬四千個，實際引入外資六百億美元。去年（九三年）全國新批准外商投資項目八萬三千多個，比上年增長七成，實際引進外資二百五十八億美元，比上年增長一點三倍還多。」⑰

開放改革之後，中國外貿的增長是驚人的，由七〇年的二十二億美元，躍至九三年將近二千億美元；由一個外貿微不足道的閉關自守國家，躍近十大貿易國（九三年是十一名）行列。這不僅顯示了生產能力的躍進；也顯示了主導思想的改變和躍進，這巨大的成績是任誰也不敢否定的。

（五）開放私營企業，非國有經濟迅發展

改革開放對內的一個特徵是開放私營工商企業，令小商販個體戶不僅合法化而且得到應有的發展。「自營小店的人數，例如成衣及其他小生意，已由一九七八年的十四萬人，增加到八四年的七百五十萬人。五分之四的新餐館，批發店、服務站，由一九七八年到一九八二年設立，都是私營的。」⑱

一九八三年後，私營企業，中外合資企業、鄉鎮企業等非國有企業發展得更加迅速。「一九七八年之前，中國非公有制經濟微乎其微，全國的個體工商業者僅有十四萬戶，私營企業幾乎等於零，基本上是公有經濟的一統天下。然而經過十五年的改革之後，非公有制經濟異軍突起……一九九二年底，非公有制經濟中的個體工商戶已達一五五三點九萬戶，從業人員二四六七點七萬人；私營企業達十三點九六萬家，從業人員二三一點八萬人，共註冊資金八百二十二點一億。從一九七九年至一九九二年的四年間，個體和私營經濟創造了五九三一點三億工業產值，實現了一四一五二點五億元的銷售收入，提供了一一六〇億元的稅收，還有大約二百億左右的捐贈和社會贊助。在目前鄉鎮一級財政收入中，個體與私營經濟稅收佔百分之三十左右，少數佔百分之三十五。尤其突出的是，個體與私營經濟在日用消費品市場佔據了主流地位，全國近八萬個集貿市場

中，百分之七十的地盤為其所擁有。」⑲

非公有經濟能夠得到如此迅速的發展，在中國各處遍地開花，鄧小平居功至豐，如果沒有他的堅決支持和堅持，非公有經濟可能在萌芽階段已被扼殺，根本不能發展壯大。因為對非公有經濟中共黨內一向意見分歧，保守派一向認為個體工商業、私營企業、外資企業等非公有經濟是資本主義經濟，發展非公有經濟等於發展資本主義，等於走資本主義道路。早在一九七九年陳雲就對「計劃和市場問題」發表意見，強調計劃經濟為主這一立場不能動搖。⑳「六．四」事件後，在「反資產階級自由化」風的帶動下，中共領導層也曾一度把非公有制經濟視為培養資產階級自由化的溫床，視非公有制經濟的經營運作為剝削行為；並認為個體戶百分之七、八十以上偷稅漏稅。「江澤民主張對違法經營的個體經濟要不留情地整治，甚至令其傾家蕩產。」㉑另一方面也加強對個體戶的控制，特別是在發營業執照上多設幾道關卡，不讓「剝削」隊伍壯大。江澤民還明確宣布「有剝削行為的人不能入黨。」㉒限制他們在政治上的發展。

八九年八月初，「全大陸已有一百八十萬個鄉鎮企業被迫關閉或停產，有三百六十多萬個處於半停產狀態。在江淅一帶，鄉鎮企業原本發展蓬勃，但現停產過半。」㉓

八九年十一月召開的中共十三屆五中全會還通過《中共中央關於進一步治理整頓和深化改革的決定》，走回計劃經濟的老路，強調「實行有計劃、按比例地穩步發展。」

㉔李鵬在會上還提出三點要求：「一、要穩定、充實、調整和改善前幾年的改革措施；二、要根據治理整頓時期應多一點計劃性的要求，適當加強集中；三、……」㉕發展到九一年，保守派公然指責鄧小平（**不點名**）的改革開放理論「是不講社會主義與資本主義的根本區別，用生產力標準取代階級標準和制度標準……讓資本主義的實施和平演變戰略有可乘之機。」㉖甚至提出「文革」時期的口號，指責鄧小平「改革開放不問姓『社』姓『資』，是一種危險的政治機會主義、實用主義，它為資本主義自由化泛濫提供了機會和土壤，是與國際敵對勢力的和平演變戰略相呼應的。」㉗

面對著黨內反對派的壓力和咄咄迫人的攻擊，八十七歲高齡的鄧小平不得不認真仔細思考；不得不在開放改革的經濟理論上作更深入的探索。而「南巡講話」就是思考和探索的豐碩成果（**下面再詳述**）。

（六）改革國營企業遇到重大挫折

改革國營企業「吃大鍋飯」的舊制度，要求工礦企業按照經濟規律辦事，自負盈虧，不再搞利潤上繳，虧損國家補貼那一套，是「對內搞活」的重要組成部份。與辦特區對外開放，以及允許個體、私營經濟活動同步進行。

一九八一年十月二十九日國務院轉發了國家經委《關於實行工業生產經濟責任制若

干問題意見》，提出計分獎、計件工資、超產獎、浮動工資等新辦法。同年十一月六日，國務院又批轉國家經委《關於加強領導、抓好企業整頓工作的意見》，提出要實行廠長負責制和職工代表大會制。要求正副廠長懂生產技術，會經營管理。主張職工民主選出代表，協助廠方共同管理好生產，在生產提高的情況下改善員工福利。

可是，工礦企業，國營商店的「自負盈虧」和「廠長（經理）負責制」的改革甚不順利，因為這些改革觸動了龐大的官僚集團的利益，也觸動了中共統治集團最敏感的神經。八十年代初在工礦企業試行民主選舉，但由於在選舉的過程中，黨委鍾意和提名的人多數落選，而黨委不喜歡的人往往當選，這就碰觸了要不要堅持共產黨的領導這個根本性問題，於是退縮回去，改由「承包制」來代替「民主選舉」可是經過幾年的試驗，「承包制」是徹底失敗的。

一，無人有能力「承包」。國有企業是龐然大物，現時中國國企資產值高達二萬億人民幣，尚未包括國有企業所佔的土地和房產價值在內㉘。國有企業資產少者數十億，多者數千億，試問誰有能力承包？有人搞分析承包，結果只是「包盈不包虧」，有盈餘承包者分掉了，有虧損承包者卻無力償還，又不能要他的命，結果仍然是欠銀行欠企業，最後也不得不當爛賬撤掉。其致命傷是產權不明確，空空泛泛說「國家所有」，但「國家」是誰？「誰」代表「國家」？管理企業者、經營者、生產者都沒有產權，也不知誰最終擁有產權，現在雖然又試行「股份制」，但看來產權問題還是無法解決。

二，冗員充塞，無法解決。國有企業的職工人數遠遠超過生產的實際需要，少者超過幾成，多者超過幾倍，而且還負擔着歷年來退休離休職工的工資和福利。四十年來一向不設退離休基金，企業也沒有退離休儲備，這一切全由企業負擔，包袱非常沉重。

三，官僚管理制度不變，領導者、管理者全由上級官僚機構任命，他們也只須向上級官僚負責，因此管理方式與改革開放之前並無兩樣。既不能提高管理工作的科學性和效率，也不能調動職工的生產積極性。

國有企業存在的問題越積越多，確是積重難返，鄧小平在這個問題上沒有進一步去思考，也不下決心去攻堅。現在國有企業經濟效益低的情況無法改善，國有企業虧損也越來越嚴重。

根據國家統計局的核算，一九八五年，虧損的國有企業只佔百分之十點七，虧損的金額也只有二十六億七千八百萬元人民幣；可是一九八八年，虧損的國有企業就上升至百分之十二點三，虧損金額六十三億元人民幣；一九九〇年，虧損的國有企業比率高達百分三十一點五，虧損金額高達二百八十六億元人民幣㉙。國有企業的虧損不是偶然的，而是持續上升的，國家每年都需要撥出數以百億計人民幣來補貼。一九九一年補貼款項就超過三百一十億元人民幣㉚。

國有企業經濟效益低，虧損情況嚴重，不僅影響到國庫的收入，而且降低廣大職工的生活素質，引起社會不安甚至動亂。國有企業佔很大比重的黑龍江省，工人就因為企業停工停產無錢發工資，生活無着而上街示威，導至省委書記孫維本、省長邵其惠被撤職（一九九四年四月）。

（七）經十四年思考，確立市場經濟理論

「十一屆三中全會」以來所展開的經濟體制改革，除了農業的「三自一包」意見較為統一沒有太大爭論之外，其餘各項改革都有不同意見。「對辦特區，從一開始就有不同意見，擔心是不是搞資本主義」；發展個體和私營經濟，改革國有企業也同樣如此，黨內高層有人擔心是不是搞資本主義？因此，鄧小平一直都承受着壓力，承擔着風險。也正因為這樣每走一步都得反覆檢驗，都得再三思考。經過十四、五年的實踐檢驗和研究思考，鄧小平逐漸整理出比較成熟的經濟理念，這就是他對上海市領導人的講話精神（「**皇甫平**」**文章**）和「南巡講話」的精神。

第一，計劃經濟與市場經濟的關係。鄧小平指出：「改革要有新思路、就是講改革要有不同於十年前的新辦法、新措施。……就以計劃經濟與市場的關係而言，有些同志總是習慣於把計劃經濟等同於社會主義經濟，把市場經濟等同於資本主義，這種看法，

經過這些年的實踐，已證明不符合實際情況了，計劃和市場只是資源配置的兩種手段和形式，而不是劃分社會主義和資本主義的標誌。」㉛這是他經過長期實踐和長時間思考後在思想認識上的大飛躍，這是前人未言過未思考過的重大課題。

鄧小平自九一年春就開始反覆說明這一道理，曾在多個不同場合闡述他這一新認識新理論，直到九二年一月「南巡講話」仍然反覆強調。一九九二年中發二號中共中央文件《中共中央關於傳達學習鄧小平同志重要講話的通知》傳達到縣團一級，鄧這個新觀點新理論才得以廣泛傳播，為廣大黨員和人民群眾所接受。並在中共十四屆全國黨員代表大會（**九二年十月十二日至十八日**）上，堂堂正正地宣布要「建立社會主義市場經濟體制。」而毋須像以前那樣閃爍其辭，說什麼「計劃經濟為主，市場經濟為輔」（**十二大政治報告**）；或說「國家調節市場，市場引導企業」（**十三大政治報告**）。

第二，明確規定判斷「社」、「資」的新標準。姓「資」姓「社」問題是一個長期困惑中國理論界和人民大眾的問題。鄧小平曾提出「不要爭論」，並說：「如果我們仍然囿於『姓社還是姓資』的詰難，那就只能坐失良機。」㉜可是別人硬是要提出來爭論你也無法迴避。經過深思熟慮，鄧小平提出「生產力標準」。他說：「判斷的標準，主要是看是否有利於發展社會生產力，是否有利於增加綜合國力，是否有利於提高人民的生活水準。」㉝（**整理成一九九二年中發二號中央文件時，才在「生產力」和「綜合國**

力」前加上「社會主義」字樣）。

社會主義蘇聯搞了七十年，中國大陸搞了四十年，可是自始至終沒有一個清晰的概念，誰也說不清楚社會主義具體是怎麼樣的。只有一些模糊的概念和教條。其一是消滅剝削，沒收私有財產，改變生產關係，既不檢驗也不理會這樣做對社會生產力是起促進或促退作用；其二，是計劃經濟，黨組織和政府具體管到農民應種水稻或者蔬菜。鄧小平的「生產力標準」，「敢於不斷拋棄那些過去被當作『社會主義』來遵循和實行的教條」㉞，認識到「經濟活動作為人類的一項基本生存運動，其中有任何制度下都必須遵守的共同的客觀規律」㉟。而促進「社會生產力」，「改善人民生活」才是經得起實踐檢驗的硬道理，才是真正符合馬克思主義的。

第三，強調發展速度，鄧說：「抓住時機，發展自己，關鍵是發展經濟。現在，周邊一些國家和地區經濟發展比我們快，如果我們不發展或發展得太慢，老百姓一比較就有問題了。……有條件的地方要盡可能快點，只要是講效益，講質量，搞外向型經濟，就沒有什麼可擔心的。低速度等於停步，甚至等於後退。要抓住機會，現在就是好機會。……我國的經濟發展，總要力爭隔幾年上一個台階。」㊱

鄧小平強調速度，但也說「與『大躍進』不同　」㊲鄧要求持續以兩位數的速度發展，這雖然不同於不切實際的「大躍進」，但也不是輕易做得到的。其難度不是在於兩位數字，而是持續。不過環顧當時的國際環境，中國確實有持續高速發展的機遇。中共建政後已白白浪漫了三十年寶貴光陰，特別是經過十年「文革」的破壞，使中國遠遠落後於周邊國家和地區。亞洲四小龍香港、新加坡、台灣、南韓就是在六十年代下葉至八十年代這段時間上去的。中國經濟發展速度倘若不夠快，以後就很難追上去了。

鄧小平強調發展速度除了順應國際環境之外，更主要的是「扭住經濟建設這個中心不放」。因為「六、四　」事件後，在「治理整頓」和「反資產階級自由化」中，保守派的確企圖以「階級鬥爭為中心」代替「以經濟建設為中心」；以走回「計劃經濟」的老路來代替「改革開放」。

鄧小平的經濟思想和建設理論並不複雜，歸納起來只有兩條，一條是「市場經濟」；另一條是「扭住經濟建設為中心」，以較高速度發展經濟。而其哲學基礎就是「實事求是」，「少說空話，多幹實事」㊳；就是「實踐是檢驗真理的唯一標準。」

鄧小平的建設理論和經濟思想不是來自馬列主義的本本，也不是一夜間突然想出來的，而是從不斷的實踐和艱巨的鬥爭中產生的。這個過程是一個不斷鬥爭的過程，也是鄧小平經濟思想從幼稚到成熟，從零碎到完整的發展過程。可不是那麼一帆風順。

十四年來，鄧小平敢於突破舊有的條條框框，敢於不斷拋棄過去被當作「社會主義」來遵循的教條，敢於進行各種不同的改革試驗，敢於冒風險引進外國資本，並堅持以實踐來檢驗。這樣他才能從「三自一包」這個朦朧的實用主義觀念，逐步發展到認識和承認經濟有本身的發展規律，認識到經濟規律不會為行政干擾而改變，人為的行政干預，只會使經濟發展扭曲和停滯。經過十四年的實踐和鬥爭，鄧小平終於認識到必須遵照經濟規律辦事，遵照市場規律辦事，立下決心在中國推行「市場經濟」，這是思想認識上的飛躍。人的認識是從實踐中來，假如沒有十四年改革開放的實踐，鄧小平就不可能有建立「市場經濟」的思想和理論。

（八）改革失誤及存在的問題

鄧小平與同時代的共產黨人相比，他毫無疑問是進步和傑出的，他對中國的巨大貢獻就是從「三自一包」到「市場經濟」的經濟體制改革。這是應該得到充分的肯定和頌揚的。但他並不是聖人也不是超人，他的經濟思想和理論並不是完美的，他的改革開放實踐也並不是完善的和全部成功的。其失誤和存在的嚴重問題有下列三點：

第一，國有企業問題。本文上面說過國有工礦企業改革，直至目前為止可以說是失敗的。經濟效益低，虧損越來越大。經營管理人員，貪官污吏，利用「改革」化公為私，使國有資產大量流失，估計近幾年已有二千億（人民幣）國有資產付諸東流㊴。

第二，經濟改革搞了十四、五年，金融制度仍然「巋然不動穩如山」，不作一絲一毫改革。官本主義，一元化領導，職責不明，管理不善，隨意貸款，爛賬劇增，投資失誤，銀行血本無歸，金融系統資產損失數以億計。直至一九九三年人民幣兌換美元大幅滑落，朱鎔基才不得不改組金融系統的領導層，親自去抓宏觀調控，這才初步穩住幣值。但朱鎔基所採取的措施跟真正的金融制度改革，相去仍遠。目前中國的金融制度與「市場經濟」的要求也相去甚遠。

第三，改革開放頭五、六年，農業改革的確取得很大的成績，但鄧小平和其他中央領導人滿足於這種小農經濟的成就，沒有跟進，沒有有配套工程，使農業改革停留於「三自一包」（聯產責任制），這個階段，農業改革無法深化，六、七年後，當「三自一包」的啟動力發揮至盡頭，農業生產也就停滯不前。拖至一九九三、九四年更是問題叢生。例如水利失修，水災頻繁；例如通脹嚴重，吞噬了農業增產的實際收益；例如化肥等生產原材料價格暴漲，嚴重增加農業生產成本，而農產品的收購價、銷售價偏低，嚴重打擊農民的生產積極性；再加上農村幹部的胡作非為，收購開白條，徵收苛捐雜稅要現款，加深幹部與農民的矛盾，甚至引發暴動。

上述三點既是經濟問題，也是社會問題，政治問題。歸根到底是因為政治體制改革沒有同步進行，缺乏政改的配合許多死結根本無法打開。例如國營企業的改革問題，其核心問題是產權不明確，企業的管理者並未擁有產權。而產權的擁有者——國家卻是抽象的虛的。若想改善國營企業目前的狀態，無可避免要觸及產權改革。可是一碰到產權就碰到所有制問題，就碰到政治制度問題，於是「行人止步」，誰都動彈不得。

（九）沒有勇氣割斷舊體制的臍帶

尼克松曾說：「鄧小平是個改革者，而不是革命家。作為共產黨人，他不希望出現一個資本主義或民主式的中國」；㊵這是癥結的所在。鄧小平沒有勇氣割斷與舊體制，舊思想體系接連的臍帶，所以儘管他把改革開放稱為「第二次解放」、「第二次革命」，實際上他的改革開放和撥亂返正都帶有很大的局限性和不徹底性。因此，在改革的過程中必然遇到很多障礙，必然衍生很多新的難題。

經濟體制改革進行了十五、六年，政治體制改革非但未能同步進行，而且是根本邁不開步。甚至連改革的慾望和口號都一步步退下來。

一九八〇年鄧小平說：「要在經濟上趕上發達的資本主義國家，在政治上創造比資本主義國家的民主更高更切實的民主。」㊶八〇年甚至還提出「庚申改革」方案；

一九八六年鄧小平仍十分明確地說：「現在看，不搞政治體制改革不能適應形勢。改革，應包括政治體制的改革，而且政治體制改革應作為改革的一個標誌。……一九八〇年就提出政治體制改革，但沒有具體化，現在應提到日程上來。」㊷可是，八六年底八七年初上海、北京發生學生運動，胡耀邦被迫下台之後，鄧小平就從此一立場退了下來，不再提政治體制改革。

一九八七年十月下旬「十三大」時趙紫陽只說：「改革的長遠目標，是建立高度民主、法制完備、富有效率、充滿活力的社會主義政治體制。」㊸

九二年十月中旬，江澤民在「十四大」政治報告中則說：「政治體制改革的目標是建設有中國特色的社會主義民主政治，絕不是西方的多黨制和議會制；進一步完善人民代表大會制度，加強其立法和監督職能；決策科學化，民主化是實行民主集中制的重要環節；機構改革、精兵簡政、是政治體制改革的迫切任務。」㊹把政治體制改革簡化為「機構改革、精兵簡政」不僅是比「十三大」又退了一大步，簡直是對政治體制改革的侮辱。

政治和經濟是密不可分的相輔相成的，經濟必然會影響政治，政治同樣會影響經濟。經濟的核心問題是生產力，政治的核心問題是生產關係，兩者必然互相配合才能促進生產力迅速發展，促進社會繁榮。如果不能配合必然會限制，阻礙生產力的發展，影響甚至破壞社會的繁榮安定。中國經濟體制不斷改革，生產力迅速發展，政治體制則巋然不動，這種情形已持續十五、六年。政治體制和經濟體制距離越拉越遠所造成的弊端九二、九三年已凸現出來：中央財政收入萎縮，赤字日益大增大；銀行胡亂貸款，貨幣發行失控；官員玩忽職守，資源大量浪費；軍警紀律鬆弛，社會治安惡劣；教育嚴重落後，人口素質低落；邪惡勢力泛濫，正氣蕩然無存。早在一九八八年情況還未如此嚴重的時候，中國著名的經濟學家厲以寧就説：「我們任何一個政策，即使設計得再好，在實際中往往走樣。過去我們只注意企業行為短期化。實際上是整個社會行為短期化。……國民素質太低，各級幹部也不例外；政府行為不合理，企業缺乏利益約束，整個社會沒有對未來的穩定的預期目標。」㊺可惜學者們的大聲疾呼並未引起鄧小平和中央領導層足夠的重視。現在情況已比一九八八年嚴重得多了，如果再不及早推行政治體制改革，如果再不採取斷然的有效措施，糾正這種狀況，後果實在堪虞，讓我們向鄧小平和中央高層呼籲：警惕啊！不要讓中國變成印度！

註釋：①清華大學中共黨史教研組編《赴法勤工儉學運動史料》第三册，一九八一年十一月第一版。

②〈江青在紅衛兵大會上控訴鄧小平『十大罪狀』〉，一九六七年四月十日天津《八二五戰報》。

③毛澤東〈在中央政治局滙報會議上的講話〉，《毛澤東思想萬歲》六百五十五頁。

④〈揭開鄧小平搞裴多芬俱樂部的黑幕〉北京市委機關革命造反聯絡部政策研究室紅旗戰鬥部隊，一九六七年二月八日《紅衛兵報》

⑤〈鄧小平反毛澤東思想言論百例〉，一九六七年四月清華大學《井崗山報》；〈怎樣恢復農業生產〉，《鄧小平文選》（一九三六——一九六五年），人民出版社一九八九年五月第一版。

⑥〈對起草「關於建國以來黨的若干歷史問題的決議」的意見〉，《鄧小平文選》（一九七五——一九八二年），人民出版社一九八三年七月第一版。

⑦《中國共產黨十一屆中央委員會第三次全體會議公報》（一九七八年十二月二十二日通過）

⑧〈關於農村政策問題〉《鄧小平文選》（一九七五——一九八二年）

⑨〈鄧小平評十年得失〉，香港《文匯報》一九八八年十一月十八日。

⑩〈貫徹調整方針，保證安定團結〉（一九八〇年十二月二十五日鄧小平在中央工作會議上的講話），《鄧小平文選》一九七五——一九八二年）。

⑪陳雲〈計劃與市場問題〉，見《十一屆三中全會以來重要文獻選讀》，人民出版社一九八七年五月第一版。

⑫《深圳特區報》記者陳錫添〈東方風來滿眼春〉見香港《文匯報》一九九二年四月二日。

⑬《中共中央關於傳達學習鄧小平同志重要講話的通知》（中發〔一九九二〕二號）（中共中央文件），及香港《鏡報》月刊一九九二年四月號霍斯方的，〈鄧小平能推動第二次改革嗎？〉

⑭⑮沈鑒治《中國經改關係重大》一九八八年六月十日香港《信報》。

⑯⑰張沐〈中共提出改革開放兩大原則〉，香港《鏡報》月刊一九九四年六月號。

⑱〈美國記者報導大陸近貌〉，台灣《中華雜誌》一九八四年六月號第二五一期。

⑲泓袒〈中國非公有制經濟的現狀與前景〉，香港《鏡報》月刊一九九四年三月號。

⑳同⑪

㉑㉒張沐〈鄧小平稱外交不會「一面倒」〉，香港《鏡報》月刊一九八九年十一月號。

㉓連華文〈中國經濟大滑坡〉，香港《九十年代》一九八九年十一月號。

㉔㉕張沐〈鄧促六中廢顧委以利交班〉，香港《鏡報》月刊一九八九年十二月號。

㉖霍斯方〈鄧小平講話三大意向〉，香港《鏡報》月刊一九九二年三月號。

㉗峻風〈「姓資姓社」之爭緣何來〉，香港《鏡報》月刊一九九一年十一月號

㉘周治平〈虧損三百多億的國有企業〉，香港《明報》月刊一九九四年六月號

㉙㉚國家統計局《一九九一年中國統計摘要》轉引自《明報》月刊一九九四年六月號四十一頁。

㉛皇甫平〈改革開放應有新思路〉，上海《解放日報》一九九一年三月二日

㉜皇甫平〈擴大開放的意識要更強些〉，上海《解放日報》一九九一年三月廿一日。

㉝同⑬。

〈中共七中全會年底才開的真相〉。

㊱㊲㊳鄧小平〈在武昌、深圳、珠海、上海等地的談話要點〉（一九九二年一月十八日至二月二十一日）《鄧小平文選》（第三卷），人民出版社一九九三年十月第一版。

㊴周聞道〈企業金蟬脱殼銀行有債無主〉，香港《信報》一九九四年七月十八日

㊵〈尼克松眼中的中國〉，香港《文匯報》，一九八八年十一月九日。

㊶〈黨和國家領導制度的改革〉（一九八〇年八月十八日），《鄧小平文選》（一九七五——一九八二年）。

㊷鄧小平〈在聽取經濟情況滙報時的談話〉（一九八六年六月十日），《建設有中國特色的社會主義》（增訂本）北京三聯書店香港分店一九八七年四月第二版。

㊸趙紫陽《沿着有中國特色的社會主義道路前進》（十三大政治報告）。

㊹江澤民《十四大政治報告》。

㊺轉引自香港《廣角鏡》月刊一九四期一九八八年十一月號胡楊〈從五常委齊訪鄧小平談起〉。

（按：由上海社會科學院主辦之「鄧小平的理論和中國的現代化」國際學術交流會，一九九四年八月二十四日至二十五日在上海寶山賓館舉行，上文乃提交「國際學術交流會」之論文。

第二輯

社論及評論

鄧小平何其心急也！

台灣是中國神聖領土的一部份，這是不容爭辯的事實，台灣終歸會跟中國大陸統一，這也是不容置疑的必然規律，問題只是何時統一和如何統一而已！

一九七九年一月一日，中美正式建交後，中共人大常委會立即發表「告台灣同胞書」，號召和平談判。中共國防部長徐向前也同時宣佈停止砲轟金門，而投共的前國民黨官員自然也喋喋不休。

十年太久，鄧小平只爭朝夕

一月五日鄧小平副總理就國共和談問題正式發表他的意見，他向美國記者表示：「我們將採取多種方法同台灣當局，特別是同蔣經國先生商談祖國的統一問題。」又說：「就我個人來說，我希望今年就實現這個願望。就我的健康狀況來說，至少還可以活十年，但那太久了。」

毛澤東素以性急著稱，無論做什麽都想一步登天。他想在十五年內「趕美超英」；想在一夜之間把鋼鐵產量翻一翻；想當世界偉人，世界領袖；想在有生之年把枕邊人江青扶上皇位。所以他說：「一萬年太久，只爭朝夕」。料不到鄧小平比毛公更加心急，十年也說太久，莫非

「只爭朝夕」？

曾記得在釣魚台問題上，鄧小平表示，他們這一代人智慧不足，要留給下一代去解決。爲什麽台灣問題不可以沿用前例，留給下一代解決呢？「鄧大人」如今意氣風發要想作朝夕之爭，我輩小民却覺得他是緩急倒置，輕重不分。

釣魚台群島因爲北京、台灣雙方反對都不夠堅決，美、日有恃無恐私相授受，現時釣魚台已劃進日本的管轄範圍，拖得愈久，日本愈易於造成既成事實，把釣魚台以及其附近海域永遠變成日本領域。這種事，中國在歷史上的教訓實在太多了。中國北部和西部，從黑龍江到帕米爾高原，有多少百萬平方公里的土地被俄國侵佔去？現在我們能收回一尺一寸嗎？

台灣現在並非被外國佔領，國民黨政府無論統治台灣多久，台灣都仍然是中國的領土，不會被人分割出去。雖說有些人在海外搞台獨運動，但却不成氣候，不足以憂慮。

暫時的分裂不損於中國的統一

「三國演義」曰：「天下大勢，分久必合，合久必分」。這句話實是至理名言。中國在歷史上曾多次出現一個中國，多個中央政府的局面。東漢時中國分爲魏、蜀、吳三國歷時七十多年才被晉朝統一。東晉末年，中國又出現了更混亂的南北朝時代，宋國、北魏、齊國、梁國、東魏、西魏、北周、北齊等中央政府相繼出現，同時並存，歷時長達一百六十多年，直至隋朝才告統一。唐朝末年，中國又進入五代十國的分裂時期，後唐、梁國、前蜀、後晉、吳國、南唐、閩國、後漢、後周，我滅你，你滅我，同時是多個中央政權並存，歷時五十多年，直至「陳橋兵變」宋太祖才告統一中國。南宋時期同樣出現宋、遼、金三個中央政府，歷時百多年，最後才被元朝所滅。

儘管中國在歷史上曾多次分裂，但事實證明這對中國的統一無損，等到時機成熟，中國又會出現一個統一的、強大的中央政府。台灣與大陸對峙至今只不過是二十九年，以歷史的觀點來看，只是一段很短的時間。台灣地區只要時機成熟始終是會回到中國的懷抱裡，天長地久，何必「只爭朝夕」。

和談時期尚未成熟

鄧小平和中共其他領導人料必同意，中國大陸和台灣的統一問題，只是時間問題，我們也相信中共當局眞正具有不訴諸武力的誠意。我們與北京政府分歧的只是什麼時候才是最佳的和平統一時間？

鄧小平副總理希望今年就實現和平統一台灣的願望。他當然認爲現在已是「和平解放台灣」的成熟時機了。至少也認爲這個時機已經非常接近了。但我們的看法却恰恰相反，我們認爲「和平解放台灣」的機會尚未來臨，祖國統一的時機仍未成熟，其理由如下：

台灣有能力獨立生存

㈠台灣無須依賴美國仍可獨立生存。五十年代初期，台灣工農業落後，經濟蕭條，台北當局必須依賴美國的軍事及經濟援助，以苟延殘喘。但台灣人民經過十年奮鬥，踏入六十年代，已經可以自立了。而美國也先後停止了對台灣的軍經援助。近十多年來，台灣完全是依靠自己的力量站於地球之上。今天台灣不僅無須伸手向人求乞，而且每年都有數十億美元的貿易盈餘。台灣人民的生活也得到很大程度上的改善，社會安定，人民可以安居樂業，照目前的情形看來，中共除非是使用武力攻台，否則，蔣經國的政權是十分穩固的。

「中美建交」對台灣來說雖然是一個重大的打擊，但這種打擊，主要還是在感情上，實質上並沒有太大的損傷。六年前台灣受得起被逐出聯合國的打擊，現在也必能經得起「中美建交」的打擊。「中美建交」之後，最了不起的事只是所有國家都跟美國走，承認中共。可是，沒有外交上的承認，並不能處一個政權於死地。羅德西亞的史密斯政府除了南非之外，沒有得到任何國家的承認，但它照樣生存。延安時期的中共政權，也得不到任何外國政府的承認，可是中共不是一樣能夠獨立生存嗎？同樣道理，台灣的國民黨政府即使沒有任何外國的承認，它也照樣能夠生存的。

台灣既然能夠獨立生存，國民黨政府當然就沒有低頭投降做地方政府的必要。正因爲這樣，蔣經國先生和他的政府發言人才一再申明，永遠不跟中共談判。

台灣大陸生活水平相差太遠

㈡中共經過「大躍進」、「人民公社」和「文化大革命」的不斷破壞，生產停滯不前，人民生活十分艱苦，幾乎可以說，二十多年來都得不到改善，大陸仍然停留在九億人民搞飯吃的階段。糧食、油類、副食、布料也仍然供不應求，停留在配給階段。這種情形跟台灣比起來，落後了四分之一世紀。台灣絕大部份人家裡有雪櫃、彩色電視機、摩托車，絕大多數農民都是使用機械生產，而大陸農村却仍然停留在畜力加木頭犂的階段。台灣人民無論是誰都不願過大陸人民那種日子。他們非但不能成爲敦促和談的力量，而且變成反對和談的阻力。

最近中共一再申明「統一」之後，不會降低台灣人民的生活水平，並再三暗示，台灣的一切都可以保持原狀，只須拔下十二星旗，換上五星紅旗就行了，可是事情絕對不會那麼簡單。

中共信用盡失，重新建立需時

㈢中共的威信尚未重新建立。歷史上中共和國民黨曾多次和談多次分裂，兩黨之間的恩恩怨怨且不去說它，就中共接管大陸二十九年來說，它並沒有給予人們一個言必信，信必果的良好印象。相反的是，使人覺得它是一個反反覆覆，出爾反爾，朝令夕改的政黨。

一九五七年先號召「大鳴大放」，「幫助黨整風」，並再三保證「言者無罪，聞者足戒」，誰料得到忽然會來一個「反右」運動，且公然招認言者無罪，聞者足戒是引蛇出洞的「陰謀」。

「土改」時候，中共宣傳「耕者有其田」，可是一場合作化，一場公社化，不但把農民的田地產業共了，甚至連家裡煑飯的鍋也共掉了。

「大躍進」使中國的八億人民，躍進了大饑餓的深淵。彭德懷爲民請命，說了一兩句老實話，却被罷官，被打進十八層地獄，且終於被迫害至死。

接着而來的「四淸」、「社教」以及死人無數的「文化大革命」，使大陸陷入更大的混亂，各條戰線都受到嚴重破壞，同時也使中共信用盡失。

劉少奇今天是國家元首，明天就被打成「叛徒」、「特務」。林彪今天是毛澤東的親密戰友和接班人，明天就變成陰謀家。鄧小平則更妙不可言，忽而是「中國第二號赫魯曉夫」，忽而是正確執行毛路線的副總理，忽而又變成「死不悔改的走資派」，眞是使人無所適從。

打倒「四人幫」之後，無可否認，中共的威信是提高了，但還沒有提高到令人完全相信，不存懷疑的程度。無論是一個人，抑或是一個政黨、政府，其威信不是一朝一夕所可以建立起來的，需要經過長時間的考驗。而一個曾經喪失信用的人或政黨，要重新建立信用，必須花多幾倍的時間。華國鋒上台不足三年，鄧小平復出不足兩年，在這麼短的時間裡，怎能重建被毛澤東破壞得蕩然無存的威信呢？

華僑紛紛申請出國

關於這一點，不必舉太多例子，只需要看大陸人民申請出國的情況就知道了。打倒「四人幫」後，華、鄧確實作過一些努力，改革過一些陋習，而大陸人民的日子也比「四人幫」時期好過得多了。按照道理，在大陸生活了十多二十年的華僑、知識份子和僑眷，應該感到歡欣鼓舞、安心工作，為建設「四個現代化」盡一分力。可是事實恰恰相反，華僑、僑眷申請出國的人數比以前更為踴躍，這種情形跟五十年代恰好成強烈的對比。五十年代的華僑學生和青年，不顧父母的反對，千里迢迢趕回中國，現在他們却恨不得長起翅膀，飛出國門。單就一九七八年一年，由大陸持通行證或護照來港的人數就多達十萬。為什麼會出現這種現象呢？答案很簡單，那是因為他們對中共缺乏信心，他們不知道中共今後的政策會怎樣變法？不知鄧小平還能活多久？他們對過去那一段噩夢般的日子感到恐懼震慄，大家都認為「三十六計走為上策」，趁政策稍寬的時候走了的好，說不定那一天又突然關起大門來。

中共二十九年來，不斷反反覆覆，沒有既定的國策，沒有憲法，沒有民法，沒有刑法，一切都憑毛澤東個人的喜怒定奪，實在使人沒有信心的。

大陸人民對中共尚且沒有信心，試問蔣經國先生和其同僚又怎能相信中共的保證呢？我們倒不是說，中共以前沒有信用，今後也不會有信用。而是說，中共要重新建立信用，尚需要一段相當長的時間，十年肯定不足，二十年或許勉強可以，等到二〇〇〇年，富中共實現「四個現代化」，大陸、台灣生活水平已接近，中共也建立民主法制，並重新在大陸人民和海外僑胞心目中建立起信用，那時候再來「和平統一台灣」也尚未爲晚也！

「東西方」第二期

一九七九年二月十日

秘密接觸少搞宣傳

中共對待台灣問題，從五十年代的「一定要解放台灣」，到六十年代的「和平解放台灣」，可以說是進了一步；而從「和平解放台灣」到最近的「和平統一祖國」又進了一大步。

中共對待台灣的實際行動，從全力進攻一江山島、大陳島到隔日砲轟金門，可以說是進了一步；而從砲轟金門到完全停止砲轟，又進了一大步。

與此同時，中共對台灣的「統戰」手法也在不斷進步中。最初，中共只通過國民黨的叛兵降將，例如張治中、傅作義、杜聿明等向國民黨發出「和談」的呼籲。其實，只要稍有頭腦的人都知道，由這些人出面呼籲和談，實際只是招降。因爲國民黨的叛兵降將，根本沒有官職（政協委員之類不是官職），根本沒有權力，根本不能代替中共說話。

國民黨畢竟是一個有幾十年歷史的執政黨，直到現在仍然是台灣省執政政府。只稍爲具有自尊心，都不會響應叛兵降將的呼籲。

作爲非國民黨、非共產黨的普通老百姓，我們認爲「和談」和「招降」是兩回事。「和談」的雙方處於平等的地位，你有你的條件，我有我的條件；你有你的利益和立場，我有我的利益和立場，大家把自己的意見擺出來，在對立中尋求統一，在分歧中尋求共同點。「招降」則是某一方運用種種手段和壓力，甚至兵臨城下，逼使對方屈服，簽署實質上是降書的所謂「和約」。

中共對待台灣，從五十年代到七十年代，一直都是採取招降的辦法，從來都沒有以平等的地位對待對方，這是中共的不智。

「和談」是黨與黨，政府與政府之間的事。中共如果有和談的誠意，應該由黨領袖或政府首腦向台北方面發出邀請或呼籲。一九七九年一月一日，北京方面由「人大常委會」正式發出要求和談的呼籲，同時以國防部長徐向前的名義，命令福建前線部隊，完全停止砲轟金門。繼而中共第一號強人鄧小平也發表了他對於「和平統一祖國」的意見，他表示，台灣可以保留軍隊，可以保持現時的社會制度，可以直接與外國進行貿易及文化交流。也就是說，台灣當局只要卸下十二角星旗，放棄中華民國的稱號，承認北京當局是中國的中央政府，一切都可以照舊。從這點看，北京在和談的道路上又跨前了一大步。

儘管二十餘年來，北京一直對台灣擺出一副不受歡迎的招降嘴臉，但最近一個月來，北京的態度有了很大的變化。他們表現出了相當大的誠意，做了很大的努力。然而，唯一令人遺憾的事，中共當局在「和平統一」這件事上做的宣傳太多了，而這類事情却只宜於靜悄悄地進行，而不宜於大肆宣揚的。假如當年（一九七一年）基辛格不是秘密訪問北京，而是在事前大肆渲染，他能夠行成嗎？他能夠妥善安排尼克遜訪華嗎？尼克遜如不能訪華，能爲中美建交奠定基礎嗎？答案當然是否定的。

在「和平統一祖國」的問題上，我們認爲在宣傳方面做得太多，特別是通過外國傳播媒介進行宣傳，很易於令人對北京當局的誠意產生懷疑。因此，我們建議少點宣傳，多些接觸，通過駐外使節或通過對外貿易，又或到外國去的文化官員，甚至是學者、留學生，設法與台灣有關方面的官員接觸，不要再搞宣傳。接觸，即使是最低層的接觸都有好處，假如沒有接觸，再多的宣傳都是無濟於事的。

現在對北京當局來說，最重要和最急切的問題，不是如何去爭取輿論的同情，而是如何去進行接觸，如何切切實實地解決問題。北京可以提出很多方案，可以提出很多建議，但千萬別通過宣傳機器到處張揚。而要設法秘密地交到台北當局的手裏。

鄧小平有一句名言：「不管白貓黑貓，能逮耗子就是好貓。」我們也希望北京當局做一隻好貓，而不是做一隻光會呱呱叫的「叫春貓」。

「東西方」第二期（二月十日）

一九七九年一月

誓死爭取人權

近一年來，中共國內外政策都有了很大的轉變。特別是「十一屆三中全會」之後尤爲明顯，對外跟美國、西歐和日本等資本主義國家關係更加密切；對內採取了相應的「自由化」政策，解放了所有「右派」及大部份地、富、反、壞分子，並且徹底爲「文革」和「反右」運動中的受害者翻案平反。在企業管理和農業政策方面，也遠比以前自由。與此同時，北京還出現了供人民自由發表意見的「民主墻」和「北京之春」等地下刊物。概而言之，北京這一年來給予人的印象，確是逐步朝「自由化」發展，這種情況跟一九六八年捷克的「布拉格之春」極爲相似。可是，布勃日涅夫一聲怒喝，「布拉格之春」便被蘇聯的坦克輾碎了。「北京之春」也許不會被蘇聯的坦克輾碎，但從現時一些蹟象看來，我們不能不擔心，中共統治機器的鎖鏈會把它鎖進黑暗的地牢去。

三月十六日鄧小平在「人民大會堂」一次重要集會中，報告了中共懲罰越南的種種問題，還順便談了「民主運動」和「人權問題」。他表示，民主運動應該爲達到四個現代化計劃服務，但一些人的所爲『太過份』了，尤其是北京西單街民主牆上某些大字報的要求。他說，民主的定義是提出與實現四個現代化計劃有關的建議的自由。鄧小平同時還抨擊北京的人權運動，特別是抨擊那些給卡特和美國駐北京大使馬德科克寫信，要求他們注意中國人權的人。接着「人民日報」又發表文章，說「人權」是資產階級的口號，社會主義中國不需要「

人權」，其理由是社會主義中國由人民當家作主，根本不存在人權問題。

經過林彪和「四人幫」的禍害之後，大家都知道「人民日報」是閉着眼睛說瞎話。試問，賀龍是怎樣死的？賀龍身爲元帥、副總理、軍委會副主席、政治局委員，可以不經審訊就非法監禁；連犯人所應有的權利也享受不到。病了得不到應有的治療，看守人員甚至把飯倒在地上，逼賀龍像狗那樣趴在地上撿飯吃。難道這就是你們所說的人權？

試問陶鑄是怎樣死的？他的屍骨如今何在？陶鑄身爲政治局常委國務院副總理，中央宣傳部部長、中央文革小組顧問，也可以不經任何法律手續就逮捕投獄。得了癌病非但得不到治療，還被流放到安徽，臨死也不准跟家屬見面。死後也不讓家屬收屍，至今不知屍骨在何處？難道這就是你們所說的人權？

賀龍、陶鑄排名在十名之內的中央大員，尙且受到這樣的對待，誰能相信普通百姓享有人權。

其實，稍爲留意大陸情況的人都十分清楚，「文革」時期，除了毛澤東、林彪、江青這三個人外，任何人都有被揪鬥、被抄家、被凌辱、被殺害的危險，身爲國務院總理的周恩來，一樣被人揪鬥，被「紅衛兵」包圍幾十小時不得睡覺。普通老百姓被吊屍於電綫桿之上，被打死後丟逘珠江漂出大海，這都是衆所周知的鐵一般的事實。難道這也叫人權？

民主是很重要的，我們渴望中國實現廣泛的民主，居住於大陸的中國人民更加渴望實現民主；但是人權却比民主更加重要，更加迫切需要，沒有民主，讓皇帝去「君主」、讓當官的去「官主」，人民也仍可以過活。可是如果沒有基本人權，人就變成蟲豸，連牲畜也不如。可以被人隨意迫害凌辱，那就是生不如死。

誰願跪着活？誰願像狗那樣趴在地上撿飯吃？誰願死後不知屍骨拋於何處？如果不願意就必須起來爭取人權。

不管共產黨把人分成多少個階段，人總是人，生下來就應該享有做人的權利。這種權利是天賦的，不是任何統治者恩賜的。生而爲人，理應享有人權。不管你叫它做「資產階級人權」或者是「無產階級人權」。北京當局如果認爲人權宣言裡所包含的內容太多了，不願意給予中國人民那麽多「人權」。那麽，總應該同意讓中國老百姓享有「無產階級人權」吧！

我們不知道在北京當局的心目中，怎樣才算是「無產階級人權」，但退一步來說「中華人民共和國憲法」所賦予人民的權利，總可以說是「無產階級人權」吧！總應該得到充份的保障吧！

一九五七年頒佈的「中華人民共和國憲法」，賦予人民相當廣泛的自由。人民享有言論、通訊、出版、集會、結社、旅行、示威、罷工的自由。享有旅行、遷徙的自由，享有人身不受侵犯的權利。沒有法院批准不受逮捕，住宅不受搜查的權利。即使是一九七五年「四屆人大」由「四人幫」分子張春橋主持修訂的「中華人民共和國憲法」，也訂明：「公民有言論、通訊、出版、集會、結社、旅行、示威、罷工自由，有信仰宗教的自由和不信仰宗教、宣傳無神論的自由。公民的人身自由和住宅不受侵犯。任何公民，非經人民法院決定或者公安機關批准，不受逮捕。」（第二十八條）

儘管「四人幫」時期修訂的憲法很不完整，條文不清，給予人民的權利也不足夠。但中央當局如果能切實保障「憲法」給予人民的權利，中國老百姓就已經感恩不盡，高呼萬歲了。

中共執政三十年，並制定「憲法」和各種法例，但自一九五七年至「四人幫」倒台爲止，一切法律形同虛設。只消毛澤東說一句話就可以把所有法例撕毀。經過林彪，「四人幫」的禍害，北京當局也深切感到迫切需要健全法制。「十一屆三中全會」也成立了以陳雲爲首，鄧穎超、胡耀邦爲副的「中央紀律檢查委員會」。可是，如果健全法制，只保障「黨權」、「官權」，而不保障老百姓最基本的權利，那麽就讓你們這些「法制」見鬼去吧！如果北京當局也有保障憲法所賦予的中國人民最基本的權利，那麽「人民日報」大可不必公然跳出來反對人權。

我們並不贊成向美國總統卡特，和美駐華大使伍德辭克寫信，要求他們注意中國的人權問題。我們不贊成在中、越邊境戰爭期間跑進越南大使館，要求政治庇護。我們更加反對向外國人員出賣國家機密。但我們認爲，絕不能因爲在「人權運動」中出現個別的錯誤事件，便反過來鎮壓「人權運動」。

生而爲人，必須享有人權，幾千年來中國老百姓的確太過順馴了。也可以說是奴性太重了。但經過「四、五」運動血的洗禮，現在已經覺醒了。我們認爲，可以暫時犧牲「民主」，必須誓死爭取人權。馬賽曲說：「不自由，毋寧死！」，換一句話說：「沒有人權，生不如死。」這點，我們認爲中國人民再也不能向統治者做任何讓步。

《東西方》第四期一九七九年四月十日

建立中華聯邦的芻議

自從中美建交之後，北京方面的確作了不少努力，希望打開談判的大門，可是，看來在可見的未來談判仍難舉行。倒不單純是由於台北當局過於頑固，而是和談的條件尙未成熟。統一中國的道路上，仍然存在着太多不易排除的障礙。

關於這個問題，本刊第二期有過討論。簡要地說第一、台灣和大陸的社會狀況相差得太遠了，而且這種差距也不是短期間內所能夠縮短的。

在經濟方面，台灣實行自由的資本主義經濟，政府只投資一些大規模的建設（例如高速公路等），從不干預私人的經濟活動。大陸則實行嚴格的共產國家式的「社會主義」經濟，除農貿市場允許農民零售一些自留地產品外，一切工業、商業以至農業都在國家掌握之中，人民只能爲國家工作，領取一份工資，而且是永遠如此，絕無變化。

在政治方面，雖然台灣也是一黨「專政」，但由於實行資本主義制度，因此它的「專政」並不嚴厲。特別在地方選舉和個人自由這兩方面，台灣跟大陸實有霄壤之別。在台灣地方選舉中，非國民黨提名的候選人，不但享有抨擊政府的自由，而且他們往往能擊敗國民黨人而當選，當選後照樣能夠登台執政。這對中共來說已是不可想像的了。大陸上雖然也有所謂「選舉」

，但人民唯一能夠做的，只是投票贊成由黨委提名的各級「人大代表」候選人，當選的「人大代表」則毫無例外地遵從黨的旨意，從未曾出現那一個代表爲了人民的利益而和黨發生爭辯。至於地方官員，從中央到地方都毫無例外地由上一級黨委和政府任免。

在個人自由方面，台灣報刊的言論雖然也受到一定的箝制，但個人却享有相當充份的自由，而最具體也最切身的，莫過於選擇職業自由、戀愛結婚自由、遷徙自由、生育自由、境內旅行自由（出國旅行現在雖然已開放，但還未夠充分）。可是，在中國大陸連這些最基本的個人自由，也是可望而不可得的，台灣的反攻宣傳說大陸人民「吃飯要糧票，出門要路條」，倒是百分之百眞實。

社會制度的不同可以說是統一的最大障礙，東德和西德、南韓和北韓至今未能統一，也是因爲不能除去這個最大的障礙。至於，生活水準的差距，國家稱號等種種問題，僅屬次要障礙而已。只要最大障礙能順利排除，其他問題都可迎刃而解。

北京當局自己也知道，社會制度不同是統一的最大障礙，而且在可以預見的未來，都沒有解決的辦法。因此打算繞過這個障礙。北京曾多次表示，台北只名義上承認「中華人民共和國」，承認北京爲首都，其餘一切都可以保持原狀，包括可以保持自己的軍隊。

可是這個障礙是否可以輕易繞過去呢？我們認爲是不容易的。首先一個問題是，無法消除台北當局的戒心。中國大陸現時有新疆、寧夏、內蒙古、西藏、廣西五個相當於省一級的自治區。可是，這些自治區能享有多少自治權呢？它們和其他省有什麼分別呢？答案是大同小異。

大陸的自治區無論經濟制度，政治制度都與其他省市沒有分別，其領導人，也是由北京當局直接任免。自治區境內，「人民解放軍」進出自如。西藏「解放」初期還保留自己的地方部隊，可是一九五九年後，這支部隊便被解散了。大陸各自治區的人民也同樣是「吃飯要糧票，出門要路條」。他們比其他省的人民唯一多了點自由的，只是保留少數民族生活習慣的自由而已。

大陸上五個自治區的情況如此，台北當局還願意在自己的頭上戴上「自治區」的帽子嗎？台灣人民願意看到「中華民國」變成「台灣自治區」嗎？答案當然是否定的。台北當局以及台灣人民既然根本就不願意成為中共的「自治區」，那麼北京當局無論怎樣變弄統戰手法，都難於達到目的。因此筆者認為，北京當局如果確實希望和平統一中國，一方面要在內部進行改革，另一方面則要改變統一的方式，讓台灣享有比自治區更多的自由權和獨立性。因此建議，北京當局應該考慮放棄絕對的中央集權制，建立「中華聯邦」。

目前，世界上聯邦政府的形式有很多種，有美國式、英國式、德國式的聯邦，也有馬來西亞式的聯邦。

英聯邦各成員國擁有絕對的獨立自立權，倫敦當局對英聯邦各成員國的任何事情都無權過問。所以說，英聯邦只不過是一個國家與國家之間的「聯誼會」或「互助會」而已。徒有聯邦之名，沒有聯邦之實。

美國雖然不稱聯邦，而是稱為「美利堅合眾國」，但從其政治結構來看，更像是一個聯邦政府。設於華盛頓的中央政府雖然集中大權，但各州仍然有各州獨立的法律，中央政府無權干涉。德意志聯邦政府政治結構與美國大致相同，且不贅述。

筆者認為英式聯邦過於寬，美國式的聯邦過於緊，都不符合中國大陸和台灣的實際情況，比較有參考價值的倒是馬來西亞聯邦。

馬來西亞聯邦一九六三年建立，由當時已獨立的馬來亞聯合邦、新加坡自治邦和尚未獲得獨立的砂勝越、巴沙四個單位組成。

馬來西亞聯邦各組成單位在政治、經濟、人口比例各方面跟當前的中國情形頗為相似。

馬來亞半島（馬來亞聯合邦）擁有八百萬人口，十一個州，是馬來西亞聯邦的主體，也是最大的一個成員國。其情形頗像擁有九億人口，二十九個省市區的中國大陸。

新加坡是馬來西亞聯邦中的第二大成員國，擁有二百多萬人口，在行政上已經完全獨立（一九五九年）其情形很像當前的台灣。（台灣現時擁有一千六百萬人口，在行政上完全獨立。）

砂勝越和巴沙則比較像香港和澳門。人口比較少，直至參加聯邦時仍然是殖民地統治，未能取得獨立。

中國的情形雖然跟馬來西亞聯邦有很多不同。可是單就相同的這一點，就有很多地方值得我們參考了。我們建議，北京當局組織一個委員會，好好研究馬來西亞聯邦的憲法和組織法，找出可供借鏡的地方。草擬出一份「中華聯邦組織章程」出來，供台北當局和港、澳兩地有關人士參考。在這裡，且提出一些粗淺的建議：

（一）取消「中華人民共和國」和「中華民國」，另改一個北京、台北雙方面都能接受，而港、澳同胞也同意的國號，例如「中華聯邦」之類。

（二）「中華聯邦」目前由「中華人民共和國」、「中華民國」（台灣）、香港、澳門四個單位組成。以「中華人民共和國」爲主體，共同的首都在北京。以後如有其他國家或地區要求加入時，經有關方面磋商同意後，也可以加入。但須另訂詳細的組織章程。

（三）最高元首則由「中華人民共和國」和「中華民國」之元首輪流擔任，作爲「中華聯邦」的象徵，不負責實際行政職務。最高元首任期五年，任滿不准連任。

（四）各成員國保持本身的政治制度和經濟制度，聯邦元首無權干涉。

（五）「中華人民共和國」可繼續實行「社會主義」和「無產階級專政」。黨中央、國務院、中央軍委會、人民代表大會可以照舊，各級地方黨委及行政機構也可以照舊不動。

（六）「中華民國」（台灣）之元首，由台灣全體選民選出。作爲台灣（中華民國）之象徵，不掌握實際行政權力。政府總理由獲得下議會大多數議席的政黨提名，由元首任命，政府總理對下議會負責。

台灣仍然可以保持目前所奉行的「三民主義」經濟制度和政治制度，若要改變政治和經濟制度，須經三分之二選民投票同意，方可實行。

（七）香港採取自治國形式，不必設元首，僅設議會、議長和總理。舉行全民投票選舉議員，由獲得大多數議席的政黨組閣，政府總理對議會負責。

香港之社會制度維持現狀，若欲改變社會制度需三分之二選民投票贊成，方可實行。香港之國防和外交，由設於北京之聯邦政府負責。香港則每年向聯邦政府繳交若干防衛費用。香港之內政完全自立，內部治安也由自己負責。北京不必替爲操勞，也不能擅自派遣軍隊進入香港境內。

（八）澳門也實行充分的自治，其政治結構大致跟香港相同，但由於澳門地方太小，人口太少，不必設元首和政府總理，只須設議會議長和首席部長領導內閣。首席部長對澳門議會負責，議會由澳門全體居民普選產生。

（九）「中華聯邦」成員國之居民，在境內享有旅行及遷徙自由，但若前往其他成員國，則須持有護照（或旅行證件）並且必須得到對方政府的批准。

具體地說是，中國大陸上二十九個省、市、區的居民，可以在中國大陸境內自由旅行和居住。但若想離開大陸前往台灣、香港或澳門則須持有由北京發給的護照，並且須得到台灣、香港或澳門當局的批准，方可入境。台灣居民欲往大陸、香港、澳門也須經過同樣的手續，香港、澳門居民離境外遊，也須如此。

（十）「中華聯邦」成員國之間，互相給予對方貿易最惠國待遇，免除關稅，自由貿易，促進共同利益。

筆者沒有攻讀過政治行政系，也沒有攻讀過法律系。對政治和法例條文僅有膚淺的認識。但鑑於和平統一中國存在許多無可克服的困難，故有此構想。雖然，這種構想尚未成熟，相當粗糙。筆者之所以把這種粗糙的想法寫出來，只是希望能起着抛磚引玉的作用，希望對這方面有研究的人士參與討論，爲和平統一中國找出一個可行的辦法來。

寫於一九七九年四月

尊重人權才能重建法制

重建法制，恢復紀律，重新在人民群衆中樹立威信，這是當前最緊急最重要的事情。從各種跡象看來中共領導階層確實作了很大努力。自從「十一屆三中全會」，成立以陳雲爲首的中共中央紀律檢查委員會以來，平反了許多冤獄，爲彭德懷、彭眞、薄一波、田漢、吳晗、鄧拓等正直人士恢復了名譽，並且在短短的幾個月內制訂了「逮捕拘留條例」、「森林法」（試行草案）、「勞動保護檢查員工條例」（試行草案）等法例。可是，問題在於如何去執行？當局如何培養幹部的守法習慣？如何去監督行政機關，尤其是公安機關遵守法例？如何限制幹部濫用權力騷擾平民？

重建法例，重要的不在於制訂法例，而在於怎樣遵守法例？怎樣執行法例。中共奪取政權後何嘗不制訂了各式各樣的法例呢？可是，到底有那一個法例曾經認眞嚴格執行過呢？最明顯莫過於「中華人民共和國憲法」了。

一九五四年第一屆全國人民代表大會制訂了「中華人民共和國憲法草案」。一九五九年「第二屆人大」通過了「中華人民共和國憲法」。可是憲法的墨迹未乾，中共公安機關就以種種藉口拒不執行。憲法賦予公民的權利，就這樣被剝奪了。憲法規定，中華人民共和國公民有遷徙的自由，可是公安機關就不准公民自由遷移戶口，農村戶口即使已經遷出，城市公安機關仍然可以堅決拒絕入戶，其藉口是「國家需要」。於是，城裡的人娶了鄉村姑娘也不能同居，而要勞燕分飛，除非男的願意放棄自已的職業和前途，到農村去「安家落戶」。

遷移戶口不自由，不是個別地區的個別現象，而是全國性的普遍現象。這證明了不是個別幹部執行政策產生偏差，而是中共中央要控制人流動，命令公安機關這樣做。這種事不是發生在「文化大革命」和「四人幫」時期，而是發生在「文革」前，一九五八、一九五九年開始出現，一九六三、六四年變本加厲，幾乎是絕不通融。

遷徙自由，是基本人權中的基本項目。人民在自已的國家裡如果無權自由遷徙，就無異是居住於一座大監獄裡。然而，我們無意在此指責中共政府剝奪人民這種基本權利。而是說，倘若中共中央覺得「遷徙自由」不符合黨的利益、不符合所謂「國家需要」，就應該堂堂皇皇地召開「人大會」或「人大常委會」進行修憲，而不應該由黨中央帶頭撕毀憲法。

「憲法」是國家的基本法，一切法律都必須依據憲法精神進行制訂，不能與憲法相抵觸。如果憲法可以撕毀，那麼一切法例都可以撕毀。

產生特權階層的因素

我們認爲自一九四九年以來，如果中共中央一直堅持守法精神，下級機關自然不敢胡行亂來。「文化大革命」這樣事情就不可能發生。身爲國家元首的劉少奇就不可能不明不白地被罷黜、被投獄、而且含寃而死。本文無意評論劉少奇的功過，只是以此爲例，證明不守法、不建立法制，不僅損害人民的利益，而且損害國家的利益，甚至連國家元首和高級官員也可能蒙受其害。現在身居高位的鄧小平、陳雲兩位副主席就曾經身受其害，葉劍英自身雖可幸免，但其子女、女婿以及孫兒却都受到損害。

中國有一句古語：「王子犯法與庶民同罪」，這是人民渴望法治的反映。可是在封建時代，由於士大夫搞特權，朝庭官吏利用職權，庇護自己的親屬和朋友。以至人民要求法治的願望未能實現。中共歷來提倡「人民當家作主」，提倡「爲人民服務」。「解放」初期，大家都以爲中國應該可以眞正實現法治了。沒想到這個希望也落空了。在「階級鬥爭」的幌子下，中共也來一個官分廿五級，人分十四等。

「地、富、反、壞、右」變成比奴隸不如的可憐蟲，別說犯罪難得到公平的審訊，即使「閉門家中坐」，也會「禍從天上來」。但凡發生了什麽不如意的事，也不問事實證據，先把「黑五類」拉來鬥一頓再說。若說犯罪，「黑五類」犯罪，自然是罪加一等。普通平民（包括「紅五類」）可說是中階層，雖不會受損害，也享不到特權。

黨政幹部在五十年代初，跟普通百姓沒有太大距離，可是自從「反右」運動之後，特別是「大躍進」之後，黨政幹部和普通老百姓的距離愈來愈遠，並逐形成一個特權階層。其原因雖然非常繁雜，但有兩點非常重要。第一、「反右」運動封住了人民的口，幹部即使做了錯事也受不到輿論的譴責，少了顧忌；第二、「大躍進」後，配給的項目多了，政府對人民的管束也多了，政府不遵照法例辦事的例子多了，幹部的權力也就隨之大增，連一個小小的大隊幹部都能以尅扣口糧的辦法懲罰農民，甚至可以不通過任何法律程序，把他們所討厭的人送去勞教，小小的農村幹部尚且如此，高級幹部所享有的特權就不用說了。他們隨時都可以把法令踐踏於脚下，不管要什麽，只要他們的秘書寫一個便條，或者打一個電話就會有人送到。

「文革時期」，「紅衛兵」報刊揭露了許多高幹窮奢極侈的生活，有些雖然言過其實，但大部份都是眞實的。然而，無獨有偶，以江靑爲首的「文革派」揭露「當權派」的陰私，「四人幫」倒台後，又輪到別人來揭他們的陰私。王洪文爲了釣魚，花了三萬多元人民幣；江靑爲了拍一張照片，出動飛機軍隊，花了三十多萬人民幣；張春橋、姚文元也同樣如此。

這說明了一個問題，就是特權階層並沒有改變，改變了的只是特權階層的成員而已。最近這幾個月，「人民日報」、「光明日報」、「解放軍報」及一些獲准出口的地方報刊，都大量揭露黨政幹部利用職權「走後門」，浪費公帑庇護罪犯的違法行動。他們有的利用職權干擾考試，使他們的子女親屬能進入大學讀書；有的利用職權揮霍公家的金錢；有的利用職權庇護犯了法的子女。這類例子俯拾皆是，不勝枚舉，證明了中共的特權階層並不因爲「四人幫」被打倒而瓦解。

保障公民人身自由

「十一屆三中全會」後，中共成立了以陳雲爲首的「紀律檢查委員會」，揭露和檢控了一些違法亂紀的中級幹部。但這還是很不夠的，要淸除一個相當牢固的特權階層，絕不可能因爲檢控三、五、七個中級幹部就可以生效。「文革」就是最好的證明。

我們認爲，要重建民主法制，消滅特權階級，最主要一個先決條件，就是中共中央到底是否眞正有決心？以最近公佈的「逮捕拘留條例」爲例。這個條例，是中共建政以來最詳細最嚴格的「逮捕拘留條例」。問題在於這個條例，生效以後。一九五七年間公佈的「勞動教養條例」有沒有廢止？一九六五年間執行但却未曾公佈的強制勞動法有沒有廢止？新的「逮捕拘留條例」第十五條申明，「本條例公佈之日施行。一九五四年十二月二十日公佈的『中華人民共和國逮捕拘留條例』即行廢止。」可是直到目前爲止，還沒有任何文件提到廢止或修改「勞教條例」和「強勞辦法」。設使「勞教條例」和「強勞辦法」不立刻廢止，那麼新的「逮捕拘留條例」就不具有任何眞實的意義。

「逮捕拘留條例」的立法精神，主要在於限制公安機關人員濫用權力，保障公民的人身自由不受侵犯。一九五四年的「逮捕拘留條例」和現時公佈的新「逮捕拘留條例」基本精神是一樣的，內容也是大同小異。可是一九五四年的「逮捕拘留條例」根本沒有好好執行，這個條例公佈後，由於當局覺得太過束縛公安人員的手脚，不能盡情地鎭壓所謂「社會主義的敵人」。因此，一九五七年便公佈了「勞動教養條例」。用新的條例掩蓋舊的條例，這一來公安機關就無須經過法庭和檢察院的同意和批准，可以隨意捕人，可以入屋搜查（多數以檢查戶口，檢查衞生爲藉口）。而這些被捕的人也可以不必經過法院審訊，只由公安局直接判決，送去勞動教養（不超過三年）。

最初，「勞動教養」性質近似強迫就業，無須犯罪，只要單位主管認爲你表現不好，不堪教育，就可以簽署一紙文件，交由公安機關把你抓去「勞動教養」。「勞動教養」沒有刑期，假期可以請假回家，與家人團聚。可是「反右」運動後，由於大量「右派份子」被送去「勞動教養」，公安局機關一味「專政」，把「勞教農場」管得與「勞改場」幾乎一模一樣。被「勞教」的人，再也不可以請假回家了，他們所受到的待遇和「勞改」犯人一樣，完全失去自由。

一九六一、六二年，中共處理「反右」的遺留問題。於是規定「勞教」不得超過三年（內部執行，沒有公佈）。然而，當中共規定「勞動教養」不得超過三年後，公安機關又感覺受到束縛，於是，一九六四、六五年間又搞出一個「強制勞動」（又名「組織勞動」）的辦法來。「強制勞動」近似五十年代的「勞教制度」，沒有期限，可以在假期回家，可領微薄的工資。而那些被「強制勞動」者，除小偷小摸和一些犯輕微過錯者之外，多數是「勞改」、「勞教」釋放犯。於是就變成一次犯罪便一生犯罪；一次「勞改」就得一生勞改。

「文革」開始，提倡打、搶、抄、砸，一切法令和制度都被「砸」個稀巴爛，這就不必去說它了。

中共五屆人大常委會二月二十五日公佈新的「逮捕拘留法」，但有證據表明直到目前為止，中共當局還無意廢止「勞動教養條例」和「強制勞動辦法」。這點，從北京市革委會最近發出的通知，可以看得很清楚。三月三十一日「北京日報」發表了市委這份「通知」，裡面共有六條「必須」、「不准」和「禁止」，而且還表示，對於「違法規定」、「勸阻無效」、「情節嚴重」的人要「予以收容、組織勞動、進行教育和管理」。凡是在大陸生活過的人都知道，所謂「收容」，就是變相的「拘捕」，「收容所」就是變相的監獄；所謂「組織勞動」就是「強制勞動」。

我們認爲，北京當局如果沒有決心廢止不合理的「勞動教養條例」和「強制勞動」辦法，那麼就等於公開承認，無意立法保障公民的人身自由。那麼，新的「逮捕拘留條例」無論訂得如何詳細嚴格，都沒有多大實際意義。

若要重新民主法制，消滅特權思想，最首要的先決條件，就是要充份保障公民的人身自由，不僅要狠下決心，廢止不合時宜、不科學、不人道的「勞教」和「強勞」制度；不僅要嚴格執行新的「逮捕拘留條例」。而且還要立例，限制黨政幹部隨意揪鬥人民，只有老百姓的人身安全，人身自由受到充份保障的情形下，人民才會敢於說話，才會敢於揭露黨政幹部違法亂紀的行爲，才能形成正確的輿論力量，才能對黨政幹部起着有效的監督作用，只有這樣，才能夠眞正做到賞罰分明，才能夠促進工農業生產，才有實現「四個現代化」的希望。

揭露真相，分清責任

上面我們曾經談到，北京當局尚未廢止「強勞」制度，這反映出卽使在立法一環，中共也仍然未能狠下决心，還捨不得放棄二十多年來一直背着的爛包袱。既想促進嶄新的四個現代化，又捨不得拋棄堆積如山的爛銅爛鐵；既想建設百層高樓，又捨不得拆卸破舊的平房。中共目前所表現出來的，就是既困擾又矛盾，反反覆覆，進退失據。而這一點，在如何對待毛澤東和毛澤東思想的問題上，更是表現得矛盾重重。

我們說，重建法制的關鍵問題不在於立法而是在於立法之後如何去守法。三十年來中共一貫的作風，都是以一個運動去壓倒另一個運動；以一個任務去壓倒另一個任務；以一個法例去撕毀另一個法例；（例如我們上面所舉的「逮捕拘留條例」）可說是翻手爲雲覆手爲雨。人民無所適從，幹部濫施權威，雖有法也等於無法。終於出現毛澤東所提倡的「無法無天」的局面。中共很有必要認眞地、實事求是地對三十年來的違法行動作深入的調查。分淸責任，揭露眞相，並對特權思想作深入的批判，對違法亂紀的行爲作適當的懲罰，而且做到大公無私。卽使犯錯誤是「偉大領袖毛主席」，也一樣要作深刻的批判。

我們無意在這裡評論毛澤東的功過，因爲這不是一篇短文所能容納的。但三十年來毛澤東一直是中共第一號領袖，破壞法制的事他是難辭其咎的，加上他那放縱不羈的性格，公然宣稱「和尚打傘」——「無法無天」。悍然撕毁黨紀國法，發動「文化大革命」，這一切的責任問題，中共當局實在應該好好算一算，總結一下。這絕不是一般腦兒把所有過錯都推給林彪和「四人幫」所能解决的。

重建民主法制，是實現四個現代化的大前題，實事求是，尊重人權，是重建民主法制的首要條件。中共再也不能夠囘避這些問題了。

《東西方》第六期一九七九年六月十日

略談中共五屆人大的組織法及選舉法

「十一屆三中全會」以來，北京局勢的發展雖然略有反覆，但總的趨勢却是令人滿意的，尤其是「五屆人大二次會議」，頗爲振奮人心。本刊部份作者對現階段的中共領導人頗有苛責，例如說選彭眞爲副委員長不符民主選舉原則等。這種表現可說是愛之深（愛中國）責之切。恨鐵不成鋼。

然而，我們認爲，任何事物的發展都需要一個過程，自由民主更非一蹴可就。現時世界上除了西歐、北美那些先進工業國家，人民能夠享有較充份的自由民主權利之外，絕大多數亞、非、拉國家都只有自由民主之名，未具自由民主之實。中國人民經過幾千年封建皇朝的統治，根本不知自由民主爲何物，「辛亥革命」、「五四運動」雖然是民主的覺醒，但也僅只停留在醒覺的階段。隨着國共內戰和抗日戰爭的爆發，民主基本上已被扼殺了。

一九四九年中共接掌大陸政權，自由民主更是被視爲資產階級的騙人把戲。中共另創一套所謂「人民民主」，但是所行的却是「無產階級專政」。特別是一九五七年反右運動之後，左傾路線得勢，「無產階級專政」便逐步發展到毛澤東、林彪、「四人幫」等一小撮政治寡頭專政，把一切黨紀國法都踐踏於脚下，實行無法無天的封建法西斯統治，誰提自由民主便有彌天大罪，足以殺頭槍斃。

應該看到華、鄧的努力

經過林彪、四人幫十年黑暗統治之後，在極左思潮尚未徹底糾正，「四人幫」餘孽尚未徹底清除的今天，豈能夠一下子就實現眞正的自由民主？路要一步一步地走，樓梯要一級一級地上，中國大陸要從林彪、「四人幫」的封建法西斯統治，過渡到眞正的人民民主，需要一段不短的時期，不能從最低點一下子躍到最高峰，要慢慢來。而我們覺得華、鄧在這方面已盡了很大的努力，作爲居住於海外的中國知識份子，我們應該看到和應該欣賞他們所作的努力。

在「五屆人大二次會議」上，中共作出了「關於修正『中華人民共和國憲法』若干規定的決議」，頒佈了「中華人民共和國刑法」、「中華人民共和國人民法院組織法」、「中華人民共和國人民檢察院組織法」、「中華人民共和國全國人民代表大會和地方各級人民代表大會選舉法」、「地方各級人民代表大會和地方各級人民政府組織法」、「地方各級人民代表大會和地方各級人民政府選舉法」、「中華人民共和國中外合資經營企業法」、「中華人民共和國優質產品獎勵修例」等法例。顯而易見，北京當局的確希望重建法制，恢復紀律。

然而，在這許多法例當中，最值得注意的是「地方各級人民代表大會和各級人民政府組織法」（以下簡稱「政府組織法」）和「地方各級人民代表大會和地方各級人民政府選舉法」（以下簡稱「選舉法」）。這兩個法例產生基層人民代表和基層政權，與人民的切身利益關係密切。研究了這兩個法例的條文，我們認爲它們是中共執政以來最富有民主氣息和最進步的法例。其中最突出的，也就是它們和中共以前的「選舉法」、「組織法」最大不同的幾點是：

第一、規定候選人名額應多於應選人名額。

「選舉法」第二十七條曰「全國和地方各級人民代表大會代表候選人的名額，應多於應選代表的名額。由選民直接選舉的代表候選人名額，應多於應選代表名額的二分之一至一倍；由地方各級人民代表大會選舉上一級人民代表大會代表，候選人的名額應多於應選代表名額的五分之一至二分之一」。「政府組織法」第十六條規定「……候選人（筆者按：是選縣、市長和公社管理人員）名額一般應多於應選人名額。如果候選人名額過多，可以進行預選，根據較多數人意見，確定正式候選人名單。」

規定候選人名額必須多於應選人（卽當選人）名額，在自由國家，實在不算是一回事，但對中共來說，已經是一個大進步。過去，中共雖然也有所謂選舉，但要選多少個代表便爲上級黨委提出多少個候選人，人民只好照選如儀，別無選擇。「人民代表」選舉正副縣、市長的時候，應選出多少人便由上級黨委提出多少位候選人，「人民代表」也只能照選如儀，別無選擇。「選舉」也就變成了「演戲」，人民和「人民代表」都變成木偶，而導演和操縱者却是黨委。現在硬性規定候選人名額要比當選人名額多，雖然未必就能夠改變選舉的性質，至少可以讓人民和人民代表有所選擇，設使兩名公社主任候選人或縣長候選人都不理想，都壞。人民還可以選擇那位不那麼壞的，正是「兩害取其輕」。

基層選舉意義重大

第二、在提出候選人名單程序上，中共新的選舉法也進了一大步。「選舉法」第七章第二十六條：「……中國共產黨、各民主黨派，各人民團體，可以聯合或者單獨推薦代表候選人。㉑任何選民或者代表，有三人以上附議，也可以推薦代表候選人。推薦時，應向選舉委員會介紹候選人的情況。」

「第二十八條：由選民直接選舉的人民代表大會代表候選人，由各選區選民和單位提名推薦。選舉委員會滙總各方面推薦的代表候選人名單和各候選人情況，在選舉日前二十天公佈，並由各選區的選民小組反覆討論，民主協商。如果所提候選人名額過多，可以進行預選，根據較多的選民意見，確定正式代表候選人名單，並在選舉前五天公佈。……」

「第三十條：各黨派、團體和選民，都可以用各種形式宣傳代表候選人。但在選舉中須停止對代表候選人的宣傳。」

過去，中共的所有選舉一律採取所謂「聯合提名」（實質是黨委提名），使所有候選人都必然當選。新的「選舉法」雖然並不排除「聯合提名」的辦法，但却允許選民或選民代表提出候選人（須三人附議）。在缺乏民主傳統的中國大陸，在短期內選民還不善於利用或者或不敢於利用「選舉法」所賦予他們的權利。「選舉法」和「組織法」裡的許多有意義的內容，停留於紙上談兵的階段。中共既然制訂出這樣的法例，並再三強調有法必遵，說明經過

「四人幫」的法西斯統治後，北京當局已痛定思過，確實有意容許人民享有多一點民主。允許選民或選民代表（須三人附議）提名候選人這項規定，在專區級以上的「人大會」上不會有什麽實際意思。專區級以上的選舉，相信在一段頗長的時間內，仍然操縱在上一級黨委和領導機關手中。但對於由選民直接選舉代表的基層單位，却是意義重大。

例如，在大隊和公社一級，在車間和工廠一級的選舉中，選舉人大家都是熟悉的知道誰好誰不好。假如發現單位提出的領導人不符理想，選民大可以三幾個人聯合起來，提出自己心目中的候選人，與之競選。經過「文革」和「四、五運動」的鍛鍊，年靑的一代比較有勇氣，敢創新，他們旣然有胆量利用「民主墻」來表達自己的政見，當然有勇氣提出自己的候選人。

過去，中共從來就沒有舉行過基層選舉，公社主任、大隊長、工廠廠長、車間主任都是由上一級領導機關任命的，選民反而要參加縣一級，城市分區一級的選舉，對着由黨委提出的候選人名單，照選如儀，選民對候選人別說瞭解，甚至連他們的影都沒有見過。這種虛僞的選舉制度，現在實在到了必須徹底改變的時候了。

民主難一蹴而就

中國民主不可能一蹴而就，中國大陸的「人民民主」或「社會主義民主」，更不可能一蹴而就，必須一步一步來。我們寄望於北京當局，首先要眞正搞好基礎選舉，把那些不學無術，靠吹牛拍馬上台的基礎幹部淸洗出去，然後進一步搞好農村縣一級，城市分區一級的選舉。

相信有不少人會不同意我們的看法，認爲我們的要求太低了，認爲中共所允許的民主太不足夠了。實際上我們同意這種看法，但我們認爲中共不可能一下子向歐美看齊，不可能一下子實現充份的民主。

民主最基本的意義是在於有所選擇，目前中共提供給選民選擇的，還是很貧乏很不足夠，但這是從無到有的過程，從過去無權選擇到現在的有權作有限度的選擇，這已經是進了一步。我們對華、鄧這個措施，應該欣賞和鼓勵，希望中共給予人們選擇的範圍能夠迅速擴大，我們更希望年青一代中國人，充份利用目前有限的民主，繼續發揮「四、五運動」的精神，敢於洒鮮血，抛頭顱，爲爭取中國實現更廣泛更全面的民主而奮鬥。

「東西方」第八期

九月十日

公審四人幫撲滅左傾翻案風

近日從北京傳出消息說，快要公審「四人幫」了，我們認爲這是一件好事，無論從法律觀點或是從當前政治鬥爭的實際需要來看，都是必要的。

「四人幫」被打倒將近三年，已揭露出來的「四人幫」及其一伙的罪行，千千萬萬。可是，這兩年多來的政治鬥爭還是反反覆覆，極左的思潮還是時起時伏。如果不公開審訊「四人幫」，如果不更深入更徹底地揭發他們及其走狗的罪行；讓其醜惡的面貌暴露於陽光之下，暴露於九億人民的面前，「四人幫」不難借屍還魂；極左思潮不難再度泛濫，以致淹沒整個中國大陸。

「四人幫」應控以叛國罪

我們認爲，對「四人幫」及其合伙人，應該控以叛國罪。一九六六年召開的八屆十一中全會，實際就是一場由林、江主持的政變。一九六七年的所謂「一月革命」實際就是政變的延續和擴大。八屆十一中全會在林彪的槍桿子的挾持下召開，許多中央委員被非法剝奪了出席會議的權利，而且絕大部份出席會議的中委都被剝削了發言權。「八屆十一中全會」只是林、江的合唱，並傳達了他們篡權奪國的訊息。

逼害元老，逼害知識份子

林彪、江青及其同謀者通過政變的非法手段奪取黨和國家領導權之後，便肆無忌憚地對功在黨國的革命元老進行人身逼害，彭德懷、賀龍、陶鑄、劉少奇、鄧拓都被林、江逮捕投獄，並逼害至死。林、江一伙實際就是殺人犯，他們謀殺了許多革命元老和革命青年。

「天安門事件」是最好的證明，據已故巴基斯坦總理布圖傳出的消息。天安門事件的死傷人數不是八名而是八萬。天安門前的鮮血出動噴水車來洗幾天，都無法洗得乾淨。而現在據揭露出來的無數事實充份證明天安門事件是「四人幫」挑起的，這是一場預先做好安排的謀殺，「四人幫」份子，應控以謀殺罪。

破壞生產，破壞教育

林彪和「四人幫」奪權之時，煽動武鬥，死人無數，奪取權力之後破壞教育，破壞生產，使中國的教育事業、科技研究和工農業生產都倒退四份之一世紀。而且，至今之餘毒未除，我們如果對「四人幫」的罪惡認識不深，不繼續揭露他們的罪行；不把「四人幫」的追隨者和同盟者從組織上清除出來；不展開廣泛的批判極左思潮的運動，「四人幫」就會借屍還魂，中國人民就要吃二遍苦受二茬罪。而現在，「四人幫」份子，教條主義者已經進行反撲了，我們對「四人幫」及極左思潮的危害性，實在應該有更深刻的認識。

打倒「四人幫」之後，還有人不惜出盡陰謀鬼計，要定鄧小平的罪，要定「四、五運動」的罪。要把鄧小平和「天安門事件」的英雄們打下十八層地獄，永世不得翻身；鄧小平復出之後，中共中央還出現提倡「凡是論」（「凡是毛主席作出的決策，我們都要堅決擁護，凡是毛主席的指示，我們都要始終不渝地遵循」）的「凡是派」，經過「十一屆三中全會」之後，還會出現極左派的反撲現象。由此可見，極左的教條主義的思潮在中國大陸還是大有市場。

「四人幫」復辟的危險未過去

「四人幫」殘餘份子不僅繼續活動，而且還要翻案，九月五日，「人民日報」報導了內蒙最近刮起的「左派翻案風」。報導說：「近一年來內蒙古揭、批、查運動，基本上查淸了同『四人幫』篡黨奪權陰謀有牽連的人和事，目前已普遍進入定案、處理階段。就在這個時候，出現了一股翻案風。攪翻案活動的，有出賣靈魂，參予製造大量寃、假、錯案的所謂『老幹部』；有『造反派』的壞頭頭；有打、砸、搶、抓、抄五毒俱全的『種子選手』；有一貫誣陷、逼害、打擊老幹部的尖子人物；有挑動武鬥的，製造流血事件，使國家和人民生命財產蒙受巨大損失的首要份子；有一貫以打人爲能事，殘害幹部和群衆的兇手。」

最近出現的左傾翻案風，不是一省一市的事，而是全國各地都有。爲什麼在打倒「四人幫」將近三年後的今天，還會出現種種反覆現象呢？我們認爲，主要是因爲中共當局顧忌太多，處處要顧及毛澤東的顏面。對「四人幫」及其追隨者的罪行揭露得不夠徹底；對左傾思潮便興風作浪。中共中央提出「四個堅持」他們以爲時機已夠，不服處分。這一來，便到處刮起左傾翻案風，幫味十分的文藝批評也出現了，散佈鄧小平失勢的謠言也到處流傳。毫無疑問，這是極左派進行反攻，攻擊三中全會。我們對此假如不提高警惕，就會變天，就會千萬顆人頭落地。所以說，通過公審「四人幫」，繼續揭露「四人幫」的罪行，繼續批判錯誤的極左思潮，把「四人幫」殘餘份子從各級組織徹底地清除出去，是當前最重要最迫切的任務，北京當局對此再不應該猶豫了。

「東西方」第九期

一九七九年九月十日

從魏京生事件看中共法制

魏京生被判處十五年徒刑的消息傳來，心情覺得特別沉重，不是爲魏京生個人的際遇，而是爲中國的「民主法治」爲千千萬萬中國青年而悲哀。

北京當局可能以爲重罰魏京生，可以達到殺雞儆猴的目的，有利於「安定團結」。可以使訴寃、請願的活動減少，可以使投身於民主運動的青年退縮。可是，事實告訴我們，這次判決並未能達到預期的目的。魏京生案宣判後，「四、五論壇」的年青人馬上在西單民主牆貼出大字報，跟法庭唱對台戲。民權份子還在北京公園舉行集會，支持魏京生。經過十年「四人幫」封建法西斯的統治，經過「四、五運動」的鍛鍊，中國的青年已經充份覺醒、充份認識，只有民主、自由才能救中國，只有民主自由才能使中國實現四個現代化，他們必將前仆後繼地爭取，民主的潮流已是不可阻擋，想藉魏京生事件以達到阻嚇目的，官僚們必然大失所望。

魏京生案必然產生的一項副作用就是不利於對外統戰，執筆寫此文時，香港左派報章正發表「不要揷柒少一人」的社論，呼籲台北當局與北京通商通郵通航。可是，魏京生只是言論過於激烈就獲此重罰，那麽，蔣經國應該判以什麽罪？那麽海外敢言的知識份子應判以什麽罪？「東西方」同人應判什麽罪？中共當局如此處理魏京生案，只能使台灣和海外的有識之士感到失望和心寒。

最笨拙的表演

北京市中級法院這次公審魏京生，原本是向全世界表示中國已實現法治，已具備「司法公正」，可是結果却變成選擇了一個最不適當的時刻，作了一齣最笨拙的表演。

第一、所謂公審實際並不公開，外國記者不得其門而入，「探索」雜誌的同仁和民主運動的活躍份子，也不得其門而入。據大字報揭露和外國駐北京記者的報導，持有旁聽證進入法院旁聽的，四分之三是對魏京生其人其事一無所知的小學生；其餘四分之一便是中共各報刊的記者和司法部門的人員。其次，審訊過程和魏京生的答辯沒有公開發表。這樣的「公開審訊」只徒具其名，與「四人幫」時期的秘密審訊，在本質並無多大分別。

第二、北京市中級法院選擇了華國鋒正在訪問西歐各國的時候進行審訊，既暴露了中共「民主法治」的兒戲，也為華國鋒外交活動增添麻煩。

第三、魏京生被扣留已經多月，這麼多個月來都不進行公開審訊，却在「中華人民共和國刑法」業已頒佈，只差兩個餘月就生效的時候，進行公審，並引用一九五一年動亂時期（對外進行韓戰，對內進行「土改」）所頒佈的「懲治反革命條例」來重判魏京生十五年徒刑，難免使人覺得中共這樣做是蓄意打擊報復。

研究魏京生案件，可以從判罪是否適當，證據是否充足，罪名能否成立這兩方面進行討論。

一九七九年七月一日在「五屆人大二次會議」上通過的「中華人民共和國刑法」（以下簡稱刑法）第四節第四十條「有期徒刑的期限，爲六個月以上十五年以下。」也就是說，魏京生被判以除死刑和無期徒刑外最重的刑罰。那麼，即使中共指控魏京生的罪名成立，他是否應該受到這樣的「懲治」呢？

「刑法」第九十一條「勾結外國，陰謀危害祖國的主權、領土完整和安全的，處以無期徒刑或者十年以上有期徒刑。」第九十二條「陰謀顚覆政府，分裂國家的，處無期徒刑或十年以上有期徒刑。」第九十七條「進行下列間諜或者資敵行爲之一的，處十年以上有期徒刑或者無期徒刑，情節較輕的，處以三年以上十年以下有期徒刑：①爲敵人竊取、刺探、提供情報的；②供給敵人武器軍火或者其他軍用物質的；參加特務、間諜組織或者接受敵人派遣任務的。」

從上述「刑法」條文看，即使中共指控魏京生的全部內容都站得住脚，他最多也是爲「敵人」「提供情報」。魏京生與之接觸的只是一個外國人，並非勾結外國政府，不能算是「勾結外國」，更沒有「危害祖國主權、領土完整」，而他所提供的所謂「情報」，也不是蓄意去刺探得來的，只是一些口頭上的傳聞。當然不能說是情節嚴重。因此，根據「刑法」最多也只能判三年以上十年以下有期徒刑。何況前綫的總指揮或副總指揮的名字不但不算什麽秘密，而且應該向人民公開。「抗美援朝」時三歲小孩子也知道，志願軍司令員是彭德懷、副司令員是鄧華，莫非把彭德懷、鄧華的名字說出來也是有罪？

「刑法」本來就快生效，可是北京市中級法院却急不及待地引用臭名昭彰的「懲治反革命條例」來對付魏京生，皆因爲這個條例刑罰奇重，罪名最易成立。同樣是「供給情報」，在「刑法」是三至十年有期徒刑；在「懲治反革命條例」中却是死罪，該條例第六條「爲國外敵人窃取，刺探國家機密，或供給情報就構成反革命罪，處死刑或無期徒刑，其情節較輕者處五年以上有期徒刑。」若魏京生被控的罪名成立，而又根據「懲治反革命條例」來判的話，判十五年有期徒刑只是中間落墨，不算太重，若根據「刑法」則是重得出奇。

出賣情報的罪名可否成立

首先讓我們看看第一項控罪，即向外國人出賣軍事情報，洩露中共參加「自衞反擊戰」部隊的番號，人數指揮員姓名、傷亡人數。根據中共官方的報導，「魏京生將寫有軍事情報的一張紙條交給這個外國人，並說：『你自己拿筆記一下，看完了還給我銷毀』某外國人要魏京生口述我軍參戰部隊的情況，魏隨即告訴他：『總指揮是×××，副總指揮是×××，參謀總長是×××。』『兵力呀，不止，不止，是增兵××萬。』『中國方面傷亡×千至×千人。』」

當這個外國人問「你還有什麽需要幫忙」的時候，魏京生說：「主要是缺錢。」法庭宣讀了上述證言後，審判長問魏京生：「這是你和某外國人的談話嗎？」魏京生答：「是，曾經有過這樣的談話。」

審判長宣佈：「經過查證，被告人魏京生向某外國人供給軍事情報的事實，證據確鑿。

」報導還說，魏京生表示「那我承認罪責。」

可是十月廿一日美聯社從北京發出的電訊說，「四五論壇」的大字報說，魏京生根本沒有認罪，他表示他從未曾把官方的軍事情報給外國人。魏京生只是承認他曾跟英國、法國記者以及外國官員討論過中越戰爭問題。雖然如此，他說，他不可能獲取機密情報。魏說：「我沒有辦法獲悉所謂情報。」

他表明：「我不知道我對外國人說的是否屬於國家機密。我的消息來源只是口頭傳聞，我沒有看過任何官方文件。」

從實際情形出發，我們認爲魏京生的自辯更爲可信。

第一、魏京生被捕前只是北京動物園一名普通的電器工人，雖說他一九七三年參過軍，但也已退伍多年，以他的身份，不可能知道什麼軍事秘密，除非他參加特務組織，受過特務訓練，主動去刺探軍情。可是魏京生並非如此。由此可以反證，魏京生給外國人提供的，不會是什麼軍事機密。與外國記者「討論中越戰爭」容或有之，說他「勾結外國，陰謀危害祖國主權、領土完整和安全。」那便是「四人幫」式的無限上綱，是明眼張胆的政治逼害。

對什麼是「國家機密」，儘管自由國家和共產國家看法有很大的不同，但一個普通工人所能聽到的口頭傳達，也就是說，數以億計的普通工人都知道的事情，還能叫是「軍事秘密」嗎？魏京生是在所謂「洩密」的第卅七天之後，公開批評鄧小平第四天之後被捕。若果眞「洩密」，這卅七天還可以洩出更多機密嘛！北京市的公安人員爲什麼讓他有個多月逍遙？豈不是顯示辦事效率太低了嗎？

魏京生洩露軍事秘密的罪名如果成立，那麼接受魏京生情報的外國人便是間諜，應該馬上逮捕歸案。應該與魏京生同案受審，可是現在這個「外國人」到那裡去了？他還在中國或是已畏罪潛逃？法官應該向人民交代。如果這個接受情報的「外國人」已逃出國外，無法逮捕歸案，中共外交部也應該向「外國人」的祖國提出強烈的抗議。可是，中共的法庭和外交部都沒有這樣做。由此可見，中共當局提不出有力的證據指控「外國人」從事「間諜」活動。也就是說，那個接受魏京生的所謂「軍事情報」的外國人，只不過是進行正常的新聞採訪，或者是普通的交換意見式的討論。接受情報的外國「間諜」既然無罪，提供情報的人却被重罰，這到底是那一門子邏輯？那一門子法律？

魏京生是否陰謀顛覆政府？

魏京生被控的第二項罪名是「背叛祖國，煽動人們推翻我們無產階級專政的政權和社會主義制度」，這項罪名接近「刑法」第九十二條「陰謀顛覆政府，分裂國家」罪。控方提出的證據只是魏京生在西單民主牆上，在他主編出版的「探索」雜誌上發表的文章，說他的文章「誣衊馬列主義、毛澤東思想是『比江湖騙子的膏藥更高明一些的膏藥』，誣衊我國無產階級專政的國家制度『是披着社會主義外衣的封建君主制』，誹謗黨和國家領導人是『野心家和野心家集團』，煽動人們要『把怒火集中在製造人民悲哀境遇的罪惡制度上』，煽動『把權力從這些老爺手裡奪過來』」（見一九七九年十月十七日香港大公報）。

根據中共上述指控，實在無法構成「背叛祖國」或「陰謀顚覆政府，分裂國家」的罪名。因爲這些都只是言論，是公開發表於大字報或雜誌上的言論。若按照一九七八年三月五日第五屆人大第一次全體會議通過的「中華人民共和國憲法」第四十五條的精神來看，言論應該無罪。因爲憲法第四十五條規定：「公民有言論、通訊、出版、集會、結社、遊行、示威、罷工的自由，有運用『大鳴、大放、大辯論、大字報』的權利。」何況魏京生對中國大陸某些現象某些問題的指責，跟中共官方指責「四人幫」的腔調只是大同小異而已。華、鄧與林、四所不同的只是派，不是黨，只是一派正在當權，另一派已經垮台。

當然華、鄧和林、四的政治策略和對待人民尤其是知識份子的態度上，有很多不同之處；林、四禍國殃民長達十年，而華、鄧上台已爲人民做了一些好事。然而即使如此，即使魏京生對華、鄧的指責不正確，與事實不相符，也不能構成「陰謀顚覆政府，分裂國家」或者「背叛國家」的罪名。最多也只是犯了誹謗罪。如果眞正實事求是，不是對不同政見者蓄意進行打擊報復，中共當局大可以以誹謗罪或造謠罪煽動罪起訴魏京生。

法例粗糙無法入之以罪

魏京生的言論毫無疑問是有點過火，文章中有頗多含有煽動性質的語句。這不僅在共產國家不允許，在亞洲許多自由國家中也是不允許的，即使在素有民主窗橱之稱的香港，報紙雜誌假如發表帶有煽動性的文章，煽動群衆鬧事，煽動推翻政府，報刊的督印人和總編輯也是要被起訴受罰。自由國家言論自由最基本的一個原則，就是你可以公開批評政府的政策措施，但不容許發表煽動性的演說或文章，號召群衆起來造反，推翻政府。除非你是在競選期發表競選演說，或者在國會對政府提出不信任提案時發表演說。

有的人評論「魏京生事件」時說，「魏京生的言行，在西方國家或者港澳，並不構成罪行」。我們的看法却是未必，不信請試試看。

我們認爲魏京生過於激烈的言論已構成犯罪，但他們所犯的絕對不是「背叛祖國」、「陰謀顚覆政府、分裂國家」這樣的重罪，他最多只是犯了誹謗罪、煽動罪；或者再加上一條「違反出版條例」，可是由於中共制定法例極爲粗糙，直到目前爲止還沒有出版條例，還不能對一些人控以誹謗罪或煽動罪。是以，姚文元式的刀筆吏可以橫行，殺人於無血之中，是以蔣愛珍只好一直忍受別人對她的誹謗和汚衊，忍不過來，有寃無路訴，只好演出殺人的悲劇。審判魏京生更顯出中共刑法的粗糙和不完備，亡羊補牢，是其時矣。

我們認爲魏京生雖然犯有誹謗以及煽動罪，但中共的「刑法」無可入之以罪。中共司法機構如果聰明的話，乾脆控告他不履行公民的義務好了。一九七八年通過的「中華人民共和國憲法」第五十六條規定「公民必須擁護中國共產黨的領導，擁護社會主義制度，維護祖國的統一和民族的團結，遵守憲法和法律。」

然而說到這一條憲法條文，說不定却是「四人幫」神來之筆。因爲一九五四年頒佈的「中華人民共和國憲法」並沒這項條文，而是在「四人幫」氣焰高漲的一九七五年所頒佈的「四屆人大憲法」上首次出現。「五屆人大憲法」便照抄可也！

在「憲法」中規定，公民必須擁護某一政黨，對生活於自由世界的人來說，確是匪夷所思。這樣一來，當然不允許反對黨或反對派的存在，人民有的只是擁護執政黨的義務，而無反對的權利。執政黨即使做出不利於人民的事，人民也只好默默忍受，這還算什麼民主和自由？曾記得，林彪、四人幫都是中共中央的領導人，他們一切罪惡活動都是假中國共產黨的名義行之，如果堅決遵守這條憲法，人民就不應該反對「四人幫」，「四、五」運動的英雄們和華、鄧、葉、李等中共領袖就是「違憲」。所以我們認爲，中共五屆人大仍然允許這樣的條文，存在於「憲法」之中，說明了中共立法者觀念的落後。儘管如此，但既然已通過立法，便是法律，人民就得遵守，而魏京生的一切言行，都證明他不「擁護中國共產黨的領導」、不「擁護社會主義制度」，如果以此入罪，倒是證據確鑿，可是北京中級法院捨此圖彼，更顯得低能。

「憲法」第五十六條跟第四十五條「公民有言論、通信、出版、集會、結社、遊行、示威、罷工的自由，有運用『大鳴、大放、大辯論、大字報』的權利」，基本上是矛盾的，中共即使不捨得放棄第五十六條，至低限度也應該制訂出一些具體法例，對四十五條所規定的「自由」和「權利」，有所說明，所有約制。現時，中共的法例既然不完備，一般青年很容易理解錯誤，過份地發揮這些自由。這也就是近來遊行示威，上訪請願事件增多的原因，所幸的是中共當局尚能克制，不對遊行示威和上訪請願的人士進行鎮壓。

立刻採取措施防止地方效尤

魏京生事件絕不是一件孤立的事件，也絕不是唯一的事件，因爲全國廿九個省市，二千多個縣都在瞪着北京。現在北京既然已經作出示範，以如此薄弱的證據，判處魏京生以這樣重的徒刑，緊接着會發生的事情也就可想而知了。可以預言，中國各地即將出現千千萬萬個魏京生；即將會有千千萬萬個中國青年遭受到官僚主義者和「四人幫」殘餘份子的打擊報復，殘酷逼害；即將會有千千萬萬個無辜者被戴上「反革命」的帽子判以徒刑。

據本刊調查所得，七月間發生於海南島的「屯昌事件」，事實眞象跟中國新華社以及香港大公報廣州專訊所作的報導是截然相反的。在「四人幫」被粉碎三年之後，在「天安門事件」被顚倒的歷史得到再顚倒回來的時候，中共的地方司法機構仍然在製造寃案；中共的喉舌仍然把上訴伸寃，官逼民反，說成是「反革命」的打、砸、搶。這便是官官相護的惡習未除，正直的人民仍然被汚蔑被逼害的證例之一。發生於新疆的「蔣愛珍事件」便是證例之二。

自從今年三月中共宣佈「公安六條」之後，那些蛻變了的官僚和特權份子早已蠢蠢欲動了，他們那慣於揮舞大棒的雙手早已癢得難以忍受了，現在北京既然已經做出榜樣，他們焉能不「大幹一通」！近一年來，中國各地到處都有類似西單民主牆的大字報陣地；到處都有上訪訴寃的人群；在「魏京生事件」之後，中共中央對打擊報復群衆的事件如果不加以注意，對地方司法部門如果不加以嚴格的約束，那麼，「魏京生事件」不難演變成「胡風事件」

和「反右運動」，漫無止境地擴大。中國人民又將面臨着一次酷刼，我們認爲，北京當局不僅應該關心世界各國對「魏京生事件」的反應，尤其是要注意國內人民和司法機關對「魏京生事件」的反應，立刻採取措施，防患於未然。

「東西方」第十一期
一九七九年十一月十日

從「杭州兩熊」案看中共新興的特權階級

「東西方」第十二期
一九七九年十二月十日

今年十月三十日和十一月七日，杭州市中級法院嚴肅處理了一樁嚴重而罕見的刑事案件，把強姦輪姦百餘名婦女的主犯熊紫平和熊北平判以「死刑」和「死緩」；十一月十四日浙江省高級法院又駁回「兩熊」的上訴，維持原判。熊紫平已被處決，熊北平正在服刑。眞是人心大快。

根據中共的揭露，「兩熊」罪行的確嚴重，行爲的確惡劣。熊紫平一九七一年身爲「人民解放軍」戰士，竟然強姦婦女。紫平、北平退伍後，據中共揭露：「他們除自己個別作案外，從一九七四年五月至一九七八年八月，糾集馬少華、錢永敏、王斌、田杭生、張勇、叢衆、余新強、張紀平等犯罪份子，強姦、輪姦、姦污、猥褻女青年一百零六人。受害者有女知識青年、青年女工、女學生等。這夥罪犯還犯有私設公堂、敲詐勒索、欺壓群衆等罪行。

熊北平、熊紫平依仗父親擔任過領導職務的權勢，利用獨院住宅，以極其兇殘惡劣的手段，與同夥進行各種犯罪活動。他們經常三三兩兩地出沒在杭州淸波公園、南山路等地，劫持、勾引婦女到熊家，持刀威逼，強姦、輪姦。熊北平、熊紫平還經常以『談戀愛』、『介紹工作』、『看電視』、『舉辦音樂會』爲誘餌，達到其強姦、侮辱婦女的罪惡目的。

對於熊北平、熊紫平一夥的罪惡行徑，群衆早就義憤塡膺，罵這夥無恥之徒是當今的「花花太歲」很多出身於革命幹部家庭的青年把他們斥之爲幹部子弟的敗類。人們說：「淸波橋頭兩隻熊，比『王老虎搶親』裡的王老虎還要兇！」

杭州「兩熊」案件，不僅僅是一件刑事案那麼簡單，而是一件發人深省的大事。熊紫平、北平兩兄弟今年只有二十七歲，一九七一年開始犯罪時只有十八歲，他們何來這樣大的胆子？是不是僅是受到「林彪、四人幫」毒害那麼簡單？他們一九七一年開始犯罪，爲什麼直至一九七八年八月才逮捕歸案？杭州市公安局是不知道還是不敢處理？受害的上百名婦女有沒有報案？如果不報案，那是害怕報復還是覺得報了也沒有用？

熊紫平、北平的父親就是前二十軍軍長前浙江軍區司令員兼浙江省革委副主任熊應堂。在林彪和「四人幫」時期他是一個響噹噹的大人物。現在則已變成落水狗。

彭眞曾說：「在法律面前人人平等。」我們老百姓却想知道，假如熊應堂現時仍然在位當權，熊紫平、北平的罪行會不會揭露？即使揭露了，處分會不會如此嚴厲？

高幹子弟犯罪不是個別現象

熊紫平、北平的案件已經結束了，但這是個別例子嗎？我們說，不是！中共幹部弟子，尤其是高幹子弟帶頭作奸犯科的歷史由來已久，遠在文革之前就時有所聞，只是從未見報。他們被保護下來，或被包庇起來。那時候，高幹子弟也是仗勢欺人、姦淫婦女（當然是年青貌美的女學生和女青年工人等），間或有扒竊、毆鬥之事。文革開始後，這批官家子弟更是不可一世，以「當然左派」自居，他們穿起軍裝、戴上軍帽、腰佩寬皮帶，大搞高貴血統論，欺辱同學和老師。在北京，以這類高幹子弟爲核心，搞起了臭名昭彰的「聯動」，隨後又搞「五、一六兵團」，流毒全國，各省市高幹子弟紛紛效尤，成了文革中極左勢力的急先鋒，以後進一步成爲打、砸、搶、抄、抓、姦的頭頭或骨幹份子，大中小學無一例外。據中共報章透露，目前在大陸各地尋釁肇事的，其爲首人物正是這樣一批惡棍。他們目空一切，稱王稱霸，橫行無忌，是典型的流氓阿飛和無政府主義者。

十一月十日美聯社從北京發出電訊說：「北京市內最生動的夜景——一家簡陋的咖啡室，數以百計的中國青年（其中許多是高幹子女）吸着昂貴的香煙、喝啤酒及香檳，發洩精力。

一個燙髮、略塗唇膏的中國少女豪放地吸着香煙，欣賞一個孤獨的非洲學生的讚美。

一個卅五歲唸哲學的學生熱切地向西方人詢問關於黑格爾、康德以及影片『仙樂飄飄處處聞』及『魂斷藍橋』的問題。

一個廿四歲的學生一杯連一杯，不斷喝混和香檳的啤酒，並且誇他的父親有求必應，無論他要什麽，父親都買給他。他不惜任何代價要記者把錄音機讓給他。

這家燈火輝煌的咖啡室是中國人與外國人的會面場所，位於市立中心和平賓館附近，今年一月一日開業。

這座嘈吵的咖啡室充滿大中學生、工人、專業人員、失業者以及由農村回來、外表惹人煩厭的學生。

一個工人說，這家小咖啡室生意好的一天，可做生意約人民幣三千元（約合一千二百五十美元），可賣出約一千杯啤酒及五百杯香檳。

一個不想透露身份的青年說：「我的父母給錢我來這裏花。」其他許多人都這樣說，女侍應生把問題提交領班，領班把問題提交經理，經理又把問題提交外交部新聞司。

少數少女（大部份爲學生）帶着中國男友及女友到來。大都穿上漂亮的褲子、上衣、繡花運動衣、佩飾針甚至人造珍珠。

一個高幹兒子（廿四歲）主動向外國人搭訕。他最初的話是：「你有錄音機及相機嗎？你要多少錢才出讓？」

他說，有些外國人在咖啡室內向中國人出售這些東西。他不害羞地說：「我的父親會出錢購買。」

他繼續喝下啤酒香檳，說他的父親在文革前曾被軟禁。他和他的兩個兄弟被派往上海，多年來，他在農村中漂泊、工作。

他的父親像其他許多人一樣，已恢復任高職，企圖以金錢及錄音機使他的子女過稍爲輕鬆寫意的生活。

美聯社是在造謠嗎？不是！連中共報刊也承認這是事實。這些高幹子弟比資產階級的公子哥兒更加腐化墮落，雖未犯罪，但已墮落到犯罪邊緣。

包庇犯罪子女極為普遍

十一月上旬上海「解放日報」揭露了「解放軍」某部一位團政委如何包庇他犯罪兒子的

經過：今年四月初，以搶刧犯王榮泰等爲首的一伙流氓犯罪份子，手持凶器，在盧區思南路、南昌路、皋蘭路一帶連續攔路搶刧二十多次，搶得過路群衆的手錶、現款等物品，嚴重侵犯公民的人身安全，危害社會治安。在這伙犯罪份子中，有個青年學生叫李永生，他事先與王榮泰等人一起策劃犯罪，以後又身帶利刀，向別人提供火槍、角鐵等凶器，先後七次參加攔路搶刧的犯罪活動。盧灣公安分局在破獲上述案件後，根據李永生的犯罪事實，報請上級機關批准，決定給予收容管教二年的處分。

李永生被拘留後，他的父親——解放軍某部團政委、團黨委書記於第二天上午就急匆匆趕到盧灣公安分局，聲稱他在部隊是做政治工作的，要求當面同兒子談話。盧灣分局預審科考慮到他是一個部隊黨的政治幹部，爲了共同加強對他兒子的教育，便同意讓他同兒子見面，但同時向他指出：根據規定，他只能對兒子進行正面教育，不可詢問案情。可是，這個團政委却無視公安機關的規定，多次向兒子問及案情，辦案人員多次勸阻無效，於是，終止了他們的談話。

隔了幾天，這個政委不經上級領導機關同意，擅自派了該部政治處主任和另一個幹部，拿了組織介紹信到盧灣分局「瞭解情況」，並提出：李××是團政委，其子被關起來，今後不好做工作，要求公安機關釋放李永生。辦案人員當即告訴他們對李永生的處理必須依法辦事，決不能因爲他是幹部子弟，就可以「特殊照顧」。隔了半個多月，部隊政治處那兩個人又來到盧灣公安分局，要瞭解對李永生的處理情況。辦案人員明確告訴他們，經領導機關批准，對李永生已決定收容管教二年，這兩個人竟干預司法工作，說什麼：對李永生的處理我們團黨委研究過了，關幾天教育可以了，送管教處理太重了。以後雖經辦案人員一再說明給李永生以收容管教二年處分的理由，但這兩個人糾纏不放，一再要求公安機關作「重新處理」。這種無理干預司法工作的要求，受到公安分局拒絕。當天下午，李永生的父親又迅即偕同其妻又趕到盧灣公安分局，公然對李永生的處理提出所謂「抗議」，並在以後的一段時間內連續給盧灣分局黨組、市公安局、中共盧灣區委和市、區人民檢查院等單位寫信，控告盧灣公安分局對其兒子李永生的處理「不符合事實」、「違反政策」，要求重新審查、重新處理。

雖然上海盧灣區的司法部門最後都沒有向這位團政委的壓力屈服，可是假如這個團政委換成師政委、軍政委或軍區政委情況將會怎樣呢？盧灣區公安局是否能頂住這股壓力呢？

李永生所犯的罪行沒有「杭州兩熊」那麼嚴重，但他的父親，「人民解放軍」某團政委的表現，却比熊應堂更要惡劣。他不但包庇坦護犯罪的兒子，而且干擾司法機關工作，妨碍司法公正。一個小小的團政委尚且胆敢對司法機關的工作人員呼呼喝喝，假如他是軍區司令員那還了得？這位團政委不但自己鬧，他的下屬某團政治處主任也盲目執行錯誤的非法的命令，拿着介紹信到公安局去鬧。由此可見，高幹、中幹之子有「治外法權」已成習慣，而干擾司法機關工作也習以爲常。否則李永生的父親豈會如此鬧法？

高幹子弟兩極化

綜合上述三個事例，說明中共幹部子女腐化墮落，甚至作姦犯科已不是個別的現象，而是一個相當嚴重的社會問題；而是中共如何防止下一代繼續爛下去的大問題；而是如何端正法紀，如何鏟除封建毒素的大問題。

中共取得政權已經三十年，這三十年來對他們的子女都在專心栽培，特別照顧。軍事幹部子弟有「八一中學」，黨政幹部子女有「育才小學」；小學到中學他們都能進入一些特別爲他們開辦的，師資和設備特別好的學校；至於大學，雖然沒有一間專門爲高幹子弟辦的大學，但高幹子女多能順利進入「北大」、「淸華」這類第一流的大學。中共一向都極重視培養他們的第二代，「接班人」問題早在五十年代已經高唱入雲。可是事實證明中共這個希望已經落空了。當局的「特別栽培」非但不能培養出好的子女，好的「接班人」，反而促使幹部子弟兩極分化。

第一類是變成騎在人民頭上爲非作歹的太歲。他們只顧自己吃喝玩樂，不管什麼「社會主義」；只顧自己的官能享受，不管別人的死活；只顧自己的物質享受，不管什麼「四個現代化」。這些人實際上已經變成壓迫人民，奴役人民的新貴族。他們比「水滸」裡的高衙內，「紅樓夢」裡的薛蟠更要壞。可以說是爛掉了的一代。

第二類跟第一類恰好相反，他們雖然生活在特權之中，雖然受到特殊照顧，但他們不願意自己變成人民的壓迫者。當「文革」的狂熱消退之後，他們進行自我反省，既反省了自身的問題，也探索了社會上的問題。經過這一場的深刻反省。他們便變成中共的反叛者，像周恩來、毛澤東、鄧小平當年反叛他們所出身的階級一樣，反叛現存制度下的新特權階級。他們要進一步進行探索，尋找解決中國社會問題的新辦法。魏京生就是這一類人的典型。

特權是高幹子弟的墮落根源

中共高幹子弟爲什麼會出現兩極分化的現象呢？爲什麼會出現熊紫平、熊北平、魏京生這兩種截然不同的典型呢？我們認爲，其根源在於幹部的特權。

根據馬克思主義原理，共產黨統治的社會，該是一個沒有特權的社會，或者特權比較沒有那麼嚴重的社會，事實不然，從蘇聯到中國大陸、從歐洲到亞洲的共產黨政權，都先後出現嚴重脫離人民的特權現象。

一九五七年之前，一般人還敢於說話，人民對政府多少都有些許監督權。可是，毛澤東「反右」的陽謀怪招一經使出，中國人民便被打倒在地，再也翻不得身。一九五八年，中央有人頭腦發熱，大搞「人民公社」，大颳「共產風」，亂吃大鍋飯，大搞原始共產主義烏托邦；大搞違反科學，違反生產規律，違反經濟原則的大煉鋼鐵和「萬斤畝」；大搞勞民傷財，禍害無窮的大躍進。這個時期，從中央到地方都在閉着眼睛瞎指揮。彭德懷看不過眼，說幾句公道話，勸一勸毛澤東，一九五九年廬山會議上便被打成「右傾機會主義」，死後方得昭雪。

經過五七年的「反右」到五九年的「反右傾」，中共幹部的權勢大增，五九年下半年出現「大饑餓」，物質供應嚴重缺乏，從糧食、副食、煙酒到工業品，日常生活用品一律要定額配給。而配給不是實行「平均主義」，而是採取「等級分配」。於是中共幹部權力大增。既操縱着分配的權力，自己又享受着特殊的優越的分配。以抽煙爲例：高幹是「紅雙喜」、中幹是「大前門」、普通幹部是「豐收」、工農群衆只能抽「大鐘」。這一來，中共幹部便更加脫離群衆，更進一步走向特殊化的道路。而中共幹部之間爲了互相滿足物質要求，又颳起走後門之風。我用煙酒交換你的肉食，你用布料交換他的食油。人民群衆無權無勢，手中無物可換只好瞪着眼睛嚥口水。

中共幹部的特權始於五十年代，却在「文革」中發展壯大。「文革」時期，手中有權再也不是可以交換些許物質那麽簡單，而是有權便有一切。醇酒美人，深宅大院，電視汽車應有盡有。有鑑於此，在打倒四人幫以後，華鄧領導層表現出一種急欲剷除「特權」的姿態。但談何容易！特權思想已根深蒂固，又是中共這種制度的必然產物。在大陸，到處都可以聽到人們口口聲聲說「首長辛苦，應該照顧」，加上反對什麽「平均主義」（實是壓制人民的不滿和各種敢於公開揭露的正義行爲）和長期炮製「工作需要」的謬論，這就形成「特權天然合理論」和「官官相護」的惡劣習氣。七月十八日「解放軍報」報導，一名叫湯放的青年冒充省委第一書記的兒子，騙得了手錶、金錢、汾酒、老陳醋、中華牌香煙、整套幹部軍裝，還騙取了某醫院政委的女兒、年輕女士的愛情……。九月十一日上海「文滙報」、「解放日報」報導「崇明農場一名工人張龍泉，假稱是『總參副總長的兒子』，在上海行騙六十七天之久，小轎車出入，媚風四至。威風不可一世……」這兩名年青人騙術並不高明也沒有僞造什麽證明文件，他們唯一憑藉只是「高幹的兒子」這張誘人的招牌。

冒充「高幹子弟」這樣容易稱心得手，這不僅說明大陸社會不缺阿諛奉媚之輩，而且說明中共幹部享受特權已久，已深入人心，已成習慣。這不僅說明中共幹部本身享受特權，而且說明他的家屬也可以享受特權；這不僅說明，中共幹部封建特權，世襲觀念異常濃厚，而且說明這種觀念在中國大陸已被視爲「合乎自然」的。請看，這兩項冒騙案中中共有關的工作人員怎樣說吧！列車長說：「如果確是第一書記的兒子，照顧是應該的，可別上當了。」試問，爲什麽是應該的？爲什麽第一書記的兒子就要特別照顧？中共有那一條法例這樣規定，爲什麽自上而下都如此？爲什麽沒有人頂一頂？那位冒充副總參謀長兒子的張龍泉，不但騙了女友的芳心，女朋友哥哥的工廠因爲他妹子交上了「副總長的兒子」這樣顯貴的朋友，於是「廠裡對這位老兄另眼相看，優禮有加，還準備將他調去當總工廠的秘書。」這豈止「一人得道，鷄犬升天」那麽簡單，簡直是對中共幹部制度醜惡面最淋漓盡至的揭露。

談到這些問題使人不由自主地要讚嘆南斯拉夫前副總統吉拉斯的「新階級」預見的高明，他在「新階級」第三章裡說：

「一切發生於蘇聯及其他共產國家的事皆出乎共產黨領袖意料之外，甚至連列寧、斯大林、托洛斯基及布哈林等卓越的領袖也見不及此。他們預期國家將被揚棄，而民主將會加強。然而，發生的事恰恰相反。他們預期生活水準迅速的提高——事實上在這方面却甚少變動，而東歐衛生國家甚至比過去還低……他們曾相信，城市與鄉村的差別，勞心者與勞力者的差別將慢慢消失，可是這些差別反在增加。……以爲資本主義所有權的摧毁，工業化與集體化的完成，將使蘇聯產生一個沒有階級的社會。在一九三六年新憲法頒佈時，斯大林曾宣言

『剝削階級』已不再存在。不錯，淵源流長的資產階級及其他階級是被毀掉了，不過，一個歷史上前所未聞的新階級却形成了。

「像過去的其他階級一樣，這個階級會認爲其權力的建立將使所有的人幸福自由——他們作如此想法是可以瞭解的。這個新階級與其他階級間的唯一差異是：它以更粗野的方式使群衆遲遲不能發現其錯覺。是以，這個階級堅決肯定，其權力得比前此歷史上的任何階級更爲完全，因而其階級錯覺與偏見也大過其他任何階級。

「這個新階級，這一群官僚，說得更準確點，這一群政治官僚，不只具有前此一切階級共有的特質，還具有一些它獨有的新特質。雖然就要素上說，它的起源甚類似其他階級，但仍有其獨殊的特質。」

中共統治中國大陸三十年，「省無聯」楊曦光在「中國向何處去」？裡說，中共的官僚集團已形成新的統治階級。中共則認爲這種說法十分反動，堅決否認中國共產黨內已產生一個與中國人民利益對立的新階級。可是，我們却認爲，這個新階級非但已經形成，而且企圖傳子傳孫，變成「封建世襲」。這個新特權階級培養了杭州「兩熊」和魏京生，杭州兩熊代表着爛掉了的下一代，魏京生則代表着覺醒的下一代。

杭州兩熊和魏京生都受到了鎮壓，但中共似乎並沒有從中汲取教訓，進行反省。只是簡單地把這一切歸咎爲林彪、「四人幫」的毒害。爲自己推卸責任。作爲老百姓的我們只想問一問這些出身於高官家庭的青年人，是誰讓他們自少嬌生慣養？是誰讓他們自少就生活於特權的環境中，接受特權思想的薰陶？假如特權的制度不改，社會風氣不變，雖然槍斃了一個熊紫平，鎮壓了一個魏京生，仍然會產生第二個熊紫平第二個魏京生。

諱疾忌醫後果堪虞

毛澤東有句名言：榜樣的力量是無窮的。大陸社會也流傳一句口頭禪：有樣學樣。近二十多年來的實踐證明，往往是好樣學不到，壞樣不脛而走、傳得更快、學得更像。幹部在官場中的免疫力最差，上行下效，蔚然成風。例如吃喝玩樂、好逸惡勞、鋪張浪費講排場、爲子女謀出路、走後門佔便宜、玩弄女性、佔用公物、慷公家之慨、個人說了算、不調查研究、瞎指揮、主觀武斷、爭個人名利、講宗派親系、打擊報復、公報私仇、不問群衆疾苦、不實事求是、報喜不報憂、講假話空話大話、搞形式主義、因循守舊、懶於學習、安於外行、簡單粗暴等等。從政治傾向、思想路綫、道德品質、工作作風，到工作方法，都是上行下效，典型的官僚主義表現。在許許多多人民憎惡的壞東西中，以玩弄女性和吃喝玩樂方面，最爲突出。黨、政、軍、文教、衛生等部門毫無例外，權力越大幹壞事的條件就越充份。林彪一家及其黃永勝等死黨的醜惡面貌世人皆知了，但未被公開揭露的赫赫有名的頭面人物，還大有人在。

中共幹部享受特權已成習慣，不以爲恥。上至中共中央副主席汪東興，擅自挪用公款，爲自己及其家屬大興土木，建築「府第」；上至國務院副總理陳慕華，自己就是要享受坐專機的特權，偏要飛機爲她載回傢俬雜物，而拒絕讓傷病的中國運動員順道搭機回國；上至中央部委級領導人利用職權讓自己的子女親屬，出國旅行，採購洋貨，浪費公帑。下至縣級教育局科長，為自己的兒子上大學走後門；下至大隊幹部利用職權欺辱下鄉「女知青」；下至供銷社售貨員把好質量的商品留給自己或賣給熟人。所以說中共幹部的特權問題極之普遍，極之嚴重。

打倒「四人幫」之後，本來是一個反對幹部特權的很好時機，假如當局善於利用「四、五」青年的熱情和敢想能幹精神，掀起反特權運動。即使未能徹底打倒特權階級，清除特權思想，至少對他們也有所抑制，使之不能如此明目張胆。可是北京當局捨此路而弗由，貪圖簡單輕鬆，把一切搞特權的罪名，都推到林彪和「四人幫」的身上。但是廣大人民心中有數，對這種推法不滿意。令人更不能接受的是四人幫垮台之後，「搞特權」仍在大行其道，甚至不加掩飾，有人說：「連遮羞布都不掛了！」這個動向，中國人不能不關切。有的人，尤其是青年人，看不過眼，起來反對。北京「探索」和「四五論壇」之所以有不少讀者，絕不能簡單地說成是因為個人主義發作、是無政府主義。中共在給魏京生做結論時，也簡單地說是受四人幫流毒、是極端個人主義。現在公佈熊北平和熊紫平案例，說到犯罪根源時又是把一切推到四人幫身上。這種表面輕鬆、乾淨的做法，實際上潛伏着更大的危機。諱疾忌醫，何以探出病源？不能對症下藥，何以能治癒社會弊病？

幹部權力過大干預人民生活

中共幹部的特權問題，絕不止於多吃多佔那麼簡單。由於法制的不健全，由於黨委權力的惡性膨脹，中共幹部對他治下的群衆，從政治到經濟到道德甚至連兩夫婦的睡覺問題都要管。因此，大陸上的老百姓連私生活這層薄薄的硬殼都被剝去，赤裸裸地暴露在特權階層的淫威之下，任其魚肉。

前幾個月中共報刊曾報導陝西省的農村幹部毆打農民，尅扣口糧等罪行；上個月又揭露新疆石河子生產建設兵團的幹部干涉群衆的私生活，誣衊和逼害群衆，製造了「蔣愛珍殺人事件」；本月「中國青年報」又揭露一件中共幹部誣陷逼害少女的事件。據『中國青年報』載，湖南桂湯縣商業局一個廿三歲的女打字員稂蘭雲，和局裏一個年青黨員張忠國戀愛，但副局長彭太忠却有意娶稂爲媳，遭稂拒絕。該副局長惱羞成怒，趁一天晚上張到稂宿舍時，帶同多名幹部破門「抓奸」，把二人隔離追問，軟硬兼施，逼二人承認「奸情」，稂堅決否認，要求上醫院檢查，被拒絕；稂絕望欲跳樓幸被救。在誘逼之下，稂、張二人寫了「交代」。副局長拿到「交代」，經縣革委討論，決定取消稂試用期，辭退回家，張則「留黨察看一年」。稂先後到縣、地醫院檢查，開出「處女膜完整」的證明，她一家人向省、地、縣有關部門申訴一百三十多次，一直沒有解決。（轉載自一九七九年十一月十七日香港文滙報）

從這件事和上月的蔣愛珍事件，充份證明中共幹部惡霸作風相當嚴重，他們也實在是管得太多了，不但要管生產管思想，而且還要管少女的處女膜！比起「解放」前的土豪劣紳，有過之而無不及。情況已是如此嚴重，如此惡劣，可是在「法制」高唱入雲的今天，中共中央還不制訂出一條限制各級幹部漫無止境地使用權力，干涉人民私生活的法例！莫非「黨要領導一切」，眞的需要領導到少女的處女膜去嗎？

從這件「處女膜事件」和「蔣愛珍事件」，還證明中共幹部「官官相護」作風相當嚴重。對群衆的投訴不調査研究，光聽信一面之詞，以至寃案、假案不斷發生。人民群衆直至今天還是有寃無路訴。

中共「刑法」第一百三十條：「嚴禁用任何方法、手段誣告陷害幹部、群衆。凡揑造事實誣告陷害他人（包括犯人）的，參照所誣陷的罪行性質、情節、後果及量刑標準給予刑事處分。國家工作人員犯誣陷罪的，從事處罰。」可是儘管錯案、假案、寃案不絕如縷，但直到目前爲止還沒有誰被處罰，既然如此，勒石爲憑，昭告天下又有何用？

解決幹部問題的一綫希望

中共的幹部問題和問題幹部，實在是多得很、糟得很。尤以「文革」期間入黨入團參加工作的幹部，問題最爲嚴重。這批人佔中共幹部總人數的百份之七十，怎樣去處理？葉劍英委員長在國慶演說裡說：「現在，各級領導班子的建設問題和幹部制度的改革問題，已經成爲十分迫切的任務，提到我們議事的日程上來了。」由這番話可以看出，中共最高當局已經意識到幹部問題的嚴重性，可是怎樣具體去改革幹部制度問題呢？中共中央似乎還拿不出辦法來。葉劍英強調：「要團結盡可能多的幹部包括犯過錯誤而確實願意改正的幹部，在正確的路綫下一道工作。對於少數經過耐心教育仍然堅持錯誤態度、堅持鬧派性的幹部，對於少數革命事業心和政治責任心嚴重衰退的幹部，我們要採取必要的組織措施，不能讓他們阻碍黨的路綫和方針政策的貫徹執行。」但問題在於怎樣去分辨幹部的好壞？由那一些人去分辨？有沒有設立專門的機構去處理這些問題？

我們覺得中央和群衆對幹部問題最大的分歧在於，中央認爲壞的幹部只是少數，群衆則從切身感受得出結論是，好的幹部是少數（而且往往不得意），壞的幹部則不在少數。而且用傳統的由上而下的處罰幹部辦法，則只是竹耙子掃地，難收到效用。枝枝葉葉雖被耙去，但塵埃難除。好的根苗還是透不過氣來，露不出頭來。

中共的幹部問題，是擺在華、鄧面前一個最嚴重最難處理的問題。決心不夠大，魄力不夠大，處理得不好，中共不但有可能步上蘇共的後塵，走上脫離人民壓迫人民的老路，而且有可能令「四人黨」借屍還魂搞復辟！「北京之春」的幻想政治小說「公元二〇〇〇年」的恐怖場面就會眞正出現。

目前，中共的幹部問題還有一綫希望，那就是中共已開始在基層單位搞「民主選舉」。最近一期的「中國青年」報導了昆明市工廠一個車間主任的選舉過程，從這篇報導，我們看到一星希望的火花。中共如果切切實實地搞好基層選舉，防止黨支部對選舉進行干預，眞正讓群衆選出他們喜愛的人，讓被選出的人進入領導崗位，做好工作，然後一級一級地提拔，或許還有可能逐漸清除中共黨內的特權份子和特權思想；如果基層的「民主選舉」搞不好，則一切希望都會落空。不管華、鄧如何精明，不管中央如何呼籲，九億中國人民仍將生活在特權階層的陰影之下，生活在黑暗之中！

出版前附言：過了幾年，現在已沒有人再提選舉，情況令人憂慮。

八十年代中國知識份子的歷史使命

隨著一聲清脆的鐘響，舊的一年已經過去，新的一年已經來臨；七十年代已經過去，八十年代已經來臨。回顧過去，瞻望未來，我們不能不老實不客氣地指出，七十年代對中國人民來說是一個動亂的年代；是一個是非混淆，黑白不分的年代；是一個充滿假案冤獄的年代；是一個急劇變化的年代，是一個舊觀念崩潰，新觀念湧現的年代。是中國人民跟封建法西斯主義者進行肉搏戰的年代。

七十年代的中國發生過很多令人不可理喻的事情，也發生過一些振奮人心的事情。在祖國的土地上曾經雷厲風行地搞過「朝請示，晚滙報」，跳忠字舞，舉忠字牌的現代宗教迷信活動；曾發生過永難自圓其說的「林彪事件」；曾搞過以周恩來總理爲打擊目標的「批林、批孔、批周公」運動；曾發生過旨在搞垮鄧小平副總理的「反擊右傾翻案風」；也發生過震動世界，影响深遠的「四、五運動」；發生過粉碎「四人幫」事件；發生過「千呼萬喚始出來」的鄧小平復職；發生過全國大規模的平反；發生過「實踐派」和「凡是派」的鬥爭；發生過轟轟烈烈的民主運動；也發生過旨在鎮壓民主運動的「魏京生事件」。過去的十年，的確是劇變的十年，反覆很大的十年。相信在八十年代中國仍將繼續會有多次反覆，社會仍將會動盪不安。儘管中共中央已明確表示，不再搞大規模的政治運動，但不同派系不同思想的鬥爭仍將會繼續進行；儘管「四個現代化」的旗幟已經高高升起，但擺在中國人民面前的並不是暢通無阻的康莊大道，我們認爲前路仍多艱險，仍是滿途荊棘。借用偉大革命家孫中山先生的話來說，就是「革命尚未成功，同志仍須努力」。

打倒「四人幫」雖然已有三年多，但中共對極左思想還沒有批透批臭，還不敢接觸極左思想的根源，極左派份子仍然在各級黨和政府組織中，佔居著相當重要的位置。也就是說極左派復辟的危險並未成爲過去，中國人民仍受到「吃二遍苦，受二茬罪」的威脅。

搞封建法西斯的「四人幫」雖然已被打倒，但中國大陸官僚主義仍然十分嚴重，幹部特權不僅不受抑制，反而變本加厲；法制仍然很不健全，長官意志仍然通行無阻，知識份子仍然不受重用（少數樣板例外），工農群衆仍然被壓在生活的底層。中國人民仍須繼承「四、五」運動的精神，繼續跟極左份子作鬥爭、繼續跟官僚主義作鬥爭；繼續跟特權階層作鬥爭；繼續堅持正義，堅持眞理；繼續爭取法治，爭取人權，爭取自由民主！

「四個現代化」是一個理想，是一個目標，這個理想和目標跟中共幾十年前所宣傳的「共產主義」天堂並沒有本質上的區別。然而，問題不在於如何提出一個理想，訂出一個目標，而在於怎樣去實現這個理想，怎樣走向這個目標。經過三年的觀察，我們認爲這個問題還沒有眞正解決，中國向何處去的問題還沒有解決。中共中央的指南針還在跳躍不定，他們還捨不得擲掉舊包袱輕裝前進，難怪大陸人民認爲「四化」只是：

「工人獎金化，農民自由化，

幹部特殊化，知識份子貧窮化」。

「四個現代化」不是可以買進來的，而是要一磚一石一點一滴地建設起來的；「四個現代化」不是中共幾個領導人熱心地嚷幾嚷所能實現的，而是要依靠九億人民揮動十八億隻手才能建設起來的。因此，能不能夠眞正調動人民的積極性，便成爲決定「四個現代化」成敗的關鍵。

怎樣才能調動人民的生產積極性，我們認爲這不是高呼幾句「向二〇〇〇年進軍」就能調動起來的。五八年「鼓足幹勁，力爭上游」的失敗已成爲前車之鑑；人民的生產積極性也絕不是搞點物質獎勵就能完全調動起來的，物質獎勵雖有作用，但也有很大的局限性。要眞正調動人民的生產積極性，就要牽涉到社會制度問題，牽涉到生產成果的分配問題。

我們認爲中國當前最嚴重也最難解決的問題，就是這個問題，就是人民的勞動成果眞正由人民分享，還是由特權階層獨享的問題！

「解放」三十年來，中共幹部的權力愈來愈膨脹，擁有的特權也愈來愈大，幹部侵佔社會生產成果的情形也愈來愈嚴重。人民對那些濫用特權濫施權威的幹部的反感和怨恨也愈來愈大。中共的幹部問題，絕不是鄧小平發表一兩次內部談話所能解決的，絕不是中共中央發一兩道命令所能解決的。因爲它牽涉到三千萬黨員，幾千萬幹部，以及他們的家屬。即使再搞幾次大規模的「四淸運動」恐怕也未能滿意解決。因而我們相信，幹部的特權問題在今後相當長期間內，仍將困擾中共，困擾中國，令中央幾名主要領導人心焦，令九億人民心灰意冷。

中共如果想徹底解決幹部的特權問題，就必須徹底改革在中國施行了三十年，在中共黨內施行了五十多年的幹部制度；就要眞正實現黨內民主和人民民主；改變任命制度，還要建立各級監督機構，眞正通過民主選舉選拔幹部。然而據我們所知，儘管中共中央希望在車間主任和生產大隊一級進行眞正的民主選舉，可是由於各級幹部的干擾，由於特權階層的官官相護，中國各地假選舉，形式選舉的情形仍然相當嚴重，仍然普遍存在。許多小人壞人仍然當選，仍然當官。中共中央的努力並未能達到預期的效果。

爲什麼會出現這種情形呢？我們認爲是由於中共中央未能深刻反省，中國共產黨自建政以來，特別是自「反右」以來所犯過的錯誤，不敢對這些錯誤進行批判，不敢嚴肅對待毛澤東晚年所犯的錯誤，不敢對毛的錯誤進行揭露和批判。

對毛澤東的問題，目前，中共中央的態度還是含糊不淸，扭扭揑揑，明知道「文革」是「十年酷刼」，却要經過多次反覆才說出口，明知道毛澤東那一套不行，明知道毛澤東晚年曾犯過嚴重的錯誤，但誰都不敢去碰毛澤東這個死了的「神」。即使不得已，一定要糾正，中共當局也是採用迂迴曲折的手法，以毛澤東思想之矛攻毛澤東之盾，以一九五六年以前的毛澤東思想，否定一九五六年以後的毛澤東思想；雖說是謹愼穩重，但却像小脚女人走路，忸忸怩怩，邁不開步。我們認爲長此以往，必然對「四化」不利，對人民不利，對中國不利。

八十年代已經來臨，嚴肅對待毛澤東晚年的錯誤時刻已經來臨；我們認爲中共當局不應該繼續爲毛澤東推卸責任，不應該繼續掩飾毛澤東的錯誤，因爲客觀現實已不容許繼續含糊其辭，也不容許把這個問題無限期地拖下去了。你們愈是不說，人民在背後愈是說得厲害。把毛澤東的錯誤一股腦兒地推給四人幫，絕對不是誠實的，實事求是的做法，絕對不是光明正大的做法。中國人民需要的是誠實的領袖，敢於承認錯誤的領袖，在疑難面前不逃避不退縮的領袖，大公無私的光明磊落的領袖。認眞嚴肅對待毛澤東錯誤是解決一切問題的關鍵，三千萬海外華人瞪著眼睛看著，九億中國人民也瞪著眼睛看著。

生活在海外的自由知識份子，由於接觸面比較廣，看問題比較淸楚，思想比較開放。因此常常能夠走在「時代」的前頭。「林彪事件」未發生之前，海外自由知識份子早已經批判林彪了；「四人幫」未被逮捕前，海外的自由知識份子也早已經起來反對「四人幫」了。因而揭露和批判毛澤東晚年的錯誤，已成爲海外自由知識份子推卸不掉的歷史使命。

實踐檢驗眞理是馬列主義的原則，對待毛澤東的一切也應該通過實踐去檢驗。觀察一個人不是看他怎麼說，而是看他怎麼做。對待毛澤東我們也應該聽其言而觀其行。看看他是不是言行一致，是不是說一套做一套？是不是嚴於責人而寬於責己？還要從後果上看，二十七年來，他是不是改善了人民的生活，建設了我們的國家？更要看一看他留給繼承者的是一個繁榮安定的社會，還是一個百廢待興的爛攤子？

華、鄧中央在回顧中共歷史時曾經指出，左傾機會主義對中國革命事業的危害比右傾機會主義要更加嚴重，還指出當前中國最危險的是來自極左思潮的干擾，並號召要繼續揭露和批判極左思潮。但華、鄧却沒有勇氣指出，毛澤東是近三十年來一切極左思想的根源，是極左份子的總後台。早在一九五五年「關於農業合作化的問題」時，毛澤東就表現出一派極左狂熱，罔顧黨內其他領袖的反對，要一下子在全國範圍內建立高級農業合作社。

一九五六年中共召開第八屆全國代表大會，制訂新的黨章，強調集體領導，企圖對毛澤東的極左思想和個人崇拜活動有所抑制。可是八屆大會這種努力失敗了。毛澤東不僅不願接受黨的制約，不僅不願接受集體領導和監督，而且要凌駕於黨中央之上。

正由於黨大會也無法約束毛澤東，他的極左思想才會在全國蔓延泛濫，才會發生五七年的「反右」運動，使中國一百多萬名知識份子受到二十年長的凌辱；五八年才會發作人民公社和大煉鋼鐵的小資產階級狂熱，才會把中國從四九年至五七年所建立的一點點生產基礎徹底破壞，使工農業大倒退，使七億中國人民忍受三年長的大饑餓。五九年的廬山會議預定的目標本來是要反左傾的，可是在毛澤東要上山打游擊的威脅下却變成反右傾，於是彭德懷遭殃，於是極左的狂燄格外囂張。於是種下了「文革」「十年酷刧」的禍根。

在八十年代內，中共假如不正視這個問題，不徹底批判毛澤東的錯誤，不徹底消除極左思想的影响。「北京之春」的幻想小說「二〇〇〇年」所描繪的情景就必然會出現，中國人民就要吃二遍苦，受二茬罪！

晚年的毛澤東還有一個令中國人民無法原諒他的大錯誤，就是他要求下屬要求人民「大公無私」，自己却一心爲己。把黨的利益、國家的利益、人民的利益置於腦後，不惜犧牲千百萬人的生命前途，來達到他的私願。

自從蘇聯發生批判史太林的事件後，他就一直爲自己的身後聲名，爲自己的屍骨而操心。不惜採用非法的政變手段，把追隨他幹了幾十年革命的老部下老戰友，一批又一批地打倒，逮捕入獄，甚至逼害至死。明知追林彪有篡權奪國之心，但爲了發動奪權政變，爲了打倒劉、周、鄧的中央黨政組織，却不惜跟林彪互相合作，互相勾結。到最後他連任何一個老戰友都不相信了，只相信自己的小老婆江青，和江青裙下的王、張、姚，硬是要讓四人幫接班。爲此毛澤東甚至不惜發出「批水滸」的號召，要逼死病重的周恩來總理。這些事情九億人民都看在眼裡，恨在心頭。

人民的眼睛是雪亮的，今天，儘管周總理屍骨無存，灰飛煙滅，但天安門如山的花圈表示了中國人民對他的愛戴和懷念；儘管毛澤東至今仍然躺在水晶棺裡，長安路上也築有宏偉的毛澤東紀念堂，但「門前冷落車馬稀」，表示了人民對他的反感和憎恨。中國人民有一句諺言：「不怕不識貨，只怕貨比貨」，只要拿周恩來和毛澤東比一比，誰正確誰錯誤？誰光明正大，誰專搞陰謀詭計？誰大公無私一心爲民，誰自私自利專門爲己？誰得到人民的愛戴，誰被人民所憎恨？都可以一淸二楚。

執筆寫這篇文章的時候，香港雖然仍溫暖如春，但北京已是雨雪霏霏。再過幾天就是一月八日，就是中國人民敬愛的周恩來總理逝世四周年紀念日，無論在這一天或淸明時節，中國人民都會自發地悼念周恩來總理。天安門前的「人民英雄紀念碑」雖然不是爲周恩來而築的，但現在却無形中變成了他的紀念碑，看到這個紀念碑，就令人想起他的偉大形象。在八十年代剛剛開始，在周總理逝世紀念日即將來臨的時刻，我們認爲中共中央領導人、中共各級幹部、中共全黨、全軍和全體中國人民應該學習周恩來總理的光輝榜樣，應該刮下毛澤東這座神像臉上的金粉，還其本來面目。

應該如何去評價毛澤東，如何認識和批判毛澤東的錯誤，這是一個重大的歷史課題，這絕不是一篇短文所能談得淸楚的，還需要許多人共同去討論，共同去研究，共同努力。

「東西方」第十三期 一九八〇年一月十日

我們對高雄「美麗島事件」的看法和態度

十二月十日台灣爆發了震動中外的「美麗島事件」，中共海外的宣傳機構，包括「大公報」、「文滙報」、「新晚報」都異口同聲地譴責國民黨當局，鎮壓異己。其實事發最初的三幾天，情況還未明朗，作爲有份量、有影響力的報紙，大可以靜靜觀察，不必過急於發表評論。可是香港的左派報紙却以爲抓到了把柄，對國民黨當局進行圍攻，眞是不分皂白之至。看來，中共海外的宣傳機構至今仍然把毛澤東「凡是敵人反對的我們就擁護，凡是敵人擁護的我們就反對」的謬論，視爲金科玉律，奉爲「最高指示」，而不是實事求是地對待問題。

關於「美麗島事件」我們的看法跟中共海外宣傳機器的看法絕不相同，我們認爲美麗島雜誌所追求的目標絕不止是自由民主，而是要建立「台灣共和國」；「美麗島」雜誌所反對的絕不止是國民黨的統治，而是反對一切一九四五年後才移居到台灣的大陸人（或稱爲外省人）；他們的口號是「台灣是台灣人的台灣」，而不是「台灣是中國的一部份」；發生於高雄的「美麗島事件」不是人權集會，而是煽動暴亂。我們認爲中共海外宣傳機器對「美麗島事件」所持的態度，既不利於中國的統一大業，也不利於統戰工作。徒然增加國人的誤會，以爲是「美麗島」一伙，以及他們的「台獨」盟友，是眞正的民主鬥士，因此，對「美麗島事件」的眞相，很有加以澄淸的必要。

「美麗島」搞「台獨」的證據

第一，美麗島雜誌的英文名不是TAIWAN（台灣），也不是BEATIFUL ISLAND（美麗的島嶼），而是用「台獨」份子和支持「台獨」的外國集團所慣用的FORMOSA（福摩薩）。由此可見，「美麗島」所打的旗幟並不眞正是爭取自由民主的旗幟，而是「台獨」的旗幟。國民黨台北當局允許「美麗島」用福摩薩的英文名註冊出版，已是窩囊之至，無原則之至了。「美麗島」雜誌如果堅持用福摩薩的英文名，台北當局正確的做法應該是拒絕他們的註冊申請。

第二，「美麗島」雜誌七九年九月八日第一次在台北中泰賓館舉行創辦酒會，絕大多數與會者身上都貼了一幅黃底綠台灣地圖，上面寫着「美麗島」和英文FORMOSA（福摩薩）字樣。黃底綠台灣地圖是海外「台獨」份子共同使用的「台獨標幟」，甚至是夢想中的「台灣國」國旗。由此可知，「美麗島」雜誌一開始就蓄意要搞「台獨」。正因爲有此意圖，所以要用種種方式向民衆暗示他們的「台獨」思想，以及他們與海外「台獨」份子密切的關係。

第三，「美麗島」出版後，在美國的「台獨」份子大力宣傳鼓吹這份刊物，並且代理海外發行，可見「台獨」份子對「美麗島」雜誌是何等的支持，他們之間的關係是何等的密切。

第四，「美麗島」雜誌於九月八日的創辦酒會上，竟公然散發台灣基督長老會的「台灣獨立宣言」，公開聲明要使台灣成爲一個新而獨立的國家。

「美麗島」雜誌如此明目張胆地搞「台獨」運動，國民黨台北當局竟然能夠容忍，難怪「美麗島」中的「台獨」份子愈來愈囂張，愈來愈猖獗，終於釀成高雄騷動事件。

第五，高雄騷亂事件發生後，「美麗島」雜誌的主持人黃信介、張俊宏、姚嘉文等被捕後，現時在美國的「美麗島」雜誌社長，前桃園縣長許信良，「美麗島」社務編委，前地下刊物「潮流」主持人陳婉眞等，立刻與新舊「台獨」份子結成同盟，互相聲援。他們終於脫下了自由民主的羊皮，露出「台獨」的豺狼嘴臉。

我們贊成自由民主，我們將盡自己的一切力量去爭取自由民主，但我們堅決反對藉自由民主之名搞台灣獨立之實。國民黨儘管有過千錯萬錯，但它堅決拒絕台灣獨立，堅持台灣是中國領土的一部份的立場却是絕對正確的。我們堅決支持，北京當局也應該堅決支持。

到底搞出版，還是搞組織

「美麗島」雜誌一九七九年八月十六日創刊，十二月十三日高雄騷亂事件後被查封，其生存時間雖短，但活動却甚爲頻繁，手也伸得很長。「美麗島」四個月來發展得相當迅速，在高雄、台中、南投、屛東等設立十一個服務處。各地服務處經常舉辦演講會及座談會。據「中央日報」稱，過去四個月，「美麗島」已舉行過十四個座談會、酒會、演講會、集會等活動。

「美麗島」的集會如此頻繁，平均每月三點五次，人們不禁要問，他們到底是搞出版還是搞組織活動？

「美麗島」在搞活動的時候，與由大陸逃亡青年所組成的「疾風社」曾經發生過衝突，台北當局對「疾風社」可能有包庇之嫌，並不能因此而抹煞「美麗島」搞「台獨」活動的事實。我們認為，台北當局對「美麗島」雜誌不是過早地鎮壓，而是過份地容忍。這種不適當的容忍變成怙惡養奸，以致「美麗島」勢力日漸壯大，以致「美麗島」主要的工作人員胆子愈來愈壯，得意忘形，以致釀成數萬人騷亂的「高雄事件」。假使國民黨當局一開始就警告，或者阻止「美麗島」帶有濃厚「台獨」色彩的活動，也許事情不至這樣糟。

旅居美國的阿修伯，在「新土」十五期裡談到「美麗島」第一次集會時這樣說：「這次『美麗島』集會有國民黨政策會副秘書長關中，清華大學教授沈君山等外省人前往祝賀。中泰賓館外面另有幾位反共義士聚集了數百群衆向『美麗島』示威，大叫『台獨滾出去』！並與美麗島人士互擲石頭電池，場面熱烈激昂。終於在警方保護下送走了美麗島人士。事後警總發言人徐梅鄰少將說美麗島聚會合法，中泰賓館外抗議的群衆非法，諂媚台獨人士已是離了譜矣，這次酒會事件島內台獨人士大獲全勝，士氣更加高昂。

美麗島公然以台獨姿態出現眞的是合法的嗎？合的是什麼法呢？公然宣稱要另建一個新的獨立國，這是否現有中華民國之存在『顚覆國體，變更國憲』白紙黑字載在中華民國刑法是叛亂罪，負責政府治安的警備總部竟然說他們合法，眞是恐懼慌亂手足無措了。徐梅鄰原是贊成公開談論台獨問題，公開宣揚台獨主張的，但是站在政府立場，在沒有廢棄原法以前怎麼可以公然鼓勵叛亂呢？難道今天已經是『新而獨立的國家』另外建立了『新而獨立的法律』了嗎？

國府原先想用高壓手段對付黨外人士，以極為牽強的罪名來抓人封雜誌，結果是鎮壓未能服人心，現在又改用諂媚手段，前倨而後恭，不是『過』就是『不及』，更加被海外人士看穿了斤兩，更加鼓勵了黨外台獨人士奪權的士氣。」本刊同人非常贊同阿修伯這種見解。

高雄騷亂的真相

發生於十二月十日晚的高雄騷亂事件，中共海外宣傳機器一致指責國民黨鎮壓群衆；「美麗島」雜誌總經理施明德的美籍妻子琳達十二月二十日在香港召開記者招待會，否認台北當局關於高雄騷亂是「單方面暴力」的說法。她說：「並非全部警察是赤手空拳的，他們並向人群施放催淚彈，數以十計的示威者在警察的武力下受傷。」可是，當我們翻閱各個不同報刊和通訊社的報導，比較了各種不同的資料，却發現「高雄事件」曲在「美麗島」，而並非警方。

關於十二月十日的「高雄事件」，台灣各民營報紙都有很詳細的報導，這些報導有下列共同點：

1.「美麗島」雜誌蔑視法律，故意向法律挑戰，治安當局不准舉行大規模的群衆集會，他們硬是要舉行，並積極籌備，極力鼓動群衆參加。

2.當高雄治安當局批准他們的申請，准其在原定的集會地點——扶輪公園集會，可是「美麗島」的工作人員却不肯遵照，自作主張，硬是要在交通要衝中山大路大圓環附近集會。

3.「美麗島」雜誌事前準備火炬木棒，有備而動。

4.暴徒首先動手使用木棒、火炬、鐵條毆打憲兵和警察。

5.憲警奉命「罵不還口，打不還手」以致百多人受傷。

儘管台灣各民營報紙的報導都對「美麗島」不利，但由於台灣新聞管制比較嚴，也許有的人會懷疑台灣報紙偏袒政府。那麼，讓我們來看一看「美麗島」的主持人黃信介所解釋的理由能不能成立吧！

「高雄事件」發生後，黃信介被捕前，曾於十二月十二日在台北召開記者招待會，有中外記者近百人參加，黃信介在會上說，當天南區警備司令部常持琇中將告訴他，「人權大會」准在原定的扶輪公園進行，後來施明德與姚嘉文臨時決定改到中山路大圓環附近舉行，治安機關要求他們把群衆帶回服務處，施、姚二人又認為「一動不如一靜」，沒有移動，至晚間八時三十分左右，群衆終於與憲警發生衝突，而這時的場面「已非美麗島雜誌社的人所能控制」，終造成百餘人受傷的不幸事件。

從黃信介自己的談話可以證明台灣各報紙的報導並沒有失實。姚嘉文身為律師，知法犯法，治安當局批准在原定的地點集會，可是施明德、姚嘉文却擅自修改集會地點。治安當局叫他們把群衆帶回服務處，他們也拒不執行。他們有進行合法鬥爭的機會條件不加以利用，故意採取激烈的行動向法律挑戰。施明德、姚嘉文可以說是窩囊之至。黃信介親近重用如此輕佻浮躁的人，以他們作爲左右手，其失敗也是必然的了。

黃信介十二月十日下午六時才抵達高雄，治安當局也是那時候才告訴他，批准「美麗島」在原定的申請地點扶輪公園集會，可是，「美麗島」雜誌社高雄服務處在前一天，也就是九日晚上，即派出宣傳車到市區廣播，呼籲市民前往參加了。由此可見「美麗島」雜誌以爲台北當局的容忍是軟弱可欺，蓄意向法律挑戰。

有人曾指責高雄治安當局，爲什麼不一早就批准「美麗島」集會，聯合報記者說：「據南區警備司令部司令常持琇中將表示，治安當局未核准的理由有以下三項：

——該雜誌社的宗旨與人權宣言不相關。

——申請者號稱有三萬人，治安上有顧慮。

——避免妨礙交通。

另外，疾風雜誌及反共愛國聯盟等也提出申請，一概不准。

台灣國民黨一向不喜歡反對派，一向不喜歡群衆集會，這是鐵一般的事實。儘管如此，高雄治安當局所提出的遲遲未批准「美麗島」集會申請的理由，我們認爲是可以成立的。

台灣的情況跟歐美國家大不相同。歐美國家有悠久的民主傳統，有龐大而嚴密的工會組織，且有組織和平集會的能力和經驗。集會的組織者大都能夠適當控制群衆的情緒。正因爲這樣歐美國家集會示威的事例雖多，但暴亂的事件却甚少。歐美國家之所長，正是台灣之所短。而

「美麗島」又僅是一份誕生不久的雜誌，雜誌的工作人員跟要來參加集會的群衆，以前並未有過長時期的相處和純熟的合作經驗，一下子組織三萬人以上的集會，確實不易控制。治安當局的顧慮並非是多餘的。集會的人數多達三萬，如何避免妨礙交通的問題，的確也應該列入考慮之列。不能因爲「美麗島」的集會而妨礙市民的正常生活。高雄當局未批准「美麗島」雜誌的集會申請，也不批准「疾風」雜誌的集會申請。不管台北當局內心的想法如何，以事論事，這次倒也是一視同仁。難怪「聯合報」記者要發出這樣的責問：「美麗島雜誌社明知『法律之前，人人平等』，憑甚麽要求享受特權？」

至於國民黨憲警奉命「罵不還口，打不還手」。無論新聞圖片或是台灣各報和外電的報導，都證實了這一點。這說明國民黨對付反對派的手段相當高明。開始時一味啞忍，讓對方的野心和陰謀充份表露於公衆面前，才使出殺手鐧，施明德、姚嘉文之流絕不是其對手。

台北當局不應擴大鎮壓

最後我們想重申自己的見解，我們認爲「美麗島」搞「台獨」活動查有實據，並應對高雄暴力騷亂事件負責。因此，「美麗島」主要的負責人應該受到法律制裁。但我們堅決反對當局以「美麗島」事件爲藉口，擴大打擊黨外反對派勢力，扼殺民主和言論自由。我們認爲，台北當局把打擊的範圍擴大到「八十年代」等黨外人士，是不智的舉動。打擊面一旦擴大，必然使人民覺得國民黨並非懲罰犯法份子，而是旨在鎮壓反對派，結果却是得不償失。

我們認爲，目前台灣的言論自由和新聞自由還是不足夠的，台灣的宣傳機構還未能擺脫反共八股的束縛，七九年春中越戰爭期間，台灣官方和親官方報紙以「匪共侵略越南」爲大字標題，完全喪失民族立場，眞是貽笑大方。

「美麗島」事件之後，我們認爲台北當局應該更進一步擴大台灣本土人士的參政機會，應該放寬新聞檢查，擴大言論自由。同時應該允許反對派，反對黨的存在，只有這樣才能使自己立於不敗之地，才能把台灣建成眞正自由民主的基地。

刊於一九八〇年一月十日出版之「東西方」第十三期

東西方編輯部處理今之鳴文章的經過

今之鳴先生這篇文章，是本刊迄至目前爲止所發表過的文章中，態度最激烈的一篇。作者把中國共產黨和中國人民置於完全對立的地位來立論，對中共作了最老實不客氣的批評。

收到這篇稿後，我們召開編委會研究是否發表的問題。雖然部份編委認爲文章措詞激烈，對中國歷史和現實的認識有某些片面性，對共產黨的批評欠缺公允。如在「東西方」發表，恐有損「東西方」的形象。但另一部份編委則認爲，應堅持來者歡迎的態度，本着「民主討論，自由發言」的原則予以發表，況且文章也反映了某些客觀事實和需要。

從經濟觀點來看，發表這篇文章也是利弊滲半。由於文章坦率、熱誠、一針見血，相當投合大陸來客的胃口，在香港銷路可能略有增加。可是，在海外，特別是東南亞地區，讀者可能因爲「東西方」發表這樣的文章而被視爲是反中國的極右刊物，而予以唾棄，因爲我們知道東南亞地區讀者很難接受這種反共觀點。

由於編委會對立的意見僵持不下，最後由我來裁決。我贊成發表。作爲一個寫作者，作爲一個編輯，我服膺「我雖不同意你的意見，但却堅持維護你的發言權」這條原則。由於知識的局限，生活的局限，時代的局限，我們自己的認識未必就是正確的，即使現時公認爲正確的東西。將來也未必繼續正確。辦雜誌編刊物如果排斥不同意見，不發表持有不同見解的文章，這便成了一花獨放，一家獨鳴。這樣做不但違背「東西方」的創辦宗旨，也違背我們所提倡的自由民主精神。因此，我們一方面以顯要的位置發表今之鳴先生的文章，另一方面又以我個人的名義寫幾個字敍述「東西方」編輯部處理這篇稿子的詳細經過。

今之鳴先生提出「不要共產黨的領導」，其理由是「中共基本上與人民對立」，中共並不代表中國人民，與此同時，他又表示不要國民黨的領導，因爲國民黨也不能代表中國人民，中國目前沒有第三黨（依附國共兩黨而生存的形式政黨不在此列），但即使出現了第三黨、第四黨，但它們到底能否代表中國人民還是一個未知數！於是，這就產生了一個到底誰才能代表中國人民的問題？從理論上來說，誰一心一意爲人民服務，做有益於人民的事，誰就可以代表人民。可是，一接觸到實際，就會覺得這樣的回答過於空泛。

每一個寫文章的人，包括我自己在內，時而都會宣稱自己代表人民說話，到底我們是否眞的能夠代表人民呢？這還需要通過調查和實踐去檢驗。所以說，從具體上來說，誰能代表人民這個問題還沒有解決。

今之鳴先生否定了蘇共式的「社會主義」；否定了中共的社會主義，同樣否定了資本主義和封建主義社會。提倡「民主社會主義」。可是，「民主社會主義」制度到底是怎麽樣的呢？作者並沒有解答。然而我們從他多次提到南斯拉夫這一點可以看出，他對「民主社會主義」的認識欠缺周詳，還祇停留在一個政治概念階段。據我們所知，南斯拉夫本身也存在很多問題，南斯拉夫式的社會主義，也並非理想中的「民主社會主義」。也就是說，今之鳴先生雖然否定了現有的一切社會制度，但他並未能爲我們提出一個理想的具體可行的社會制度。然而，我們對今之鳴似乎也不應過於苛責。

我個人覺得人類社會制度的變更，是在經濟、政治、科學演變的過程中，自然而然地變化而成的。而不是，也不應該是由那一位天才設計制訂好了藍圖，人民大衆才依樣畫葫蘆，照辦。馬克思的共產主義理想今日演變成蘇式的社會帝國主義，和林彪四人帮式的封建法西斯主義，已經證明了這一點。

「民主社會主義」是我們所共同嚮往的，但華、鄧中央並不反對「民主社會主義」，鄧小平也曾多次提過走向「四化」就是要實現「民主社會主義」。問題祇在於我們心目中的「民主社會主義」與鄧小平心目中的「民主社會主義」到底相不相同而已？

李一哲提過「民主法制」，魏京生接觸到了「民主社會主義」問題；現在鄧小平和我們也在談這個問題，可惜的是大家祇停留在初步的政治概念階段，還需要豐富其內容，使「民主社會主義」變得更加現實也更加具體一點。這就有賴於大家共同去努力，共同去探索。

破壞比建設容易得多，否定一種理論也比創立另一種理論容易得多。如果我們祇顧破壞不事建設，很容易掉進無政府主義的泥坑，而無政府主義經過幾十年的實踐檢驗，也已被證明不是眞理了。因此，我個人認爲，當我們談論國是的時候，也要考慮一個「立」字，現在擺在我們面前的中國是一個分裂的中國；是一個大陸實行「社會主義」，台灣實行資本主義的中國。

目前，台灣海峽兩邊，最急切最需要解決的是什麼問題？需要根本性的革命還是需要在現有基礎上改革？人權、法治、自由、民主的位置應該如何擺放？這些都是歷史賦予我們這一代知識份子的任務，我們應該在這方面作出貢獻。歡迎大家進行討論；同時，歡迎香港、東南亞以及居於世界各地的讀者，對我們處理今之鳴先生文章的辦法，提供意見或批評。

一九八〇年元月十一日夜

附錄
天下是人民的天下

·今之鳴·

共產黨有一個響噹噹的名言：『共產黨人從不隱瞞自己的觀點！』是嗎？非也。請看：

明明是黨天下，黨佔有了全國所有財富，黨佔有了國家政權，黨佔有了軍隊，黨佔有了並統治了全國一切的一切。黨成了全國唯一的壟斷的有產者和有權者，但它隱瞞了這個基本的、最關重要的事實，欺騙人民說是人民的財產，人民的政府；連國家名稱也標上人民的標簽。

明明是黨圈定的，未經選舉的人員，但它隱瞞了這個基本事實，欺騙人民說這是『人民代表』。眞佩服北京中級人民法院，在審問魏京生時，那個法官竟大言不慚地質問魏京生：『難道我們的人民代表大會是不合法的嗎？』

明明馬克思反對的是當時資產階級的選舉制度——只有資產階級才有選舉權和被選舉。反對的是這種民主形式的虛假本質。馬克思主張的是巴黎公社模式，他肯定的是這種選舉制度的全民性直接性的，體現民主眞義的本質。但他欺騙人民說，馬克思反對資產階級的選舉形式，因爲這種選舉令代表勞動人民的共產黨不能參與選舉更不能獲選。他提出並實行共產黨圈定人名由群衆在名字下面打個圈兒的等額選舉制。譽之爲最符合馬列主義的，最最高最最廣泛的民主，是人類史上最能體現民意的民主選舉。

諸如此類的謬事怪論，人民視而厭之，聽而煩之，但共產黨却喋喋不休，唱個沒完沒了。

此類醜事不必多擧，否則筆者厭，讀者煩。

也因而，共產黨最近不見唱其不隱瞞自己觀點的高調了。

但我却要高聲疾呼：

『人民從不隱瞞自己的觀點！』

人民從不隱瞞自己的觀點

人民的理想，人民的願望，人民的要求，人民的行動都是光明磊落的。歷史證明人民沒有要過陰謀，也沒有要過陽謀。他們一直處於被剝削和被壓迫的地位，他們一直在反抗，他們一直在爭取自由平等和民主。他們的鬥爭取得了極其偉大的成就：從奴隸地位爭取了農民的地位，又爭得了工人的地位。現在，在資本主義社會的工人在政治經濟文化教育等方面都爭取到了比過往任何時代都比較高，比較大的地位和權力，對國事有較大的發言權和決策權，但還未爭到『主權』。以美國爲例不論國會或政府的決策施政都明顯地反映出大壟斷財團的利益和意向。即『主權』尚操於大財團手裡。工人要爭得『主權』尚須作長期艱苦的爭取。

在社會主義社會裡的勞動人民，名義上取得了國家主人之稱，但實際上連過去在資本主義社會裡取得的微小民主也消失了。在社會主義國家現在醞釀着變黨的專政爲人民民主政權的革命。勞動人民爭取的目的是社會主義國家的主人。這是今天社會主義人民民主與資本主義民主人權運動的本質區別。前者是爭取更多的權益，後者是要求變人民的被統治地位爲人民的統治地位。前者是量的爭取，後者是質的革命。

由於缺乏這個基本的認識，海外對國事的評論就多漫無邊際，不着要害。

以十億勞動人民（包括體力勞動與腦力勞動）的立場、觀點出發，對海外，特別是香港的評論提出一些意見。爲十億人民的意向搖旗吶喊！

當前國事評論缺少人民觀點與立場

香港的國事評論，近兩年來可也熱鬧，但能從十億人民根本意向出發，講出人民的心聲的極少。爲黨爲派利益，爲富有階級利益，爲集團利益出發的頗多。這些議論都打着爲中國廣大人民利益的大旗，魚目混珠，欺騙輿論，欺騙人民。

因爲這些評論的作者各自爲其黨派集團利益發言，所以或多或少不由衷；或把次要問題當主要問題喋喋不休，或把表面現象當本質，或把手段當目的，不一而足。

1幫派的歌德與咀咒。這是官方在港的派出機構所設的論壇。有左右兩派，他們沒有自己的面孔，沒有自己的聲音。他們各自負起北京和台北傳聲筒的任務。他們倒是忠實地執行了毛主席的名言『凡是敵人反對的，我們就擁護，凡是敵人擁護的，我們就反對。』他們的相同點是強詞奪理，惡言相對，思想僵化。不同的是右論調兒基本不變，左論調兒變化多端。例如北京說天安門事件是反革命事件，他們就說鎮壓得好。北京說天安門事件是人民群衆的革命行爲，他們就說人民的反抗好得很。這些幫論在香港人民中沒有什麼市場，多數人採取不聽不信或聽而不信的態度。只有少數『幫員』捧場，因其背景關係，具有權威性，能量頗大。

2風派的和調。此派的特點是沒有本身的立論，各自依其官方觀點，或推廣，或擴大，或解釋，或具體化。他們與國內的風派不同，國內風派不但觀點跟風，調兒也跟風，甚至措詞語氣也跟風，本港風派則可天南地北縱議橫論，表達自己對官方定調的見解，粗粗一看，似乎頗具獨立見解，但細察一下，即可見其論斷必與官定調兒相吻。對統治者起了小罵大幫忙的作用。這些言論有較廣大的市場，很投合一些對各自統治者存幻想，但又怨其措施不當或不分是非，純懷希望祖國富強的良好願望的人的心理。

這些言論目前對海外宣傳頗有作用。但中共並不歡迎之。

3獨立派。此派無統一觀點，各自爲政發高論。一般地說這些議論較爲大胆，敢笑敢罵。雖然偏激失實之辭頗多，但有眞知灼見的，觀點鮮明，論據眞實，結論正確的也有，只可惜並不多。無可否認，這是最有生氣，最有活力，最勇於探索眞理的評論。這些言論散見於不偏左右的獨立刊物中。

最缺乏的是人民派，能勇於排除自己的成見，排除與自己利益、感情的牽連，勇於探索十億人民的願望，敢於爲十億人民請命的評論畢竟很少。人民派別就是要歷史地，總體地，而不是暫時地，個別地去觀察和探索十億人民的意向，說出他們的心聲。以人民的最高願望去喚醒人民，教育人民。作爲海外和港澳知識分子有爲人民當家作主的歷史使命盡一分搖旗吶喊之責。

要用人民觀點立場去評論目前重點議題

試就下面幾個熱門話題用人民的觀點立場評論之。

例一、對中共制法與執法的評論。最普遍的是指中共違反憲法或者其他什麼法。這是一種不理解中共憲法，不了解共產黨心態，也不是從人民觀點立場去觀察問題的指責。

指責者只知道憲法第三章第四十五條規定的公民有言論……罷工等自由，第三條更堂皇寫上『中華人民共和國的一切權力屬於人民』，但却忘記了，或不願意記住第二條的『中國共產黨是全中國人民的領導核心』。第一條規定的中國是『無產階級專政的社會主義國家』。第十四條又規定『國家堅持馬克思主義……在各個思想文化領域的領導地位。』前面舉出的自由和權力被後面的專政，核心和主義所限制和否定。中國的高官和執法者心中只有專政、核心和主義，根本沒有人民的自由和權力。他們從制憲的第一天起就沒有準備把這些自由和權力交給人民。他們寫上這些動聽的詞句，一則是爲了欺世欺民，二則是爲了不時之需。執權爲打倒對立反對派時，他們就可讓人民寫大字報遊行示威甚至罷工。但這些都必須跟着執政者的指揮棒轉，稍一離經叛道，即入罪。

大家不妨回憶一下，中共不停高叫的是誓死保衛毛主席，黨中央，無產階級專政，馬列主義，毛澤東思想，等等。有沒有聽過他們呼喊過一聲誓死保衛憲法？這就是中央的心態。他們慣於利用憲法中對自己有利的一面去否定和反對對自己不利的一面。有時更直接了當踢開憲法。文革期間的憲法規定人民代表未經相應的人大機構批准不受逮捕。當時公安部門逮捕了多少人民代表？劉少奇的國家主席，按憲法規定只有全國人民代表大會有權罷免。大家都知道劉少奇是怎樣被撤除一切黨內外職務的。又舉現今憲法序言有『經過無產階級文化大革命，取得了社會主義革命和社會主義建設的偉大勝利。』但是葉劍英的國慶講話却說文化大革命是大災難大倒退。雖然葉劍英這種講話符合人民的利益，代表人民的心聲，我們歡迎這種表態，全世界人民都表示歡迎之。但人們却忘了這是違憲之言，也就是違反了憲法中反人民的條文。從法律觀點看，最高人民檢察院有權而且必須檢控葉劍英入罪。但從我國內多年生活的體驗，可以斷定：中共說出這些話的決定時根本就沒有想到憲法這麽一回事，當然更談不上違憲問題了。因爲他們心中無憲無法。若有違他們的專政和主義，他們絕不會宣之於口，錄之於筆的。這是中共有專政無法制的心態的具體反映。類似的表現中共目無法制的事例不勝枚舉。

另一方面更反映出憲法不反映人民的心聲，不代表人民心願。從人民的觀點出發，我們不單要指出中共違憲違法，更重要的是指出憲法不是人民制定的，它不代表而且是違反人民意願的，要指出中共違憲的思想根源和本質。

例二、要不要制法和執法。在這個問題上中共倒沒有隱瞞其觀點。他們聲明社會主義法制必須無害的，而且必須有利於共產黨的領導、無產階級專政和馬列主義毛澤東思想。即法制是共產黨專人民的政的工具。僅此而已，豈有他哉！但好心的海外知識分子，一廂情願地指共產黨這也不講法制，那也不講法制。所提的法制與共產黨的法制根本風馬牛不相及。更可笑的是一種普遍的論調：指責華國鋒在法院判決四人幫前就定下不判死刑的調子，是干涉司法獨立。（還有指責很多黨組織干涉法院判案事例。）這種指責是不了解中共實情的「片面之詞」。中共的司法獨立於行政、檢察、執法，進行獨立審案判案。從未說過獨立於黨的領導之外。反而再三強調立法、司法、執政、行政……都必須絕對處於黨的絕對領導之下。脫離黨的領導就是犯最大的法。現在海外的議論對中共的執法司法機構來說，就是要他們犯最大的法去司小法執小法。殊不知，黨立法、黨司法、黨執法就是法中之法，最大的法。華國鋒先定不判四人幫死刑是體現了中共最高權威之法。

人民則要求根本上否定「法制是黨專人民之政」之謬論。針鋒相對提出法制是維護人民權力和利益的手段，是人民當家作主，治國興邦的工具。

對中共不執法而有害於人民，我們要批判其違法害民，對執法害民，我們要批判壞法和執行壞法。偶爾執法懲兇，大快民心時，我們亦讚之，但必指出其根本動機與目的，以不使起了麻醉人民的作用。

要針鋒相對向中共提出要求：不是這個法執行得怎樣，那個法執行得如何，而是提出還人民的立法權、司法權、執法權。

例三、對四化的態度。中共的四化，其本質在於通過四化加強共產黨的統治地位，是加強黨的領導，加強專政。所以我們對四化的態度是：看它是加強官僚集團的既得利益或是增加了人民的實際利益；是在四化過程中逐步加強專政或者是逐步實現較多的民主；從前面提到的兩個主要方面的綜合反映則是人民對四化持冷漠的態度或者是積極參加。前者是我們反對，後者，我們支持。

其他民主問題，消除官僚問題……視其對人民的根本利益與實際利益而判斷其是非，表示我們的態度後，採取我們的行動。

人民必須以理鬥為主　以法爭為副

前面提過中共之法是專人民的政之工具。凡是由統治者制定之法，必是維護和鞏固其統治之法。若循法去與中共統治者評論，人民必處於被動與捱打的地位。所以人民與中共的鬥爭必須是「理論鬥爭」。以人民之情理去鬥反人民之法理。這是鬥爭路線問題，離開這條正確路線，滑到據法鬥爭的邪路上去，必使人民爭取自己權益的鬥爭步向失敗。

共產黨的理論特點是打着解放人民、服務人民的旗號販賣反人民的貨色的。其理論鼻祖馬克思心中有人民，其願望也是爲人民的，但執政的共產黨則是打着人民的旗號幹着專人民之政的勾當。用中共的話說，就是打着紅旗反紅旗。他們之所以要這樣舉旗，一則是繼承師爺之道，做其自稱爲馬列的徒子徒孫，總不好離經叛道；二則欺世欺民，以人民之名義，以便名正言順地幹其勾當；三則自欺，也欺騙自己，使自己做盡自私自利的事，然仍在精神上得到「爲人民服務」的麻醉。而我們正要充份利用這一特點，以子之矛擊子之盾。揭開爲人民服務的帷幕，道出人民在共產黨佔有生產資料的中國進行生產勞動，三十年來生活得不到改善且有一年不如一年之勢。而既得利益的共產黨員爲主組成的官僚階層享受的特權特利越來越多越來越大。揭開社會主義民主帷幕，道出人民無權，原有的小權也喪失了，而且越來越無權，越來越受壓，三十年來曾出現過那兩三次偶爾的、短暫的民主假像，但隨之而來則是更深一步的壓迫。天安門暴動換來小小的民主牆，也要付出魏京生十五年徒刑的代價，而這小小的民主牆也難於立於長安東街，而要「上山下鄉」了。共產黨則從中央到支部的大大小小頭目均可爲所欲爲，憑自己的意志辦事。

天安門事件的著名英雄人物王立山給彭眞的信中委婉地道出本屆人大之由黨指定而非民選產生，因而無合法性。天安門事件繼承人魏京生被判十五年後香港和海外響起了一片反對抗議之浪潮。但多數就事論事，以法論法地評論判魏之輕重程度問題。就是沒有人發揚王立山之本質精神，揭發和批判中共立法本身的非法性，司法執法亦無合法可言，也未從組織觀念方面及事件本質方面去批判中共判魏的非法和反人民性。

我們就是要把黨民對立，爲黨害民的事實充分擺出，把道理說淸說楚。擺現實、論道理，這是人民向中共鬥爭、鬥民主、人權的主要手段。據法鬥爭則是爲論理鬥爭服務的。

魯迅說過：人民在歷史上只有想做奴隸而不能的時代和暫時做穩了奴隸的時代。四人幫在文革十多年來則是人民想做奴隸而不能的時代，五七年前和四人幫後則是人民暫時做穩了奴隸的時代。到今天爲止，人民仍處於做奴隸或半奴隸的時代。社會主義人民今天的要求，是一個人類歷史上沒有出現過的全新的要求：「人民做社會的眞正主人」的時代。這個要求，必引起極大的爭論，必招致強大而激烈之反對。共產黨政權反對，資本主義政權反對，封建落後的專制政權反對。一切現今由少數人執政的政權均反對之。依附他們的知識分子，思想受束縛的知識分子必附和他們或不敢支持人民。今天，只有極少數先知先覺的人民先鋒分子在「孤掌而鳴」。這少數人必受盡舖天蓋地而來之棍子及帽子的「禮遇」。世界上所有最惡毒的語言都會向他們拋去。但是歷史上那個最早提倡和維護眞理的革命者不遭受到這種待遇啊！

我們稍爲考察一下歷史可知，奴隸社會、封建社會、資本主義社會、社會主義社會，其政權都建立了一整套維護其統治權益的法律，人民能用他們的法律去爭取人民的權益嗎？不能！大概每個社會制度變革的經歷如下：人民對統治者（主要表示在對其專政工具法律）初則服從，繼則懷疑，再則否定，最後推翻之。在人民懷疑與否定的過程中，統治者或對人民讓步而較緩和地進入後一個社會制度；或鎭壓而暫停了社會的演變，但最後還是要演變的。鎭壓也可能引起暴發急劇的進入後一個社會階段。總之統治者都無能力阻止社會向前發展，共產黨亦無能力阻止現今之共產黨專制的社會主義進入到人民當家作主的人民民主社會。

在社會演變過程中，人民取得每一個進步都是用說理的手段，去教育提高人民，組織壯大人民力量，給統治者以壓力、打擊，最後把他擊敗。歷史上沒有一個政權能不鎮壓要推翻它賴以建立和存在並極力維護之國家制度的人民；同樣歷史上，人民從沒有因爲統治者的鎮壓迫害而放棄鬥爭並順從地遵守反人民的法律。

歷史，就是一部無權的人民推翻有權的統治者的歷史；雖然，推翻人民的統治者後，政權往往又被掌權人竊取後走向反人民的舊路。但總的趨向是人民的權力越來越大，總有一天，國家的主人是人民，佔全國絕大多數的人民。歷史就是人民不斷用人民的情理去違反和反對現存法理的歷史。

人民必須敢於提出關鍵的問題，並敢於回答提出的問題

香港雖說是言論自由之地，但由於人人受的教育、經歷、家庭背景，特別是與既得利益集團的關係，往往言不由衷，不敢堅持人民的意向，不敢堅持眞理。我們堅持人民的意向，堅持眞理。就當前幾個關鍵的問題，我們提出來討論，希望能夠引起注意，引起爭論。

要人民當家作主不要共產黨領導

問題之一：要不要共產黨領導？

近視者、悲觀者、懦者，他們看到中共的強大，壓制人民的嚴密而殘暴，他們認爲不能沒有共產黨的領導，起碼是不能推翻共產黨的領導。他們若生在封建高壓時代，生在法西斯時代，也一樣認爲不能沒有皇帝的統治，不能沒有統領。他們安命不敢思變。每個歷史時代都有這些人，在人民力量未組織壯大時，

這種思潮是主流。有遠見的革命者是勇者。他在低潮看到風暴將來臨之高潮，在萬馬齊瘖中聽到隱藏在人民心中深處的強音，在悲觀潮中堅持樂觀的漲潮方向。他們是改朝換代，變革社會的先驅，他們是人民的代言人。他們敢於面對強大的壓力回答：中國人民不要共產黨的領導。或具體地說共產黨願做人民的公僕時人民可僱用他們，但人民有權解僱他們，另僱他人，共產黨沒有做人民公僕的專利權。三十多年歷史證明，共產黨要做的並且實際上做着的是人民的主子，所以人民的回答是人民不要共產黨的領導。

共產黨拚命宣傳共產黨是人民利益的代表，黨的利益就是人民的利益。可悲的不少正直的人相信了這一套鬼話，爲共黨的利益去拚命，把共黨的利益當作就是人民的利益。我們則清醒地認爲黨就是黨，人民就是人民，兩者不能混淆。

毛澤東四人幫是人民的主子，現在的實踐派也是做着人民的主子，但也有做人民公僕的意念。實際上是做人民的媬姆。她管着人民，——她把人民當作嬰兒，想給嬰兒一些溫飽。這個媬姆又是家長，她管教孩子只准聽話，不准提出要求，更不能反對這個家長。當她多給孩子溫飽時，她似乎是善良的家長，當她刻薄一點時又變成了尊嚴的家長——做家僕還是家長。由她自行決定，權在她手上，所以本質上中共實踐派仍是人民的主子。

所以我們必須持較富彈性但又堅持人民的原則的靈活態度對待中共。中共反特權，反極左思潮，搞四個現代化，因爲在客觀上有利於人民，所以，我們支持與參與。葉劍英的三十年講話，雖然是違反憲法，但違的是憲法中反人民意志的部分，所以我們也應熱烈歡迎。對判魏京生十五年刑，旨在鎭壓民主運動，重走五七年反右，步向專制獨裁的老路，人民不願再受第二遍專制獨裁的苦難，所以我們堅決反對之。我們就要揭發批判，就要進行說理鬥爭。對它實行基層的初步的略帶民主味兒的選舉，對頒佈了幾十個法案（比無法稍好），我們作有限度的支持和參與。

如果在人民壓力下，中共向人民讓步，或向人民力量屈服，在比較多一些像鄧小平等比較開明的領導人，他們逐步靠攏人民，逐步由人民的主子轉變爲人民的僕人。人民則願意繼續僱用這個公僕。我們要這種受人民制約與監督的領導。

但是他堅持黨專人民之政的四項原則，（堅持這四項原則，則必然地把黨置於四人幫時期的幫黨本質相同的地位）我們堅決反對。它堅持到什麼時候，我們就反對到什麼時候。

從歷史與當前形勢觀之，中共基本上是與人民對立的。最近有某些利民的施政（在海外，這種利民的施政被宣傳誇大了），我們基本上是歡迎的。

要民主社會不要回復資本主義

問題二：要不要社會主義。

我們回答是：人民要的是民主的社會主義。所以，先要弄清楚，什麼樣的社會主義。現在世界上的社會主義不管它是政權實質或理論體系，都是五花八門，離馬克思十萬八千里了。除個別較親近人民，人民對黨政影響力較大，參政程度較高的例如南斯拉夫外，絕大多數都是與人民對立的，也就是黨的社會主義，黨專人民的政的社會主義。

人民受盡了歷代的奴隸主、封建主、資本家的剝削和壓迫，人民在被壓迫中反抗，爭取自己的權益。每後一個社會都比前一個社會多一些人民的權益，特別是資本主義社會，一則由於科學、生產、教育的空前發展，二則資本主義社會爲謀自己的生存就必須抗拒共產主義的入侵。資本主義唯一的也是能制勝的武器就是物質文明與民主。人民利用這一形勢，取得了空前的權利。人民在資本主義取得民主權利反作用於號稱人民當家作主的社會主義，使共產黨當權者在民主問題上狼狽不堪，備受壓力。社會主義的人民則把爭取民主人權作爲當前重大政治課題，全力以赴，蓬勃地展開鬥爭。

有個有趣的現象：台灣由特權貪污經三十年逐漸變成了廉潔或較廉潔的政府，香港也有此跡象。而三十年的中共的社會主義，由五七年前的頗廉潔政府和平演變成了無後門不通的特權貪污腐化的政府。台北提出中共政治學台灣，使中共無法招架。這種兩個朝向兩個極端的變化的根本原因前者較有人民的影響力，後者是黨對人民絕對專制，人民也無影響力可言。當然台北與香港亦無眞正民主可言，因其屬資本主義體系。台灣人民除了無親共自由外，多少總可曲折地給當權者於影響。

這可否說人民需要回復到資本主義社會呢？不！絕不！人民並不滿足充滿虛假性的、對勞動人民並不公平的資本主義社會。人民要的是人民眞正當家作主的社會，即使是目前尚未出現的社會。共產黨曾利用人民的名義奪取了全國的財權、政權、軍權……這種以人民的名義取得的一切權益絕對不能捧送回給地主，資本家？再做地主資本家的奴隸，而是要行使這種權利，要做這些權利的主人。人們經過探索、實踐，一定可以建立好的或較好的人民民主的社會。

要人民民主不要無產階級專政

問題三：要不要無產階級專政？

明確回答：不要！我們要的是人民民主政制。人民民主政制的國家職能是對內保衛人民利益，維護治安；組織領導和促進文化、科學、教育、生產、……發展：對抗外侮。這些國家職能是由人民民主地選出其代理人，並委托他們管理國家。但是，這些國家管理人員必須在可行的制度下在絕對受監督下進行管理國家的活動。

要建立人民的絕對權威與絕對權力

問題四：要不要建立絕對的權威和絕對的權力？

答案是：要！但不是要建立任何個人或集團或階層的絕對權威和絕對權力。要建立的是人民，注意，是人民的絕對權威和絕對權力。誰否定人民的權威，誰侵犯人民的權力，誰就犯下滔天大罪。這時就眞正用得上專政了。

一切權力歸人民！

人民當前迫切的歷史任務

共產黨在建立了它的社會主義的今天。人民的迫切任務是『正名』運動。讓中華人民共和國之『人民』之名，具有『人民』之實。變今天中華人民共和國的主人——中國共產黨，爲明天中華人民共和國的主人——人民！

這個歷史任務要我們這一代開始去爭取爲之實現而奮鬥。

這個偉大的歷史任務落在我們這一代開始爲主而奮鬥有如下根據：

其一是共產黨的社會主義因其背離人民，因而此路不通。六十多年的社會主義史，是一部失敗史，已走向死胡同。這個社會主義實體不能也不應退回到資本主義或封建社會主義的社會去。進退維谷，只好另探途徑了。我們設想是回到馬克思的原始出發點去從頭探索。修正地擇用馬克斯合理部分和現今社會主義社會之可取部分，從現實社會實體出發，去進行社會政革。

其二是作爲共產黨領導的社會主義的南斯拉夫有部分成功可取的經驗，可供我們吸引和利用，使之更民主化，更人民化。

其三是北歐大洋洲新加坡等國某些社會民主黨爲主進行的所謂福利社會，頗受人民讚許。這也有頗多值得吸取與參考的經驗。

其四是今天以英美爲首的資本主義民主制度，其民主制度有其合理可取部分。我們可批判其民主制度的虛僞性，也可取其民權思想的正確性。我們可從發達資本主義國家中總結其民主治國的正反經驗教訓，也可以從落後國家中相應的落後政制中總結出其正反兩方面的經驗教訓。

這些探索和總結都要我們這一代人加緊去着手進行。即使有理論的研究，亦要有實踐中探索。這個艱巨的歷史任務，落在我們這一代人身上。

路是人走出來的。每次的社會變革，其理論都是在前人實踐的基礎上總結出來，並在自身的變革實踐中加以充實和完善起來的。

要有為人民利益探索的論壇

在海外關心國是的人士，要先中國十億人民之憂而憂，要爲中國人民之命運操心，要爲中國人民民主，國富民強的前途吶喊！總之，作爲一個有中國血統的人（中國人或外籍華人）爲十億人盡自己應盡的責任。而我們唯一可做的，也是應該做的就是輿論。我們希望我們的評論能刺痛中共，使之知錯而改，爲人民爲國家多做好事。卽使他們知錯而不改，也要使他們自知理虧。更重要的是喚醒長期受矇瞞的人民，讓他們能覺醒，去爭取自己的權利。爲人民美好的前途奮鬥。

這就是一個旗幟鮮明，立場堅定地堅持人民立場的評論園地。這個園地既是人民的喉舌，又能容納各派意見以利對問題的探索。

但願在香港出現這樣一個園地！

「東西方」第十四期一九八〇年二月十日

整黨清黨改變吸收黨員辦法

「文革」是十年浩劫，已成定論，爲什麼在號稱爲「偉大、光榮、正確」的中國共產黨的領導下，會出現「十年浩劫」呢？爲什麼黨的領導人會轉化爲「封建法西斯」的黑暗統治呢？爲什麼在號稱爲「無產階級先鋒隊」的共產黨的最高層——中共中央政治局裏會出現王、張、江、姚、林、陳、康、黃（永勝）、吳（法憲）、李（作鵬）、邱（會作）等壞人呢？對於這些問題，中共當局實在有必要作深刻的反省，也有必要公開向人民交待，因爲中共統治大陸三十年來，特別是「十年浩劫」以來受害的不僅是劉少奇、鄧小平等中央巨頭，還有九億中國人民。因而人民有權知道爲什麼會這樣？

爛掉的黨組織知多少

一個組織設使從下層到中層都是純潔的，都有嚴格的紀律和有效的監督機構，那麼它的上層就不可能被衆多壞人鑽進去，就不可能蛻變成爲「封建法西斯」獨裁者。中共既然出現過「封建法西斯」時期，就說明這不是偶然的現象；就說明不僅中央有壞人，省、地委級有壞人，縣、公社、大隊基層黨組織也有壞人。據我們所知基層黨組織中不僅有壞人，而且是壞人很多，壞人佔很大比重。不僅「文革時期」入黨的黨員中，有很多壞人，而且「文革」前入黨的也有很多壞人，在各個不同時期都有很多壞人混進黨內，並逐漸向上爬，奪取部份權力，甚至是大部份權力。現在，在中共三千多萬黨員中，我們認為，壞的黨員恐怕要比好的黨員更多；一心為己自私自利的黨員恐怕要比「全心全意為人民服務」的黨員更多；完全爛掉（像大貪汚犯王守信所在的賓縣縣委），或者部份爛掉的黨組織，恐怕要比完全完好的黨組織更多。現在，中共所需要不是塗塗紅藥水，刮刮爛瘡疤式的表層治療，而是需要深切剖割，需要動大手術。現在，九億人民正看著：華、鄧中央有沒有這樣的勇氣？有沒有這樣的決心？

一九四九年後，特別是一九五七年後曾經在中國大陸生活過的人，料必都會同意，他們在生活中所碰到的壞黨員往往比好黨員更多。好黨員不是沒有，而實在是太少了。為什麼會出現這種現象呢？我們認為不必從什麼階級性或人性方面去尋找答案，只要看一看中共的黨章就可以知道。因為中共吸收黨員的手續和辦法，根本就是落後的，漏洞百出的，不合時宜的。

吸收黨員辦法落伍不科學

中共一九二一年建黨，它的黨章和吸收新黨員辦法，基本上抄襲蘇聯。可是從一九二一年的「全國第一次代表大會」到一九七七年「第十一次代表大會」，中間經過五十七年，中共黨員由「一大」的五十三人變成今天的三千七百萬，中共也由默默無聞的地下黨，變成統治九億人民九百六十萬平方公里土地的執政黨；而世界也已由蒸氣時代進步到核子時代，可是中共吸收黨員的手續和辦法，幾乎是一成不變。

一九二一年七月中共「一大」黨綱第四條和第五條第七條如此規定：

「④黨員資格不分性別和國籍，凡接受本黨綱領和政策，並保證忠於本黨者，經本黨黨員一人之介紹，得為本黨同志，但在入黨前必須與反對本黨綱領的任何政黨或團體斷絕關係。

⑤介紹入黨程序：應將申請人提請地方蘇維埃審查，審查期間最多以二個月為限。審查以後，經過多數黨員同意，申請人即可取得黨員資格，如該地區已成立執行委員會，則該黨員資格應由該委員會批准。

⑦任何地區有黨員五人時即可組織該地區之蘇維埃。」

一九二二年七月中共第二次全國代表大會通過的「中國共產黨組織章程」，規定吸收黨員的辦法手續，和「一大」「黨綱」幾乎完全一樣。「二大」「黨章」第二條這樣說：

「凡願加入本黨者，應由本黨黨員一人介紹於當地地方執行委員會，由該會轉報區執行委員會，再由區會轉報中央執行委員會。經區委員會及中央委員會之調查並通過，即可成為正式黨員。」

四十七年後，一九六九年四月十四日，林彪權勢最盛的時候，「中共召開九大」，可是「九大」通過的吸收新黨員辦法，幾乎跟「一大」、「二大」時一樣。「九大」黨章第二章第二條說：

「申請入黨的人，必須個別履行入黨手續，有黨員二人介紹，塡寫入黨志願書，經支部審查，廣於聽取黨內外群衆的意見，由支部通過和上一級黨的委員會批准。」

「林彪事件」後一九七三年八月二十八日，「四人幫」權勢最盛時，「中共十大」黨章，第二章第二條完全照抄「九大黨章」，一字不易；打倒「四人幫」後一九七七年八月十八日，由華國鋒、葉劍英、鄧小平主持召開的「中共十一大」所通過的黨章，關於申請入黨手續這一條，基本上也是照「九大」黨章的手續，只是最後修改幾個字入黨申請人成為正式黨員須先爲預備黨員，恢復了「八大」的辦法。「十一大黨章」第一章第三條這樣說：

「申請入黨的人，必須個別履行入黨手續。要有正式黨員兩人負責介紹，塡寫入黨志願書，經支部審查，廣泛聽取黨內外群衆的意見，由支部大會通過和上級黨委批准，才成爲預備黨員。上級黨委對於申請入黨的人，在批准他入黨以前，要指派專人同他談話，並進行認眞的審查。」

經我們所列舉出的這麼多「中共黨章」條文，充份證明五十七年來，中共在這方面思想僵化不思改進，完全不動腦筋，照抄照搬，既不管國內外形勢的變化，也不管世界科技的突飛猛進。在一切事物都急劇變化，科學技術一日千里的今天，中共袞袞諸公們，你們在處理申請入黨手續這個問題上，仍然因循守舊，仍然死抱一九二一年的教條不放，既不照顧客觀實際需要，又不實事求是。我問你們還有什麼資格稱爲「無產階級先鋒隊」？在這個問題上，中共袞袞諸公，不是走在時代的前頭，而是落後了半個世紀。

黨員質素下降導致脫離群衆

中共自一九二一年以來，實行由一兩個黨員介紹支部審查，上一級黨委批准的吸收辦法是不是最好的不可改變的辦法呢？經過三十年實踐的經驗，已經一再證明了這個辦法不是好辦法，反而是糟辦法。這個辦法使中共吸進數百萬，甚至上千萬的壞黨員和不夠資格的黨員。其結果不但拖慢了中國的經濟建設，使數億人民受苦，而且破壞了中共在人民心目中的形象；破壞了中共的威信。同時還破壞了中共組織的完整性和穩定性；而且導致中共面臨一個最嚴重的問題——信任危機。

從「九大」到「十一大」黨章中，雖然都載有「廣泛聽取黨內外群衆意見」幾個字，可是這句話和中共曾經說過的「畝產十萬斤」，以及林彪、「四人幫」曾經說過的許多大話、空話、假話完全一樣，只是一句「偉大的空話」。中共各支部吸收新黨員時根本就沒有這樣做，而且也做不到。另一方面中國人民經過五十七年「引蛇出洞」的教訓之後，群衆基本上就不敢對中共黨員和黨組織說眞話了。近二十年來，中共時興一言堂，而不是群言堂，什麼都是書記說了算。根本就沒有聽取群衆意見，因而吸收進來的新黨員，往往是最不親近群衆，群衆對他意見最大的人；往往是那些滿口大話、空話、假話的人。這些人只要善於鑽營，善於巴結黨支部書記和本單位的領導，就能順利入黨；入黨之後就能順利做官，順利升官；甚至還能夠「升官發財」，享受用不完的特權。

「入黨做官論」絕不是「四人幫」的教唆，而是人民群衆對近二十多年來的實踐總結。像陳永貴這樣斗大的字都認識不了幾個的大老粗，入黨之後可不是也做了官嗎？非但做官而且做到政治局委員兼副總理這樣的一品大官。

中共吸收黨員辦法，是「中共一大」的產物，是二十年代的產物，是處在啓蒙階段，處在最困難的地下鬥爭時期的產物。在那個時候，在地下鬥爭的惡劣環境下，這種吸收新黨員的辦法是最佳的。那時不可能廣泛去徵詢群衆的意見，群衆的覺悟也低，看不出問題。因而，只能由一兩個黨員介紹支部審查，上一級黨委批准。

解放後申請入黨者部份動機不純

此外，當中共尙處於困難的環境時，入黨非但無官可做，而且有可能隨時送命。因此，在中共奪取政權之前，特別是在一九四五年中共未充份強大之前，要求加入共產黨的人，他們的動機都比較單純，眞有獻身的精神。他們的確是爲了入黨之後能更好地爲國家爲人民多做一點好事。因而，一九四五年以前，中共能吸收中國大部份精英，這也就是中共能夠迅速取得「革命勝利」的主要原因之一。

一九四五年抗戰勝利之後，中共黨組織像核子分裂那樣迅速擴大。一九四五年四月至六月召開「七大」時，全國黨員人數已超過百萬。

一九四九年中共奪取了政權，它所處的地位跟以前大大不同了。中共已經由一個受壓迫、被圍剿的在野黨，變成掌握行政權、司法權、立法權的執政黨；不僅要領導數以百萬計黨員和數百萬軍隊，而且還要領導五億人民；發展到後來（五七年後）竟然要變成領導一切。

由於中共成立執政黨，黨員所處的地位也起了最基本性的變化。參加共產黨再也不必冒著被殺頭的危險，反而大有做官升職的希望。在這個時候，中共領袖實在應該考慮修改吸收黨員的辦法，訂出更嚴格的條例，防止動機不純份子、投機份子，假裝積極的僞君子混進黨內。可是毛澤東沒有考慮到這個問題，劉少奇沒有考慮到這個問題，周恩萊、朱德、陳雲以及鄧小平也同樣沒有考慮到這個問題。中共吸收新黨員，仍然治用地下鬥爭時期的老辦法，仍然沒有充份徵詢群衆的意見。同時，中共中央也沒有考慮到限制吸收黨員人數，反而根據舊教條，大叫擴大吸收新血，結果黨組織作無限度的擴張，幾年之間，黨員的人數便翻了幾翻。

黨員火箭式標升有必要嗎？

一九四五年「七大」時，中國人口是四億五千萬，共產黨員是一百二十一萬。黨員人數佔總人口比例是百分零點二六。

一九五六年「八大」時，中國人口是五億五千萬，共產黨員一千零七十三萬。在短短的十一年間，黨員人數增加了八點八七倍。黨員佔總人口比例，也由百分之零點二六增加到百分之一點九五。增加了一點六九。

一九七七年「十一大」時，中國總人口是九億人，黨員人數是三千七百萬。黨員人數又增加三點四五倍。黨員佔總人口的比例是百分之二點四三。再增加了零點四八。

一九八〇年中共黨員人數料必又增加了幾百萬，黨員佔人口比率料必已超過百分之二點五。

中國人口只是以數學級增加，中共黨員人數却是以幾何級增加，這種火箭式的數字遊戲，到底有沒有這樣的需要？黨員人數的不斷增加，黨員佔人口比率的不斷增加，未必就是「加強黨的領導」，可能反而起著削弱黨的領導，破壞黨的領導的反作用。

一九二五年「四大」時，全國黨員只有九百五十名僅佔四億人的百萬分之二點三。可是却能對中國革命事業起著異常重大的影响。由此可以證明「加強黨的領導」不是看黨員人數的多寡，而是看黨員的素質，看黨員在革命事業中所起的作用。

人多好辦事是錯誤的口號

毛澤東曾發出「人多好辦事」這樣的「最高指示」，這種理論可以說是害人不淺。他說了這麼一句話，便「打倒一馬，增加三億」，為中國帶來數不盡的難題。中共黨員人數由數百萬增加到數千萬，是不是「人多好辦事」呢？答案也是否定的。人多非但不好辦事，而且更難辦事。一個和尚挑水喝，兩個和尚抬水喝，三個和尚沒水喝」的寓言應驗到中共的頭上了。

黨員人數不斷增加，導致黨、政、軍、工團各種行政機構惡性膨脹，副部長、副主任、副處局、科長多如牛毛，什麼事都你推我諉，不敢負責，不肯下手幹；雞毛蒜皮般的事情，也要來一個公文大旅行。大部份黨員幹部都是佔著毛坑不拉矢。這一點，不僅在大陸生活過的人有深刻體會，連每一個跟中共官員接觸過，打過交道的華僑，外商遊客都有相同的深刻體會。

我們覺得，中共黨員人數不斷增加，對中共本身沒有什麼好處，壞處却很多。黨組織惡性膨脹的結果，使中共中央的政令下到基層完全變了樣，使「四化」無法順利進行；使中共逐漸形成一個脫離人民，與人民利益相對立的「新階段」——新的特權階段；使中國共產黨從歷史上「偉大、光榮、正確」的黨，一度變成「封建法西斯」政黨，變成朝令夕改，言而無信的政黨；變成小官小貪、大官大貪（最常見是「走後門」方式）的政黨。

我們認爲，一九四九年後，中共仍然採用地下鬥爭時期吸收新黨員辦法是一項很嚴重的錯誤，而漫無止境擴大吸收新黨員尤其錯誤。一種商品不加限制地盲目生產，會使這種商品價格下降；一個國家不加控制地濫印貨幣，會導致貨幣貶值；一個政黨漫無限制地吸收新黨員，除了會令黨員貶值之外，還會爲人民帶來上面所列舉的禍害，以及許多我們未發現的禍害。

無論從生物學觀點或是從社會學的觀點，都可以證明，無論動物還是人類，出類拔萃的精英永遠是少數，如果多了，普及了，就不成其精英而需要從中產生更加精萃的精英份子。中共黨員也必然是這樣。「四大」時，中共人數只佔總人數的萬分之二點三，必然皆是精英，現在黨員人數已佔總人口的百分之二點五，那麽，必然吸收許多渣滓糟粕，這是千古不易的顯淺道理。

新黨員應由群眾推薦

現在，「十一屆五中全會」開過了，「十二大」又將在今年底召開。趁著「十二大」召開之前，我們向中共中央提出兩項我們認為影响重大的建議。

第一、修改黨章，廢除舊的吸收黨員辦法，採用完全新創的辦法。

中共既然認為，黨員不應該是新貴族，不應該是特權份子，而應該是人民群衆的榜樣，那麼吸收新黨員就不應該只是黨支部的事，就不應該採用兩名介紹，黨支部審查的老辦法。而應該從群衆中來，再到群衆中去。由群衆或群衆大會推薦新黨員名單，或者參照基層選舉辦法，由申請入黨者自己報名，群衆推薦（應該採用不記名投票辦法）選出入黨申請人名單，交由黨支部討論提意見；再把群衆大會的意見（要向群衆公開）和黨支部的意見一齊送交上一級黨委會，以及人民代表大會研究審查，最後再召基層群衆大會，討論上級黨委會，人代會的意見，凡是群衆與黨委會一致認為可以吸收入黨者，就成為中共黨員或預備黨員。群衆和黨委雙方都擁有否決權，任何一方不同意這個人就不應吸收入黨。

重建黨組織清除黨內瘀血

第二、正如上面所說，我們認為，現時中共黨員不是太少了，而是太多了，而且是壞的黨員太多了。因而，「十二大」再也不應該繼續擴大吸收黨員，而應該像搞計劃生育那樣，要設法削減黨員的人數。讓那些不夠資格的黨員，暮氣沉沉，消極怠工的老油條黨員，排出黨外。可以採用自動退黨、勒命退黨、開除出黨各種不同辦法處理。

方式方法可以多樣化，但必須眞正地充份地發動群衆却是一條不移的規律，如果群衆還是怕事還是不講話，那麼好的壞的黨員就無從分辨；假如群衆沒有充份發動起來，以後就不可能對黨員和黨組織起著有效的監督作用。發動群衆不一定要搞暴風雨式的群衆鬥爭場面，可以採取和風細雨的方式，擺事實，講道理，提意見。恕我們無法一下子爲中共想出十全十美的可行辦法，但我們認爲，只要不搞「逼供信」，不搞揪鬥活動，不動手打人，那麼，以前「四淸」那套辦法是很有參考價値的。中共第一代元老人材濟濟，雖然年華已老，但頭腦還淸醒，他們是應該可以想出辦法來；中共的第二代胡耀邦、趙紫陽這一輩，人材也不少，他們雖然也已過六旬，但對政治家來說還是大有可爲之年，只要眞正注意到這個問題，也應該可以想出解決的辦法來。

中共十一屆五中全會建議提前召開中共第十二次全國代表大會的同時，還指示各省、市、自治區，以及各中央機構和「解放軍」各部門，採用以無記名投票的差額選舉辦法，選出出席「十二大」的代表。由此可見，華、鄧中央已經注意到「黨代表」的眞確代表性問題；我們希望他們在「十二大」召開之前，也注意到吸收新黨員辦法和黨員人數不斷增多，黨的各級機構過於膨脹的問題，並加以妥善解決。

我們自白

中共十一屆五中全會，雖然打倒了汪、陳、吳、紀等「凡是派」頭頭，但由於上層、中層、基層仍然存在許多混進黨內的壞人、庸人、蠢人，實現「四化」的障碍仍然很大；極左派復辟的危險並未成爲過去；亡黨、亡國的危險仍然存在。那麼，中共的希望在那裡呢？我們認爲，希望在於如何搞好基層組織，希望在於如何把群衆喜愛的人吸收入黨，安置到領導崗位，消除基層黨組織與群衆的隔膜；讓群衆的意見能夠得到正確的表達。

然而，即使華、鄧中央全盤接受我們的建議；即使中共基層組織的情形已得到相當程度的改善之後，我們相信，那時中國大陸的社會狀況和我們所追求民主社會主義理想仍然會有很大的距離。我們希望看到，九億中國人民能夠享有眞正的自由和民主；能夠享有眞正的有足夠社會福利的富裕的社會主義；我們相信民主社會主義的理想，要全國人民經過相當長時間奮鬥，才有現實的希望。

我們承認，我們向中共中央所提的兩項建議只是「改良主義」，只是要求執政者向人民讓步，這是徹底革命者所不屑爲的。然而，我們有自知之明，我們不是領導潮流創造歷史的英雄人物，我們所能夠做到的只是發表議論，中共如果能夠順應民意，做一些改革，向人民的要求和願望作多少讓步，對大多數中國人民來說，也是一件好事。「十一屆三中全會」後，中共開始向人民採取讓步政策，結果農村的情況大大好轉，人民可以吃飽飯，可以買一斤半斤肉包餃子，比起「四人幫」時期好多了，中共中央如果能夠從善如流，在其他方面也大胆進行改革，照顧人民利益，這無論如何總是一件好事，總比進行封建法西斯統治好，我們希望中共華、鄧中央多做點好事，少做點像鎭壓魏京生，取銷四大自由這樣的壞事，不要老是擔心解放思想進行改革會影响「安定團結」。

「東西方」第十五期

一九八〇年三月十日

肅清愚民政策的流毒

打倒「四人幫」之後，中共中央一心要攪「四化」，可是攪了三年多，「四化」的指標却是愈調愈低，困難也愈來愈多。鄧小平第一次復出時曾說「積重難返」，四、五年後的今天，仍然是「積重難返」。無論葉、鄧、李、陳等元老何等心急如焚，下面還是優哉悠哉；儘管花了大量外滙講入先進設備，但這些先進設備却長期躺在倉庫裏派不上用場；一句話，當前中共中央最感棘手的問題還是人的問題，黨員和幹部的問題。這個問題不能解決，一切問題都無從解決，「四化」也就沒有希望。

中共幹部缺乏專業知識

一九八〇年一月十六日鄧小平在中共中央召開的幹部會議上，發表了「關於目前形勢和任務的報告」這篇報告初步接觸了這個問題，他說：「現在國際國內普遍都感覺到我們人浮於事、官僚主義、辦事拖拉、到處靠開會劃圈過日子，許多問題一個電話就可以解決的，拖到半年解決不了。這樣還攪什麼四個現代化！所以，好多外國人說中國這樣攪四個現代化沒有希望，國內的人民也有這個議論。這是眞的，不是假的。辦法是什麼？就是要改變幹部缺少專業知識、專業能力的狀態。現在我們的幹部是不是多？像我們這麼大的國家，一千八百萬幹部，就絕對數字來說，並不算多。問題是幹部構成不合理，缺少專業知識、專業能力的幹部太多，具有專業知識、專業能力的幹部太少。比如現在我們能擔任司法工作的幹部，包括法官、律師、審判官、檢察官、專業警察，起碼缺一百萬，我看缺兩百萬。可以當律師的，當法官的，學過法律、懂得法律，而且執法公正、品德合格的專業幹部很少。又如我們的教師，合格的大中小學教師，全國如果增加二百萬、三百萬，不算多。我們的學生，中小學生多，大學生很少，在校的不過一百萬。拿美國來說，大學生一千萬，它是二億二千萬人口，二十二個人就有一個大學生。如果我們有二百萬到三百萬在校大學生，我們培養的專門人材就會比較多。這就要求增加辦學校的人材，增加教師。我們中小學教師也不夠，很多教師負擔太重，影响到教學水平。我們也需要大量的合格的學校管理人員，這也是專業人員。比如學校黨委的領導同志，應不應該是個專業人員呢？應該是。他可以不是教學人員，但至少應該是懂得教育的有管理學校專長的專業人員，會管某一類學校。總之，目前的問題並不是幹部太多，而是不對路，懂得各行各業的專業的人太少。辦法就是學。一個是辦學校，辦訓練班，進行教學，一個是自學。總之，要下苦工夫。在那個行的，不管年齡多大，必須力求使自己學會本行。學不會的或者不願學的，只能調整，沒有別的辦法，你耽誤事業嘛。今後的幹部選擇，特別要重視專業知識，我們長期都沒有重視，現在冉不特別重視，就不可能進行現代化建設。」

鄧小平雖然知道今天，中共幹部嚴重缺乏專業知識，並提出他認爲可行的解決辦法。但我們認爲，依照鄧小平的辦法去做也不能眞正解決問題，因爲鄧小平並沒有深入去挖掘造成這個問題的眞正病根，因而未能對症下藥，未能提出具體可行的解決辦法。

要害在愚民政策

中共幹部不僅缺乏專業知識，甚至缺乏最普通的常識，瞎指揮亂指揮已發展到勞民傷財，天怒人怨的地步。若只簡單地依照鄧小平的辦法去做，「辦學校、辦訓練班。」恐怕再過三十年還是依然如此。冰凍三尺，非一日之寒，難題如山，豈是辦辦訓練班所能解決的？要想解決中共這個老大難問題，我們認爲：

第一、不能諱疾忌醫，要照X光，要做心臟電圖，要做腦波電圖，深入檢查，徹底找出病根；

第二、要不怕痛，不怕流血，不怕動大手術；

第三、不要像曹操那樣多疑，把指出自己病因提出治療辦法的良醫都當作「階級敵人」殺掉。

。應取曹操與華陀的故事教訓。中共當局不要一次又一次地把一心一意地爲你們治病的華陀

毛澤東評「水滸」時說，「水滸」的要害在於招安，宋江投降之後就去打方臘。那麼中共的幹部問題要害在那裏呢？一言以蔽之，要害在於愚民政策；在於「外行領導內行」。這種話在中國大陸說，也許要付出「十五年徒刑」的代價，可是事實俱在，不能不說。當我們深入探討中共幹部問題的時候，倘若不指出其要害所在，那只是隔靴騷癢，根本不能對症下藥。

中國是一個文明古國，重視知識是中國的優良傳統。「萬般皆下品，唯有讀書高」雖然

是過份了一點，但人民群衆還是尊重「讀書人」的；帝王將相也還是尊重「讀書人」的。五千年來，「焚書坑儒」的皇帝中國只出現一個，就是名聞古今中外的秦始皇。秦始皇不但統一了中國，還統一了中國的文字，功勞不少，可是因爲暴虐無道，因爲焚書坑儒，就使他遺臭萬年。毛、林、四雖然大力製造輿論，爲秦始皇翻案，却是無濟於事。

在中國悠久的五千年歷史中，對待知識份子態度唯一與秦始皇相同的統治者便是毛澤東。毛澤東一九五八年五月八日在中共八屆二中全會上說：

「秦始皇算什麼？他只坑了四百六十個儒。我們坑了四萬六千個儒。我們鎮反，還沒有殺掉一些反革命的知識份子嗎？我與民主人士辯論過，你駡我們是秦始皇，不對，我們超過秦始皇一百倍。駡我們是秦始皇，是獨裁者，我們一貫承認。可惜的是，你們說得不夠，往往要我們加以補充。（見「毛澤東思想萬歲」一九五頁）

然而，毛澤東這種錯誤觀點，中共中央非但未能加以糾正，而且接納容忍，遵命照辦，使毛澤東對待知識份子的錯誤態度，變成黨的「既定方針」。

一九五七年以前，情況還不是這樣，那時群衆還尊重知識份子，中共的黨政幹部也還沒有那麽跋扈，知道自己文化水準不高，還有很多東西不懂，而中共中央當時基本上還重視知識份子的。社會上仍保持傳統上重視知識份子的風氣。

一九五六年一月二十日，毛澤東在中共中央召開的「關於知識份子問題會議」上發表講話，那篇講話跟五七年後的講法全然不同。當時他是這樣說的：

「對知識份子也盡是說他們不好，可是這次會上同志們說知識份子中進步份子佔百分之四十左右，中間份子也佔百分之四十左右，落後的當然也有，但是可以改變的，而且應該促進這種改變。可是有的同志看不到這種變化，想到沒有對象的地方去決鬥，對象沒有了，還要決鬥，這就成唐·吉柯德了。」（見「毛澤東思想萬歲」第二十九頁）

還說：「有的同志說些不聰明的話，說什麼　不要他們也行　，老子是革命的　，這話不對。現在叫技術革命，文化革命，革愚蠢無知的命，沒有他們是不行的，單靠我們老粗是不行的。這些話是聰明的話，要向廣大幹部講淸楚。現在打仗，飛機要飛到一萬八千公尺的高空，超音速，不是過去騎馬了，沒有高級知識份子是不行的。現在我們看出這件事，就可以開始主動，要有大批的高級知識份子，就要有更多普通知識份子……同志們回去要向各方面說淸楚這件事情，中國應該有大批知識份子，先接近世界水平，然後趕上世界水平。」（見「毛澤東思想萬歲」第三十四頁。）

鄧小平和中國人民至今仍然念念不忘一九五七年前中國大陸的盛景，那時爲什麼會出現盛景呢？那是因爲中共最高領導人毛澤東基本上還尊重知識，還尊重知識份子；中共還能製訂出一套較爲具體的知識份子政策，並能遵守這項政策；而且當時社會上還保持著尊重知識份子的傳統。知識份子在一九五七年前還能說話，說話也還有人願意聽。正因爲這樣，完全違背自然規律，完全違背經濟規律的胡作非爲還不至於出現。

極左路線冒頭　仇視知識份子

一九五七年，爲了一些人在「大鳴大放」中說話過火；爲了一些人不留有餘地，直接點中了中共的痛處，使毛澤東和他的支持者對知識份子的態度作了一百八十度的轉變。「知無不言，言無不盡，言者無罪，聞者足戒」便變成是「引蛇出洞」的陽謀。

「蛇不讓它出來怎麽能捉它？我們要叫那些王八蛋出現唱戲，在報紙上放屁，長長他們的志氣，然後讓人民看淸楚，人民就認識他了，我們是一逼一捉，一鬥一捉。城裡捉，鄉裡鬥，好辦事。」（一九五八年四月六日毛澤東在漢口會議上的講話。見「毛澤東思想萬歲」一八五頁）

「讓那些毒草長出來，讓那些牛鬼蛇神出來，怕它幹什麽呢？那時，我們講不要怕，可是我們黨內有一些同志，如XXX等，忠心耿耿，爲黨爲國，就是怕天下大亂……右派的進攻對我們來說，也是一種鍛煉，還是要感謝右派的進攻。對於我們黨，對於廣大群衆，各民主黨派、青年學生、工人階級、農民，右派對我們的教育最大，對於這些右派，現在是我們『圍勦』，每個城市都有一些右派，他們是要打倒我們的。」（一九五七年七月八日毛澤東在上海市各界人士會議上的講話，見「毛澤東思想萬歲」一一〇直至一一一頁）

反右運動，不僅在中國政治史上是史無前例的，在世界政治史上恐怕也是史無前例的。一個執政黨，一個政府要求人民批評它的過失，以便「協助黨整風」，並且一再保證「言者無罪，聞者足戒」。結果却變成「引蛇出洞」，黨和國家的最高領導人還得意洋洋地宣稱這是「陽謀」，這可以說是人類史上最大的政治欺騙。受騙的不止是三、四十萬「右派份子」，還有三百多萬知識份子，還有六億五千萬中國人民。

然而直至現在，直至全部「右派」都獲得摘帽平反的今天，中共還認爲「反右」是正確的必要的，一九八〇年一月十六日鄧小平在中共中央幹部會議上作「關於目前形勢和任務的報告」時說：「一九四九年到一九五七年，我們用八年時間基本上完成了農業、手工藝和資本主義工商業的社會主義改造，進入社會主義。這個時候出來一股思潮，它的核心是反社會主義，反對黨的領導，有些人是殺氣騰騰的啊，當時不反擊這種思潮是不行的。問題出在那裏呢？問題是隨著運動的發展，擴大化了，打擊面廣了，打擊的份量也太重。……總之，一九五七年的反右本身沒有錯，問題是擴大化了。」

我們不能同意這種說法，我們認為反右的本身就是一種錯誤，就是一種政治欺騙。

一九五七年，社會上開始出現一種不滿共產黨的情緒。為什麽會出現這種情緒（或者思潮）呢？一種情緒、一種思潮不是憑空產生的，它的產生需要一定的客觀條件，需要一定的社會基礎。那時之所以出現不滿共產黨的情緒，絕不是三幾個大右派所能挑起來的，也不是知識份子所能煽動起來的。問題出在中共自己身上。因為中共黨內以毛澤東為首的極左思潮冒頭了，一九五五年的農業合作化運動攪得太快了；一九五六年對手工業和資本主義工商業的改造也是太快了。中共的農業合作化和對手工業、工商業的社會主義改造，基本上都是採用行政上強迫命令的手法推行的，因此官僚主義也隨之冒頭。而正由於官僚主義冒頭，中共才會開始脫離群衆，脫離實際，過高地估計群衆的思想覺悟；對群衆的怨憤毫無所知；也正因為中共對自己的威信估計過高，根本不知道人民的不滿，才會攪「大鳴大放」的花樣，等到攪得自己下不了台又轉過來「反右」。至於「右派」言論，實際只是人民思想情緒的一種反映。而「右派」的所謂「進攻」，也僅止於言論，僅止於在中共各級黨組織召開的座談會上的發言，仍然在「言者無罪」的範圍之內。「右派」並沒有發動叛亂，也沒有去攪顛覆政府的活動。假如中共言而有信，記得自己說過的話，遵守諾言，那麼事情也沒有太了不起的。中共只要不照「右派」的話去做就行了。在中國大陸報紙、雜誌、電台等一切傳播機器完全掌握在中共的手裏，如果中共不攪擴大化，不在報上吹，「右派」的言論根本就難出會場，根本就不會有什麼影响。可是，毛澤東聽了幾句不中聽的話便大發雷霆，其他中共領導人也沉不住氣。一方面通過電台、報紙大肆宣傳「右派」的所謂「謬論」，擴大「右派」言論的影响，另一方面却「組織反擊」，大攪「反右運動」，這樣做不僅手段錯誤也是決策錯誤。毛澤東應該對錯誤負責，當時的中共中央政治局和劉少奇，也要對錯誤負責。據我們所知，當年劉少奇主張反右比毛澤東還要堅決，還要強硬。

光明成為過去　黑暗時期開始

一九五七年的「反右運動」不僅是中共歷史一個重大轉捩點，也將是中國歷史一個重大轉捩點，「反右運動」的禍害，不僅在於打擊了三、四十萬個知識份子，而在於否定知識份子的社會地位和社會價值；而在於破壞了中國人民重視知識，尊重知識份子的優良傳統；而在於因而導至官僚主義、教條主義膨脹；而在於中共極左派開始推行愚民政策，愚弄和毒害後代。

二十年來中共雖然宣稱「反右運動」取得了偉大的勝利，但事實上中共所取得的只是「慘勝」而不能稱爲勝利。因爲中共已在不知不覺中付出了它根本付不起的代價。這個代價就是使中共領袖和黨中央喪失了信譽和威望；此後再也沒有人像以前那樣毫無保留地相信共產黨，再也沒有人敢說眞話，大家說的只是客套話、大話、空話、假話；這樣也就爲「文革十年浩刧」，爲林彪、「四人幫」的上台奠定了基礎。

「反右」不僅傷害了人，傷害了被劃成右派的人，而且傷害了心，傷害了知識份子的心，傷害了人民群衆的心。「反右」後，中共對待知識份子的政策也做了根本性的改變。知識份子在毛澤東和大部份中共領導幹部的眼裏，便從「有用的人」變成「資產階級」，變成「臭老九」、「是最無知識」的人。毛澤東說：

「智慧都是從群衆那裡來的。我歷來講，知識份子是最無知識的。知識份子把尾巴一翹，老子不算天下第一，也算天下第二。」（一九五七年七月八日毛澤東在上海市各界人士會議上的講話。見「毛澤東思想萬歲」一一九頁）又說：

「對資產階級知識份子，我們總是說要改造，從來沒有說不要改造。知識份子要向勞動人民投降。知識份子在某一點上總是最無知識。」（一九五八年一月二十八、三十日毛澤東「在最高國務會議上的講話」，見「毛澤東思想萬歲」一五八頁）

「四人幫」「寧要一個沒有文化的勞動者，而不要一個有文化的剝削者、精神貴族」倒不是沒有理論根據，其理論根據是毛澤東的「最高指示」。在這一點上，「四人幫」倒確實是發展和豐富了「毛澤東思想」。

毛澤東不是要「矯枉過正」嗎？毛澤東不是說「知識份子是最無知識的」嗎？林彪、「四人幫」就矯得更左，做得更絕了。除毛澤東四卷「雄文」和那本人手一册的「紅寶書」之外，一切書籍，一切文化都變成帝、修、反，統統要燒掉。毛澤東一九五八年說他超過秦始皇一百倍的話，一點也沒有誇張。其實「文革」所焚掉的書豈止秦始皇的百倍，簡直是百萬倍；「文革」所逼害的知識份子豈止四百六十人，起碼有四百六十萬人。

經過「文革」風暴的「洗禮」，於是知識份子變成「臭老九」，知識變成原罪。無知識最光榮，有知識就是罪過；於是幾千萬青少年不讀書，不用考試；於是中國到處又出現文盲，未讀過書的文盲，小學畢業的文盲，甚至高中畢業的文盲；於是，學有專長的教授去洗廁所倒大糞，而考試交白卷的人却升上來管理大學（例如張鐵生），當上人大常委。自一九五七年「反右」之後，中國實際上是一步步地走上了中世紀反知識反科學的黑暗的封建專制道路。

關於這一點，現在雖然有批，但批得不深不透，忌諱還多得很。我們認爲這種「猶抱琵琶半遮面」的姿態，是無助於問題的解決。要想解決積二十年的弊病，就應該直接了當地指出禍害在那裏？

我們認爲禍害在於愚民政策。從「反右」到「文革」以毛澤東、林彪、四人幫爲代表的中共黨內的極左派是在一步步地推行和擴大愚民政策，而「文化大革命」是愚民政策發展的最高峰。

肅清愚民政策的流毒

鄧小平一再嘆喟，萬金油幹部太多了，專業幹部太少了。有什麼辦法？「反右」期間你們不是強調「外行就是領導內行」嗎？你們不是強調「共產黨要領導一切」嗎？試問，毛澤東或者中共中央什麼時候認眞號召過黨員幹部要學習科技，學習管理學，學習經濟學呢？什麼時候曾經強調過要尊重自然規律、遵守經濟法則呢？

中共黨員和幹部「解放」前相當熱心於學知識，學文化。但「反右」後他們不想學了，他發覺知識無用，甘於當外行，甘於當大老粗。他們不止不以無知識爲恥，反而引以爲榮，於是，「大老粗」、「外行」這類貶義詞在中共的字典裏便變成褒義詞。沒有文化的領導幹部一開口就說我是「大老粗」，我是「外行」，且洋洋得意，沾沾自喜。這種極端惡劣的傾向，經過五十年代、六十年代、七十年代中共都沒有去糾正過，試問這種思潮怎能不像洪水般泛濫，到處爲患呢？

近二十年來中國這個有幾億人口的大國，就是由這一批沒有知識和不尊重知識的人掌舵。上面是毛、林、四，下面是一大群無所用心的大老粗。正是「盲人騎瞎馬，夜半臨深池」，今天，中國還仍然存在，沒有亡黨、亡國、絕種、滅族，可謂是不幸中的大幸了。

「反右」運動實質上是一種反事實、反民主、反知識的運動，這場運動種下一切災難的禍根。「反右」後緊接著出現的是「人民公社、大躍進、大煉鋼鐵」。毛澤東一聲號令，全國就在一夜之間建立半全民所有制的人民公社，農民也就在一夜之間把豬、羊、雞、鴨宰光殺盡，統統吃進肚子裏；那三、四年間，世界上最荒唐怪誕的事情，我們中國人都去做了，我們拆了房子去築高爐，我們砸爛鐵鍋，撬毀鐵門去當原料，我們去砍伐樹苗林木來當燃料，然後挑燈夜戰去煉出一錠錠廢鐵；我們去拔掉幾百畝田的稻穗揷到一畝田裏來製造畝產十萬斤「衛星田」。而我們的黨和國家領袖，「偉大」「英明」的領袖居然相信這種最荒謬無稽的神話；不僅相信，還不准任何人表示懷疑，略表懷疑者便被打成保守派、秋後算帳派、右傾份子。

然而謊言畢竟是謊言，謊言永遠不能成爲事實。「形勢大好」，「畝產十萬斤」的牛皮神話終於在連續三年大饑餓的事實面前粉碎了。中共也發現自己的荒唐，並採取一些調整措施，可是，對毛澤東這種錯誤的極左的思想傾向批了沒有？對造成這種錯誤的根源挖了沒有？答案是沒有！劉、鄧雖然在工農業生產方面，做了具體的調整，但沒有勇氣去挖毛澤東和中共黨內的極左的根，這也就種下了更大規模更慘烈的「文革」災難的禍根。現在，四人幫倒台已三年多，中共對極左思潮批透批臭了嗎？答案也仍然是沒有。最近三年來，中共批的只是皮毛，距離批透批臭還遠得很。

爲了避免反科學、反文明的歷史重演，爲了防此中國再度出現封建法西斯的黑暗統治，中共必須吸取「反右」和「文革」的慘痛教訓。深入批判毛、林、四的極左思潮，揭露他們逼害奴役知識份子的罪行，徹底肅清愚民政策的流毒。

曾記得實踐派說過，凡錯必糾，徹底糾正行之二十年的知識份子政策，此其時矣！我們認爲當前最緊急的要務，就是要大樹特樹知識份子的威信，讓他們能夠抬起頭來做人；讓他們恢復事業心和工作熱情；向他們證明，「社會主義祖國」也有他們的一份，他們不僅有權工作，而且有權分享「社會主義」福利和政治權利。值此「四、五」運動四周年來臨之際，讓我們高呼：

秦始皇的時代已一去不復返！
中國人民再也不是愚不可及！
讓愚民政策見鬼去吧！

「東西方」第十六期
一九八〇年三月十日

評中共對待民主運動錯誤的態度

「五中全會」之後國內外響起一片歡呼之聲，歡呼「中共書記處」的成立；歡呼胡耀邦、趙紫陽的升官；歡呼打倒「小四人幫」；歡呼取消「四大」（大字報、大辯論、大鳴大放）可是我們却想在這片歡呼聲中唱唱反調：

「人們啊！現在還不是歡呼勝利的時候！」

我們中國人不停地歡呼了三十年，從四十年代（一九四九）歡呼到八十年代，但勝利並沒有隨著歡呼來臨，到來的反而是「三年饑餓」、「十年浩刼」。現在，儘管已經打倒了大四人幫和小四人幫；儘管中共已在某些方面進行改革（特別是經濟措施）；儘管中國大陸城鄉都出現了「文革」以來未曾見過的繁榮現象，但我們仍然堅持說：

「人們啊！現在還不是歡呼勝利的時候！」

爲什麼這樣說呢？因爲中國的現狀距離中國人民所爭取的目標仍然遙遠；因爲在安定表層的下面仍然潛伏著危機。

儘管中共已徹底否定「文革」，並正式爲劉少奇平反，但我們認爲，封建法西斯主義的社會基礎並沒有徹底消滅，極左派借屍還魂的可能性仍然存在。

從「十一屆三中全會」到「五中全會」，大家都看到中共作了許多改革，把許多顛倒了的歷史顚倒回來。但看深一點就會發現，中共的官僚制度仍然是毫毛未動；現在仍然是官主而不是民主；法治的精神仍然十分薄弱，長官意志仍然凌駕於法律之上；現在儘管有多幾個人說話了，但人民的意見還是沒有機會表達，還是「一言堂」而不是「群言堂」。

中共帶頭違憲後果惡劣

「四大」是「中華人民共和國憲法」所賦予人民的權利。「四、五」運動前後人民利用大字報攻擊「四人幫」，擁護以鄧小平爲首的實踐派，那時，鄧小平不但容忍且充份利用這一言論工具。可是當大字報向爭取法制、爭取人權、爭取民主的方向發展時，中共現時的當權派就深惡痛絕，欲根除而後快。抓了一批活躍份子，判了魏京生。又運用行政手段，迫令大字報上山下鄉，大字報也就從熱鬧的西單街遷到人煙稀少的月壇，至於地方官員，一聽到鄧小平不喜大字報的聲音，乾脆下令禁絕。

我們無意在此再花筆墨辯論應不應該取消「四大」，只想指出，只要「人大」尚未正式修憲，尚未正式取消「四大」，那麼「四大」就是合法的，中國人民就有權使用大鳴大放、大辯論、大字報來表達意見，中央人員，地方幹部都沒有權力干涉。誰若進行干涉，誰就是違憲。可是事實擺在面前，自去年春天以來，從中共中央領導人到地方公社幹部都在違憲，他們都在運用種種手段干涉人民貼大字報。這是對法治的重大諷刺。陳雲、彭眞花了很多心血制訂了很多法律，可是中共自上至下連國家基本大法—憲法都沒有興趣遵守，其他法例誰還有興趣去理它？還不是像過去那樣領導說了算！

鄧小平兩次復出都爲中國做了不少好事，但對待「四大」他却樹立了一個壞的榜樣。取消「四大」本來已是一種違反民主的倒退行爲。可是，倘若堂堂皇皇地取消，倘若等待「人大」修憲取銷「四大」之後，才動手客付大字報，影响還不至於那麼壞。現在的情況是「人大」尚未修憲，中共的黨官已經動手了，中央領導人帶頭違憲，必然造成非常惡劣的影响。

恢復五七年前體制此路不通行

在中國大陸生活過的人，熟知中國情況的人都非常淸楚，以毛、林、四爲代表的中共極左派，是怎樣走上封建法西斯專政道路的，他們就是從蹂躪憲法開始。最初是慫恿公安機關違憲，限制人民的遷徙自由和言論自由，繼而發展至取消黨內民主，一人說了算。最後便變成封建法西斯專政。不但九億人民深受其害，連國家元首劉少奇、政府總理周恩來、人大委員長朱德、中央書記處總書記鄧小平，以及現時當權的許多中共中央領導人都深受其害。

警惕啊！河堤決口，多由碗大的小洞開始，千萬不要忘記十年浩刼的教訓，違憲這個洞口旣已打開了，大家就要想辦法把它堵死，否則，說不定那一天又會突然出現一個張彪、李彪、河青、池青、中國又再次落入封建法西斯的黑暗統治。

「五中全會」打倒小四人幫，成立中央書記處，很多人爲此而歡呼！認爲極左派勢力已連根拔起，中國自此走上大治的康莊大道。可是，硏究從「三中全會」到「五中全會」中共的種種措施，我們得出相反的結論，就是前景未可樂觀。

兩年多以來中共變了很多花樣，可是萬條溪流歸大海，中共一千個一萬個花樣可以歸結爲一個，就是要千方百計恢復一九五七年前的社會面貌。而這是不可能的。逝去了的時光永遠不會回來，歷史的巨輪永遠不會倒退，無論華、鄧中央怎樣努力，中國都不可能恢復一九五七年前的狀況。如今的人民已不同於五七年前的人民；如今的青年已不同於五七年前的青年；如今的中共也不同於五七年前的中共；甚至，如今的國民黨都不同於五七年前的國民黨；如今的世界根本就不同於五七年前的世界。想完全恢復五七年前的舊觀，根本就是痴想加夢想，因此，我們希望中共現時的領導人，特別是少壯派，應該站得更高，看得更遠。眞正做到胸懷祖國，放眼世界。不要只看到一己一黨的利益；不要像那些年華老去的婦人那樣，老是追尋往昔的美夢。不必孜孜以求恢復五七年前的舊觀，而應該「解放思想」，爲中國開闢一條走向繁榮富強，人民民主的新路。

開闢民主社會主義的新路

馬克斯、恩格斯僅只爲社會主義制訂一些原則，他們並沒有實踐經驗；更沒有爲世界上所有的國家、所有的民族劃出一條不可逾超的通向社會主義的路軌。也就是說社會主義是一條前人未曾走過的新路，從各個不同的出發點，應該有各種不同的走法。中國沒有必要踏著蘇聯的脚印走，也沒有必要踏著南斯拉夫的脚印走。中國社會有中國社會的特點，中華民族有中華民族的特點，他們具有別的民族所沒有的優點，也存在別的民族所沒有的缺點。中共既然自命爲工人階級的先鋒隊，就應該拋棄所有的條條框框，丢掉背了幾十年的歷史包袱，更加「解放思想」，勇於披荆斬棘，勇於探索，爲中國開闢一條通向繁榮富強的民主、民享的社會主義新路。

可是現在在中共在幹什麼呢？中共是力圖使時光倒流，力圖使歷史的巨輪倒退，力圖把中國拉回一九五七年的起點再走過。因而作爲中國人民的一份子，我們不能不爲中國的前途擔憂。我們發現現時中國所邁出的錯誤的第一步，跟五十年代所邁出的錯誤的第一步是何等的相似！（都是從違憲開始）我你如果不起來指出中共的錯誤，中國人民如果不起來設法阻止中共沿著錯誤的道路走下去，十年八年後不難再出現一場「十年浩劫」。

海外近年來出現一種新的怪論，認爲民主、自由對中國人民來說是一種奢侈品，他們根本不需要或者並不急切需要自由、民主。生活在大陸的中國人只要能夠改善生活，有食有穿就行了。這種言論很能迷惑人，很能爲中共開脫責任，其危害性也就很大。因爲三十年來中國人民實在太窮太苦，太逼切需要改善生活了。然而這並不等於說僅要衣食足，其他就不需要了。中國人民固然逼切需要溫飽，但也同樣逼切需要法治、人權和民主。經驗告訴我們，如果沒有眞正的法治，說不定那一天又突然會颳起一陣共產風，把他們的點滴積蓄都颳走；如果沒有眞正的人權，如果人身自由沒有保障，說不定那一天，那一個領導幹部又突然心血來潮，就可以把他們當作狗屎堆來專政，而要保障法治和人權，就只有實行人民民主政權，打倒黨主官主政治。

儘管中國人民的力量目前還是分散的，儘管中國人民對法治、人權、人民民主的認識還不一致，但今天的人民已不同於五七年前的人民，「秦始皇的時代已一去不復返」，中國人民不會永遠任由擺佈。關於這一點，中共當局應該有深刻的認識。你們雖然大權在握，但千萬不要胡做非爲，「魏京生事件」可一而不可再；帶頭違憲的事情也只可一而不可再。「水能載舟，也能覆舟」，千萬不要忘記「天安門事件」的教訓！

「東西方」第十八期
一九八〇年六月十日

幹部知識化　制度民主化

海外的中國人幾乎沒有一個人不願意看到中國大陸早日實現「四化」，但由於我們對西方世界的歷史和現狀，有比較深刻的瞭解；由於我們對所謂現代化有具體的認識；更由於我們不是黨官而是「旁觀者清」，因此我們常常要說一些喪氣的話，說一些令黨官們聽了很不舒服的話。

經過鄧派一系列的改革，中國農村的確出現了一片欣欣向榮的景象。農民的生活的確有了頗大的改善。連從大躍進以來一直供應緊張的豬肉。現在都已經不必憑票購買了。但農貿市場的繁榮並不能保證「四化」的實現。「解放前」的農貿市場曾經很繁榮。「人民公社」前，農貿市場也曾經很繁榮，但它並不能保證「四化」的實現；過去的經驗告訴我們，大陸的農業和農貿一抓就死，一放就生，而且是立竿見影，十分迅速。因而有必須提醒諸位不要被農貿市場的繁榮現象蒙住眼睛，以致看不到「四化」眞正的絆脚石。

勞動創造世界就是知識創造世界

恩格斯說，勞動創造了人，勞動創造了世界。這話不錯，但三十年來中共官方一直把「勞動」視爲簡單的體力勞動，「腦力勞動」則被斥於勞動範疇之外。三十年來中共官方一直熱衷於把具有專業知識的人趕到幹校和農場去進行「勞動改造」。其實中共當局是對馬克斯主義作非常嚴重的錯誤詮釋。

勞動創造了人，勞動創造世界，其實就是知識創造了人，知識創造了世界。類人猿是通過勞動以增長了智慧，再利用智慧去創造和改良勞動工具，又利用新的工具去創造更多物質財富。如此不停演變，不斷地提高，這才創造出今日的世界；創造出今日的物質文明和精神文明。猩猩利用石頭樹枝去打擊野獸，利用草棄竹枝去沾吃螞蟻，也可算是勞動。倘若類人猿僅僅停留在簡單的體力勞動階段，而不開動腦筋去製造工具和改良工具，那麼牠們永遠不能變成人類。所以說，與其說勞動創造了人，創造了世界，不如說是知識創造了人，創造了世界。可是二十年來（一九五七至一九七七）中共一直在採取反知識的政策。知識被當成原罪，廣大知識份子被當作專政對象。被壓迫排擠，被清算改造。中共反知識政策已奉行二十年，這條毒藤已充份長大，它不僅扼殺了中國的生機，而且已開花結果。現在，這個苦果不僅中共自己嘗到了，九億中國人民也要「分享」。在「四化」高唱入雲的今日，中共雖然發覺到過去所奉行的反知識政策是錯誤的，但他們對錯誤的認識並不深刻。因而我們不得不指出，過去中共所制訂及推行的反知識政策，不僅是錯誤的，是反科學反自然規律的，而且是徹頭徹尾反動的。

幹部知識低落

封建時代，大臣公卿必出名門望族，平民出身者雖有才學也難獲大任。唐代開科取士之後，讀書的人社會地位日趨高漲，平民布衣可憑一紙文章而名登金榜。以後出現「萬般皆下品，唯有讀書高」的不正常風氣。中共取得政權之後便反傳統而行之，不是開科取士，而是排斥知識，奴役知識份子。多讀幾年書的人，申請入黨難於上青天，即使入了黨也絕對不讓他們當掌握實權的官，最多只能在科技部門當有名無實，有職無權的顧問角色而已。這一來，滿朝上下皆大老粗，知識份子則只有洗厠所倒痰盂的份。

曾經在中國大陸生活過，或者曾經因商務或其他事務跟中共幹部打過交道的人，都感到中共幹部幾乎是甚麽都不懂，不僅缺乏專業知識，而且缺乏普通常識，可是許多人不便說或不敢說，有的人說了，也未能令長期居住於海外的人相信。因爲他們說這話時缺乏具體的資料和具體的數據加以支持。現在中共自己披露，就不由得你不信了。一九八〇年六月一日出版的「紅旗」雜誌第十一期，以「本刊特約評論員」的名義發表之「做改革　幹部隊伍結構的促進派」這篇文章說：

「目前我們的幹部隊伍，除了一部份人文化科學水平較高，掌握一定的專業知識和專業技能外，總的來說，幹部的文化科學水平低，專業技能差。據許多地方調查領導班子成員中，在文化科學水平方面，具有大專程度的極少。有的省、地、縣委一把手中，一個大專院校畢業的也沒有。有的省、縣一級幹部中，有相當一部份人還只有小學文化程度。領導班子裏眞正懂業務、懂科學、懂藝術、懂管理的內行是比較少的。有的企業的領導班子成員中，只有一、二個懂得生產技術。在各個部門，缺少專業人才的情況更爲突出。」

大家都知道，中共幹部知識水準低，但料不到其低至如此地步。這一段話假如不刊於「紅旗」雜誌上而刊於「東西方」，相信許多人要斥之爲造謠。現時「紅旗」既然已供認了，當然是百分之百眞實。我們認爲「解放」初期，幹部水準低還不足爲奇，因爲那時除少數上層份子受過較高教育外，其餘都是工農兵幹部。可是在取得政權三十年後的今天，幹部知識水準仍然如此低落，中共實難辭其咎。幹部知識水準如此的低，他們對現代知識如此隔膜，試問如何能領導「四化」？海外論者老早就指出，幹部問題是「四化」最大的障碍。現在，從中共所披露出來的資料更進一步證明了這個論斷的正確。中共既然想實現「四化」，首先就必須著手去解決幹部問題，而且要徹底解決，不能換湯不換藥。

幹部問題是一切問題的關鍵，幹部問題不解決，「四化」絕對不會有指望。我們不能設想那些只有小學程度的第一把手能領導日趨複雜的工業生產；能領導變化多端的外貿活動；能妥善處理各行各業之間的協調關係。二十年來，中國大陸曾一次又一次颳起浮誇風；曾出各式各樣的瞎指揮；曾出現過數之不盡的增產神話，這固然與中共當時的極左路線有關，但也與幹部的知識水準低落有關。

讀過農學院的人不會相信「十萬斤畝」的神話；不會去搞堆肥數尺，密不透風，針揷不入的「小株密植」；讀過冶金學的人不會相信「小高爐」能煉鋼鐵；學過教育學的人不會相信讓半文盲的老工人老農民登上講壇能辦好大學。可是，自中共取得政權之後，那些學有專長，具有專業知識的人，基本都是靠邊站，他們都不敢說話，說了也沒有人聽，是故，一人頭腦發熱，全國便陷於瘋狂。甚麼離奇古怪的事情都做得出來。造成無可估量的損失。

年老幹部思想僵化

中共幹部除了知識水準低落之外，還存在一個「老齡化」問題。中共領導幹部都已七老八十。地方以及基層幹部年紀也一樣老大。據「紅旗」雜誌同一篇文章透露：「從省級、地級到縣級幹部的平均年齡普遍偏大。據調查有的省，省委正副書記的平均年齡在六十歲以上；地市委級幹部的年齡六十歲以上的佔百分之二十以上；縣委級幹部的年齡五十歲以上的也佔了不少的比例：不少的領導幹部長期有病，每天八小時的工作都支持不了，常常需要住院或治療。」人口學上一個國家六十歲以上的老人超過總人口百分之十就是「老齡化」，就會出現勞動力缺乏和枯竭的現象。中共現在是幹部「老齡化」比人口「老齡化」情況更壞。

人愈老愈是不易接受新事物；愈是因循守舊；愈是主觀武斷；幹部老齡化必然造成整個社會工作效率低落，官僚主義嚴重。中共現時的幹部既是知識水平低，又加上「老齡化」情況可說是十分惡劣。試問，仍然由這些幹部來領導，知識份子的積極性、人民的積極性怎能發揮出來？他們對「四化」怎會有信心？

紅旗的甘草藥方

中共不是不知道自己的毛病，而是無法徹底糾正自己的毛病，三十年來一直如此。「反右」明明知道錯了，就是不能改；「人民公社」、「大躍進」明明知道是錯了，也是不能改；二、三十年來的教育政策和知識份子政策，明明知道錯了，却一樣是不能改；非經「十年浩刧」無法省悟。

現在，中共非常淸楚地看到幹部問題的所在，看到了「四化」的最大障碍，但有勇氣有決心改過嗎？拿得出辦法徹底改革嗎？我們看還是不能夠。「紅旗」雜誌開出解決幹部問題的藥方是：

一、「破除論資排輩的思想」，提拔中青年幹部（包括知識份子）。老同志要把培養接班人作爲第一位的事情來做。

二、「要破除專家不能當領導幹部的思想」。

三、在企業單位實行在黨委的領導下的行政首長責任制。「紅旗」雜誌說：「在黨的領導下，在處理一些專門業務和專門技術問題上，聽聽專家的意見，難道會出什麼亂子嗎？我們自己不知道科學的路子怎樣走，由專家做我們的嚮導，不是可以少走很多彎路嗎？」

看了「紅旗」雜誌這條藥方，我們說這只是一條吃病不好，吃人不死的藥方。由此也可以反映出中共中央目前還沒有解決幹部問題的具體辦法，也缺乏徹底進行改革的決心。何以這樣說呢？

第一、直至目前爲止中共仍然只是把知識份子當作「異類」，而不是當作自己人；只希望知識份子當「嚮導」，而不願意知識份子當「領導」；只希望知識份子處理技術性的事務，而不肯讓知識份子處理政治行政事務。一句話，就是不願意讓知識份子握有實權，掌管「印把子」。知識份子在中共的眼裡仍然只是「開荒牛」和可資利用的工具而已。

中國大陸的知識份子已經被欺騙被利用了三十年，現在他們還甘願繼續被利用嗎？中共耍耍花招，如此這般就能夠調動他們的積極性嗎？答案當然是否定的。

「技術事務」和「行政事務」、「政治事務」是不可以截然分開的。過去中共就是一直想把「技術」和「政治」分開，但經過三十年，實踐已經證明不行。

第二、中共並不從根本上去改革幹部制度，而是把「培養接班人」的任務交給「老同志」去做。現在，除了中央和少數省級第一把手，倖存有一些有知識的「革命精英」之外，其餘絕大部份領導幹部都是知識水準低、年紀老大、思想僵化，這種人能夠辨識英才，培養接班人嗎？古語曰：有伯樂始有千里馬，那倒不是說在伯樂之前不存在千里馬，而是沒有人去發現。千里馬落在販夫走卒之手，被當做劣駑來對待，迫其耕田拉車，結果千里馬也就被折磨成劣駑。三十年來中國的事情就是這樣，大量人才被扣上各式各樣的帽子被打下十八層地獄。這些人現在雖然「解放」了出來，但已是年華老去。千里馬已變成劣駑了。「培養接班人」中共已說了二十來年，也做了二十多年。可是，這種由「老同志」去培養「接班人」的方式，經過毛澤東去實踐，結果毛這位「老同志」，却培養出林彪和四人幫來，也就是說實踐已經證明此路不通行。現時中共仍然堅持此方式，不僅注定要失敗，而且說明，當局還是思想僵化，無論怎樣變化都變不出舊的條條框框。

改革幹部制度　允許職業自由

我們認爲要實現改革幹部隊伍、逐漸達到幹部隊伍的專業化、年輕化的願望，光換湯不換藥是不行的。必須忍受很大的痛苦，流很多血，動大手術。把那些知識低、年紀老的幹部徹底換掉。一年換不完兩年，兩年換不完三年，爭取在最短期間內換掉百分之八十以上，使幹部隊伍脫胎換骨，眞正做到專業化和年輕化。而我們開出的藥方是：

①學習南斯拉夫和羅馬尼亞的幹部制度、黨、政分家，先在工廠企業實行眞眞正正的民

主選舉。誰行誰幹，幹不好就下台，不能讓那些「沒有功勞也有苦勞疲勞」的人吃一輩子鐵飯碗。

②可參考英、美等國的學歷制度，幹部想升上那一級，就必須具備那一級的學歷。沒有那麼高學歷的人，想升級就得利用業餘時間進修，取得同等程度，經過考試檢驗，始可升職。學歷制度和民主選舉一樣，有其本身的缺點，但也有很多優點。我們認爲在不重視知識和學歷的中國大陸，重新提倡學歷制度，頗能起到「糾正」的作用。

③職業自由。要有找工作的自由，也要有辭工不幹的自由。三十年來知識份子不受尊重，跟沒有職業自由很有關係。無論是普通的專業人員或是拔尖的學術權威，都一樣沒有選擇的餘地。人事部門把你分配到那裡，你就得老老實實待在那裡。願意也得幹，不願意也得幹；符合專業得幹，不符合專業也得幹。一切哀求抗議都歸於無效。而人事幹部和有關領導，對分配到自己旗下的專業人員，既不必「禮賢下士」，也不必擔什麼心，反正他們是跑不了。有用的時候拿出來用，沒有用的時候隨隨便便擱起來，許多專家都有過被領導擱置的經驗，有的人一擱十多年，直至年華老去。

假如允許職業自由，合則留不合則去，不但知識份子多了一兩個選擇機會，人事官員和黨官對知識份子也就不得不禮貌一點。因爲你對人家不好，就沒有人肯替你幹活。

經過三十年嚴格控制，一旦允許職業自由，必然引起一些混亂。但隨著亂之後來的必然是穩定。資本主義職業一向自由，你跑來我跑去，表面好像很亂，但無形中却爲供求關係所制約，一點也沒有影響社會秩序。所以說，中共既要改革幹部制度和結構，首先就要有决心不要怕亂。野人獻曝，尚盼袞袞諸公垂察。

「東西方」第十九期
一九八〇年七月十日

遇羅克平反引起的聯想

打倒四人帮後，中共爲了許多人平反，爲「三家村」平反，爲「四家店」（彭、羅、陸、楊）平反，爲彭德懷平反，爲劉少奇平反。這些平反很重要，很有意義。但在人民群衆看來，却只是中國共產黨的事，只是黨內鬥爭勝利的一派爲他們的戰友和盟友平反而已。遇羅克的平反則不同，遇羅克雖然只是一個小人物，在中共計劃爲他平反之前根本沒有人知道他是誰。但他得以公開平反，說明中共已走上一個新的里程碑，其影响之深遠，意義之重大，不下於爲劉少奇平反。我們爲遇羅克平反而喝采！

遇羅克不是黨官，只是一個出身於「黑五類」家庭，因「政治條件不夠錄取標準」被剝奪受高等教育權利的下鄉知青。他因出身而獲罪，因思想而獲罪，並被中共當時的當權者以「思想反動透頂」而判處死刑。一九七〇年三月五日，年僅二十七歲的遇羅克就被中共當時掌權者的子彈，貫穿胸膛，奪去生命。但遇羅克的血沒有白流，他的鮮血使人震驚，使人醒覺，使中共有良知的領導者不得不考慮要不要讓出身於「黑五類」的年青人繼續活下去的問題？「文革」期間，北京郊區曾經出現過「純潔村」。一夜之間，那條村子的「黑五類」及其家庭成員，就被從靈魂到肉體上徹底消滅，變成「純紅村」。「純潔村」這種慘無人道的屠殺行爲中共極力加以掩飾，只有逃亡青年辦的刊物曾加以揭露過，但並未引起足夠的注意。

打倒四人帮前的二十餘年，中共極左勢力不斷膨脹，終於發展到封建法西斯的黑暗統治。這個過程是「階級鬥爭擴大化」的過程，是階級歧視，階級迫害向頂峯發展的過程。筆者親歷其境，深受其害，最有資格談這個問題。

土改擴大化，地富成奴隸

階級壓迫、階級歧視始於土地改革。北方土改情況所知不多，不便置評。以廣東土改的情況來說，實際已犯了「擴大化」的錯誤。毛澤東說：地、富在農村佔百分之五，陶鑄便不理實際情況，硬要在每條村中鬥出百分之五地主，富農，下面土改隊又爲了邀功，結果鬥出百分之七、八爲地、富。許多華僑、僑眷深受其害。筆者家庭也是「擴大化」的受害者，因爲若按照實際情況，按照土改法，筆者家庭無論如何都夠不上地主資格。第一，我們沒有出租田地收租；第二，沒有請長工；第三，全部田地由家裏人自己耕種；第四，平均每個家庭成員只有幾分地。以當地標準來看，根本就不多。我們被評爲地主主要的原因，只是我們生活比別人富裕一點，但却沒有考慮到我們是華僑工商業。財富來源根本不在農村。

「土改」擴大化固然使一些人蒙受不白之冤，使他們的財產化爲烏有，但這並不可怕。每一個在資本主義社會生活過的人都知道，世道變幻無常，今天的千萬富翁，明天可能破產；今天的窮光蛋，明天有可能變成千萬富翁。錢財是身外物，無論怎麼窮，只要肯努力奮鬥，總不至於愁兩餐的。被評爲地、富的可怕，不在於失去財產，而在於自此之後你和你的家屬永遠淪爲「劣等種族」；淪爲「奴隸的奴隸」。自此，無論誰都可以驅使你，侮辱你。那時，地、富、反家屬的處境，比奴隸社會裏的奴隸還要惡劣。因爲奴隸只須服侍、服從一個奴隸主，地、富、反家屬却要服侍衆多的奴隸主，每一個貧下中農都成了你的奴隸主。那段日子，對地、富、反來說雖然痛苦，但還可以忍耐，其原因是還有希望。大家都相信共產黨說話算數，勞動改造五年之後，可以改變成份，可以跟其他農民平等。誰都沒想到中共已經落入唯成份論的泥坑；已從「人民民主專政」走向「封建法西斯專政」，一切美好的願望都變成騙人的謊言。爲了「照顧華僑」改變成份了；爲了「勞動改造好」改變成份了；可以改變了表面却改變不了本質。地主、富農變爲「脫帽地主」、「脫帽富農」；服刑期滿獲釋的「反革命份子」也只變成「勞改釋放犯」。實際上却是一日爲奴，就世世代代爲奴，「永世不得翻身」。

宣揚唯成份論，毛劉鄧應負責

「唯成份論」跟馬列主義是格格不入的，它是封建血統論的變種。照理，宣稱自己是唯物辯證論者的中共，應該把「唯成份論」這種封建餘毒，徹底肅清，可是事情恰恰相反，一九五七年後，「唯成份論」不僅未被肅清，反而變成聖經和眞理。無論做什麽，首先要查一查「家庭成份」。考大學如此，找工作如此，參軍如此，申請入團入黨更得如此。於是人事局就得多養一批人專門去調查別人的成份。

一九五七年以後，中共的專政對象擴大爲「地、富、反、壞、右」黑五類。城市上的資本家和小資本者雖未被列爲敵人，但實際上却被視爲候補敵人。經過反右運動之後，一九五八年初，中共提出「教育爲無產階級政治服務」和「又紅又專」的口號，黑五類出身的青年就徹底被剝奪受高等教育的權利。出身於資產階級和小資產階級的青年，雖然未有明文規定不准進大學，但實際上已淪爲次等公民。他們即使成績再好，也只能讀一些次等院校和普通專業（例如師範學院等），至於尖端的科系和名大學，非「紅五類出身」就不得其門而入。

中共制訂如此荒唐的教育制度，除了毛澤東應該負主要責任之外，劉少奇和鄧小平副總理也要負責，因爲那時劉、鄧正當權，站在黨中央領導第一綫。

「教育爲無產階級政治服務」這個荒唐的政策，不僅影响了教育的質素、影响了人才的培養，而且助長了極左思潮的發展。「文革」期間，「老子英雄兒好漢，父親反動兒混蛋」的高貴血統論，就是在這種基礎上誕生的。遇羅克和千千萬萬個「剝削階級」家庭出身的青年人，就成了「高貴血統論」的犧牲品，成了可以被人任意迫害和勞役的可憐蟲，誰敢稍表反抗或稍有怨言，誰就會受到毫不留情的鎮壓。遇羅克如此，許多無姓無名者也如此。

「唯成份論」對中共極左派的官僚來說，的確是一件非常好用的武器。一方面用以轉移人民的注意力，爲自己開脫責任。無論天災或是人禍，只要社會上出現什麼不好的事，就揪幾個黑五類出來鬥幾場，說是「階級敵人破壞」。第二，不停地迫害和侮辱黑五類，可以使人民心中的憤怒和不滿情緒得到發洩。同時，社會上保持着「黑五類」悲慘的樣板，可以使人民感到自己生活雖苦，但是還比「黑五類」好得多。人民覺得自己雖然比上不足，却也是「比下有餘」，心裏也就舒服得多了。第三，中共利用「黑五類」作爲「反面材料」，可以達到「殺鷄儆猴」的目的。使人民不敢起來反抗；不敢對黨官政霸不合理的措施和違法亂紀的行爲，表示異議。因爲誰都知道，只要稍爲出聲表示不滿，隨時都會被黨官政霸打成壞分子或反革命分子。不僅自己「永世不得翻身」，而且將連累所有家庭成員。

現在，華、鄧中央爲遇羅克平反，我們認爲，他們需要拿出很大的勇氣和決心，他們既然這樣做了；說明中共或許願意拋棄害人不淺的「唯成份論」了。現在的問題是如何把這種新的概念向下面傳達？如何在幹部和群衆中進行宣傳，使他們改變已成爲習慣的階級歧視觀念？

願中國人一律平等

沒有壓迫就沒有反抗，沒有階級歧視就沒有必要逃亡。假如中共言出必行，眞的在改變成份之後讓「剝削階級」出身的弟子，跟其他人享有同等地位，相信筆者今天仍然會生活在中國大陸，爲「社會主義」建設出一分力，發一分光。

誰不熱愛自己的祖國，誰不熱愛自己的家鄉，逃亡實在是沒有路走的情況下才會走的「九死一生」的險路。逃亡不是拿錢財做賭注，而是拿生命做賭注，而且明明知道一押下去便是「十賭九輸」，但這場賭博還是不得不賭，因爲在打倒「四人帮」之前，擺在出身「剝削階級」青年面前的，只是死路一條。

在「文革」風暴的襲擊下，在高貴血統論的陰雲籠罩着祖國大地的時候，筆者假如不逃亡，而且假如不是僥倖能逃亡成功，相信早已經像遇羅克一樣血灑大地，或者無聲無臭地死在拳頭棍棒之下。所以，無論什麼時候我都說，這十餘年的生命是撿回來的。

「唯成份論」和「階級歧視」在基層幹部中，特別是在農村中，非常根深蒂固，「剝削階級」出身的年青一代深受其害。甚至連他們的下一代也繼續受害。中共如果決心改變這種延續了將近三十年的不合理現象，就應該在「中全會」或「十二大」中莊嚴宣佈，「剝削階級」消滅已久，所有國民一律平等。並在檔案中、在今後的表格中取消「出身家庭」這一欄。

天賦人權，自己活着也應該讓別人活着，願生活在祖國大地的人們一律平等。沒有特權階級，也沒有可以任人勞役的奴隸。

「東西方」第二十期
一九八〇年八月十日

附錄

出身論

·遇羅克·

家庭出身問題是長期以來嚴重的社會問題。

這個問題牽涉面很廣。如果說地富反壞右份子佔全國人口的百分之五，那麼他們的子女及其近親就要比這個數字多好幾倍。（還不算資本家、歷史不淸白份子、高級知識份子的子女，更沒有算上職員、富裕中農、中農階級的子女）。不難設想，非紅五類出身的青年是怎樣一個龐大的數字。由於中國是一個落後的國家，解放前只有二百多萬產業工人，所以眞正出身於血統無產階級家庭的並不多。這一大批出身不好的青年一般不能參軍，不能做機要工作。因此，具體到個別單位，他們（非紅五類）就佔了絕對優勢。

由於形左實右的反動路線的影响，他們往往享受不到同等政治待遇。特別是所謂黑七類出身的青年，即「狗崽子」，已經成了專政對象。他們是先天的「罪人」。在它的影响下，出身幾乎決定了一切。出身不好不僅低人一等，甚至被剝奪了背叛自己的家庭，保衞黨中央、保衞毛主席、參加紅衞兵的權利。這一時期，有多少無辜青年，死於非命，死於唯出身論的濫調之中。面對這種嚴重的問題，任何一個關心國家命運的人，不能不正視，不能不研究。而那些貌似冷靜和全面的折衷主義觀點，實際上是冷酷和虛僞。我們不能不予以揭露、批判，起而捍衞毛主席的革命路線。下面我們從毛主席著作和社會實踐中尋找答案，分三個問題來闡述我們的觀點。

社會影響和家庭影響問題

先從一幅流傳極廣的對聯談起。

「老子英雄兒好漢，老子反動兒混蛋，基本如此。」

□□這幅對聯的過程，就是對出身不好的青年傷害的過程。因爲這樣□□的最好結果，也無非他們不算是個混蛋而已。初期敢於正面反駁它的很少見。即使有，也常常是羞羞答答的。其實這幅對聯的上半聯是從封建社會的山大王竇爾敦那裡偷來的。難道批判竇爾敦還要需要多少勇氣嗎？還有人說這幅對聯起過好作用，是嗎？毛主席說，任何眞理都是符合於人民利益的，任何錯誤都是不符合人民利益的。它起沒起過好作用，要看它是否是眞理——是否符合毛澤東思想。

這幅對聯不是眞理，是絕對的錯誤。

它的錯誤在於，認爲家庭影響超過了社會影響，看不到社會影響的決定性作用。說穿了，它只承認老子的影响，認爲老子超過了一切。

實踐恰好得出完全相反的結論，社會影响遠遠超過了家庭影响，家庭影响服從社會影响。

從孩子一出世就同時受到了這兩種影响。稍一懂事就步入學校大門，老師的話比家長的話更有權威性，集體受教育比單獨受教育共鳴性更強，在校時間比在家時間長，黨的雨露和毛澤東思想的陽光滋潤着這棵幼芽，社會影响便成了主流。

朋友的□□，領導的教導，報紙、書籍、文學、藝術的宣傳，習俗的薰染，工作的陶冶等等，都會給一個人不可磨滅的影响，這些統稱社會影响。這都是家庭影响無法抗衡的。

即使是家庭影响，也是社會影响的一部份，一個人家庭影响的好壞，不能機械地以老子如何而定。英雄的老子，反動的媽媽，影响未必是好的。父母都是英雄，子女每流於放任，有時更糟糕。父母思想好，教育方法如果簡單生硬，效果也會適得其反。同樣，老子不好，家庭影响未必一定不好，列寧就是例證。總之，一個人的家庭影响是好是壞，是不能機械地以出身判定的。出身只是家庭影响的參考。

總的來說，我們的社會影响是好的。這是因爲，我們的社會制度是無比優越的，我們黨是一貫突出政治的是最關懷青年一代成長的，我們絕大多數人民是熱愛社會主義的。當然，我們也不能忽視階級鬥爭的複雜性和尖銳性，不能忽視我們還處於小資產階級的汪洋大海之中。我們的文化教育制度正待徹底改革。有時社會影响又不是全是好的。無論是什麼出身的青年，如果經常接受社會上的壞影响，一般總要服從這種壞影响，犯這樣或那樣的錯誤。但是只引導得法，他很快就會拋去舊東西，回到正確的立場上來。所以，故意讓青年背上歷史的包袱，同屬於一種錯誤路線，二者都是殘酷的。由於社會影响是無比強大的，但又不見得全是好的，所以不管是什麼出身的青年放棄思想改造，都是錯誤的。對於改造思想來說，出身好的青年比出身不好的青年並沒有任何優越性。

家庭影响也罷，社會影响也罷，這都是外因。過多地強調影响，就是不承認主觀能動性的機械論的表現。人是能夠選擇自己的前途方向的。這是因爲眞理總是更強大，更有感召力。你眞的相信馬克思列寧是無比正確的嗎？你眞的相信毛澤東思想是戰無不勝的思想武器嗎？你眞的承認內因起決定作用嗎？那麼，你就不應該認爲老子的影响比什麼都強大。否則，只能表明你的思想混亂到無以復加的程度了。

重在表現問題

如果你沒有理由駁倒社會影响大於家庭影响，也駁不倒現在社會的好影响是主流，也不得不讚同出身和家庭影響沒有必然的聯系。那麼，我們可以一起來研究「重在表現」的幾個問題。

無產階級文化大革命的初期，許多人都說「重在表現」是修正主義觀點。後來聽說是毛主席提出來的，才慌忙改口。可見他們對這項政策根本不理解。讓他們來解釋這項政策，就必然會任意歪曲，限於篇幅，這裡只檢查三種提法，看是否符合毛澤東思想。

①出身和成份完全不同

貌似公允的同志對出身不好的青年這樣說：「一我們有成份論，二不唯成份論，三重在政治表現……」①這是不看對象。

江青同志解釋過這句話，她說：這是對背叛本階級的個別份子講的。江青同志的解釋是什麼意思呢？舉例說：恩格斯本人是資本家，但他背叛了本階級，成了共產主義的第一代公民，成了工人階級傑出的領袖。巴黎公社中也有一些本人是資產階級份子的委員，但他們是工人階級承認的代表，我國革命時期也有這樣的例證。我們能不能因為他們的成份不好而抹煞他們的歷史功績呢？不能！我們要重在政治表現。這就叫「不唯成份論」。我們認為相反的情況也適用於這個公式。對成份是礦工，但背叛了無產階級，背叛了革命的份子，也要重在表現，也沒有一點可以輕恕他的罪惡的理由。小而言之，李□銘是地主份子，但他向邊區政府提出了「精兵簡政」的好建議，毛主席讚揚說：「不管是什麼人……你說的辦法對人民有好處，我們就照你的辦。」這就是不以人廢言，亦即不唯成份論的具體表現。

出身和成份是完全不同的兩回事。老子的成份是兒子的出身。如果說，在封建社會家庭是社會的份子，子承父業還是實在情況，那麼，到了資本主義社會，這個說法就完全不正確了。家庭的紐帶已經鬆弛了，年輕一代已經屬於社會所有了。而到了社會主義社會，一般的青少年都接受無產階級的教育，準備為無產階級事業服務或已服務了。再把兒子、老子看成一碼事，那也太不「適乎潮流」了。

毛主席在一九三九年黨的「中國革命或中國共產黨」一文中說，當時的知識份子屬於小資產階級範疇。在這裡並沒有分門別類，把哪一個階級出身的知識份子劃爲哪一個範疇。

毛主席在一九六七年寫的「關於正確處理人民內部矛盾的問題」一文中又說，「我們的大學生，雖然還有許多人是非勞動人民家庭出身的子女，但是除了少數例外，都是愛國的，都是擁護社會主義的……」這又是一個例證。

由此可見，同一個家庭的成員不見得就是同一個階級的成員。這一點連階級敵人都知道得很清楚。例如，運動期間北京中級人民法院的一份判決書上寫道，一個反革命富農份子，因爲三個兒子檢舉了他，夜間持凶器砍死、砍傷他們。又據一份傳單，市內某公社工廠書記——一個蛻化變質份子，臨自殺前親手勒斃了自己的孩子。他在遺囑中說，孩子長大也不會爲自己報仇的。

出身和成份是不能相提並論的。有一段對話是頗耐人尋味的。甲（是個學生）：「你什麼出身？」乙：「你呢？」甲：「我紅五類，我爸爸是工人。」乙：「那我比你強，我就是工人。」

如果說唯成份論都沒有道理，那麼唯出身論又怎麼能夠存在？

有些人會引用毛主席的話反駁說：「在階級社會中，每一個人都在一定的階級地位中生活，各種思想無不打上階級烙印。」這是放之四海而皆準的眞理。地主、資本家他們長期在剝削階級地位中生活，他們的思想就無不打上剝削階級的烙印。因此，他們要想重新做人，就必須蛻胎換骨地改造，這也就是我們「有成份論」的根據。但是他們的子女，就不能這樣看了。特別是新社會長大的青年，難道他們是在剝削階級地位中生活嗎？世界上哪裡有一種沒有剝削的剝削階級呢？沒有這樣的東西。論一個人的思想打上烙印的，不只是家庭，更重要的是社會。今天的社會是一所毛澤東思想大學校。青年人的階級地位，要麼是準備做勞動者，要麼是已經成了勞動者。這時對他們還強調「成份」，那就是要把他們趕到敵對階級中去。

我們必須要認識出身和成份這兩者之間不容混淆的界限，誰抹煞了這兩條界限，雖然樣子很「左」，但實際上就是抹煞了階級界限。

②出身和表現關係甚少

於是，公允派的同志不說成份了，他們說：「我們既看出身，也看表現（即政治表現了……）」。這是「出身唯成份論」的翻版，兩相比較，也就是五十步笑百步，沒有多大區別。

出身是死的，表現是活的，用死標準和活標準同時衡量一個人，能得出同一結論嗎？我們在本文第一個問題已經分析過，出身是家庭影響的一個因素，家庭影響是表現的一個因素，而且是一個次要的因素，社會影響才是表現的主要因素。因此，出身和表現根本沒有同一性。究竟一個人所受影響是好是壞，只能從實踐中檢驗。這裡所說的實踐，就是一個人的政治表現。表現好的，影響就好，表現不好的，影響就不好，這和出身毫無牽涉。

退一步說，我們非要既看出身，又看表現不可，那麼請問，出身不好，表現好，是不是可以抹煞人家的成績？出身好表現不好，是不是可以掩飾人家的缺點？出身不好，表現不好，是不是罪加一等？出身好，表現好，是不是要誇大優點？難道這樣作是有道理的嗎？

「既看出身，也看表現」，實際上不免要滑到「只看出身，不看表現」的泥坑裡去。出身多麼容易看，一翻檔案，就完事大吉了，或者在街上一見便問對方：「你是什麼出身？」便了解一切。眞是又簡單又省事。要看表現是何等麻煩，特別是對那些莫名其妙的懷疑口胳來說，既不相信你平時的表現，也不相信你大風大浪中的表現，既懷疑你過去的表現，也懷疑你現在的表現，並準備懷疑你將來的表現，直懷疑到你死而後已，才給你蓋棺定論。終於也給他們也懷疑膩了，如何看出身？絕妙神機解決大問題。再說，表現這種東西，對於某些人根本就沒有固定的準則。受奉承的人認爲拍馬屁是最好的表現，愛虛僞的人，認爲客套是最好的表現，愛論長論短的人，認爲出身不好的青年終日戚戚然的懺悔是最好的表現。哪裡比得上出身？只需「老子英雄兒好漢，老子反動兒混蛋，老子平常兒騎驢」三句話就解決問題了。

看一看毛主席怎樣教導我們吧，毛主席說；「『革命的或不革命的或反革命的知識份子的最後分界，看其是否願意並且實行工農群衆相結合』。我們在這裡提出一個標準，我認爲這是唯一的標準。」這唯一的標準是出身嗎？

毛主席又說，「什麼人站在革命人民方面，他就是革命者……」這裡提到出身嗎？

毛主席提出的革命接班人的五項條件，有出身這一條嗎？

十六條中的第五條是堅決執行黨的階級路線，談到要依靠什麼人，團結什麼人，反對什麼人，有出身這個根據嗎？

革命左派的三個標準，有出身這個標準嗎？沒有！全沒有！出身好壞和本人革命是否又有什麼關係？即使出身不好，一樣可以是革命左派，可以是無產階級事業的接班人，可以是革命的依靠對象②在表現面前，所有的青年都是平等的。出身不好的青年不需要人家思想的團結，不能夠只做人家的外圍。這是中□？□□□決定不了。任何經過人努力所達不到的權利，我們一概不承認。革命最堅決的人，就是那些表現最優秀的人。誰也不能說王杰的光輝就不及雷鋒。

談到怎樣看表現，想到古代思想家的一則寓言。他說千里馬常有，但認識千里馬的伯樂不常有。一般人相馬，總是□□□馬、外形、□□、價錢來判斷馬的好壞，個個忘記了讓馬跑一跑，試一試，看看它到底能不能日行一千，夜走八百，這樣就分出哪一匹馬是千里馬。今天有的人不是這樣嗎？他們只是着眼於出身啦、社會關係啦，這些死材料，恰恰忘了眞正可以做爲根據的表現，久而久之，不但糟蹋了千里馬，就他管理的馬也要變成「狗崽子」。

我們必須面對出身和表現的地位。衡量一個青年是否革命，出身不是標準，只有表現才是唯一的標準。對於這個說法，廣大的出身好表現也好的青年，是不該反對的。你們眞的認爲出身好表現就好，總可以在表現上超過出身不好的同志。只有表現較壞的人，才扯起出身這面大旗當虎皮，拿老子當商標，要人買賬。我們說，你表現不好，比如，□□堅持反動路線，不學不用毛澤東著作等就是出身於紅五類中前三類（革幹、革軍、革烈），也一點沒有用處。

出身、社會關係這些東西只能算是參考。只要把一個青年的政治表現了解淸楚了，它們就連參考的價値也沒有了。

③出身好壞和保險與否毫無關係

公允論的同志這時換了口氣：「黑五類的子女和他們的家長當然不完全一樣了……」言外之意，和紅五類子女當然也不一樣。爲什麼呢？因爲（這回功利主義這塊法寶來了，）「他們不保險！」

可是，爲什麼不保險呢？「無論如何，他們受過壞影响！」外因決定論者這樣說。且不談家庭出身不好影响未必不好，且不談家庭影响服從社會影响。那麼，是不是家庭影响壞一些，社會影响再好，表現也要壞一些呢？這絕不是代數和的關係，而是辯證的關係。毛主席說：「不破不立」，又說：「破字當頭，立在其中。」如果不和自己頭腦中的非無產階級主義鬥爭，無產階級思想又如何樹立得起來？我們常常形容一些只受過紅一色教育而沒有經過刻苦的思想改造的青年爲溫室裡的花朵。他們經不起風浪，容易搖動和變質，容易爲壞人利用。不是這樣嗎？文化大革命初期，那些喊「老子英雄兒好漢」的出身好令人□□的好漢們，後來不是執行了修正主義路線，成了資產階級的代言人了嗎？他們保險嗎？而領導無產階級偉大革命事業的偉大領導師馬克思、列寧、毛澤東出身都不好。這個事實也絕不是偶然的。問題的關鍵，不任於出身，在於思想改造。

「革幹子弟不想復辟，不會革老子的命。」一家庭觀念極重的人這樣說。往往，復辟是在不自覺中進行的。運動中揭露出來的黨內走資本主義道路的當權派，凡是近幾年提拔的，出身一般都很好，他們保險了嗎？後來形「左」實右的工作隊明文規定或暗中進行□□出身不好的青年的政策，那時，選入革委會的大都是出身好的，結果大都變了工作隊的反動路線的推銷員，他們保險了嗎？北京市中學生紅衛兵某負責人，他竟有男女秘書各二人，司機一人，此外還有小汽車、摩托車、手錶、縫紉機、錄音機等等，陳伯達同志稱之爲假紅衛兵。可見，只靠出身好的人同樣不能取消復辟的危險。古代有個女皇名叫武則天，她把大臣上官儀殺了，却把上官儀的女兒當做貼身秘書，有人爲她担心。她說：「只要政治修明，自然使人心悅誠服，這有什麼關係！」看看那些反動路線的執行者，他們懼怕毛澤東思想，不貫徹黨的政策，又怎麼能相信革命的青年？可笑！他們連封建帝王的這點遠見也沒有，還自稱爲「無產階級戰士」呢！我們偉大的領袖毛主席是絕不會在接班人的條件中寫上出身這一條，因爲他的政策最正確，路線最鮮明，在他的領導之下，青年也就是保險。否則，縱然如革命後驅逐了剝削階級的蘇聯，所有的青年出身都不錯，也不是保險的。

相信保險論的人也不少，像樣的理由却沒有。難道這就是「階級觀點」嗎？不像，這是「階級偏見」，它和無產階級無緣，和小資本階級倒挺相近，這些人頭腦裡沒有樹立公字，私有意識濃厚，所以以己度人，沒有不變樣走形的。依照他們的觀點，老子的反動，兒子就混蛋，一代一代演變下去，人類永遠不能解放，共產主義就永遠不能成功，所以他們不是共產主義者。依照他們的觀點，一個人只要爸爸媽媽好，這個人的思想就一定好，不用進行艱苦的思想改造和思想鬥爭，所以他們不是革命者。他們自己不革命，
③也不准出身好的人革命。他們　自己是「自來紅」，殊不知「自來紅」只是一種銅子□□了的月餅而已。

我們必須相信毛澤東思想哺育下的廣大青年，應該首先相信那些表現好的青年，不能用遺傳學說來貶低一部分人抬高另一部分人。那樣做，無非是一種低劣的政治手段，絕沒有任何道理。我們不允許用資產階級的階級偏見代替無產階級的階級觀念。當然，任何一個有出息的青年都應該下定決心改造自己。這樣即使影响不好，那就變壞事爲好事，變阻力爲鞭策。如果沒有這種決心，那也無所謂有好的政策表現，也就不堪設想了。

受害問題

有一位首長在一次大會中傳達「出身不好的青年之間，不應該存在一道不可逾越的鴻溝。」不應該存在，可是偏偏存在，這是怎麼做成的？

記得運動初期，受害問題首先由一些時髦人物提出來了。隨着，大家都說自己受了修正主義集團的迫害。修正主義集團那麼反動，要是自己不但沒有受迫害，反而得到寵愛，那還算是革命者嗎？於是譚力夫也說他受害了。經濟上受害嗎？困難時期他大吃□□□□；政治上受害嗎？思想那麼反動還入了黨，哪一點像受過委曲的公子哥兒？新改組的「北京日報」也大量刊登紅五類出身的青年訴苦的文章。說他們是前市委修正主義路線的受害者。應該說，所有的青年都是受害者，爲什麼單說出身好的青年是受害者呢？我們看一看他們受了那些害。

㈠「我們被拒於大學之外，大學爲剝削階級子女大開方便之門；」㈡「大學裡出身好的青年功課不好，大受教授白眼；」㈢「有的出身不好的青年竟被提昇做幹部；」㈣「……」即使這就算受害，那麼，受害的正是出身不好的青年。堂堂首都一份大報竟然這麼顛倒黑白，那也無怪乎它壽終正寢了。還是讓事實說話吧！

回想修正主義集團當政之時，每年大學招生完畢，前高教部總發表公告：「本年優先取錄了大批工農子弟、革幹子弟。」不少大學幾乎全不招收黑五類子女。大學中的重要科系就更不用提了。學校都以設立「工農革幹班」爲榮。難道這就是「爲剝削階級子女大開方便之門」了嗎？上了大學的，也是出身好的人受優待。不少大學設立「貧協」一類的組織，與團組織並列。這次運動開展以來，有禁止黑七類子女串連的，有用出身攻擊敢於寫大字報的同學的，有不許出身不好的青年參加各種戰鬥組織的，有借出身攻擊挑動群衆鬥群衆的……。這些大家都不感到怎樣意外。可見出身不好的青年受迫害歷來就是常事。至於說紅五類出身的青年學不好功課，那純粹是對出身好的青年的汚蔑。何以見得出身好和學習一定成反比呢？中學也如是，據前北京市教育局印發的調查□班的材料，其中有「搗亂」學生出身調查一項（注意：這裡的「搗亂」和造反沒關係，材料中指的是大搞男女關係，有偷盜行爲的），大都出身很好。有在□班中別人都說他不錯的，出身反而挺糟。問其原因，答曰：「我出身不好，人家則沒事，我一鬧就有事了。」這話不假，不用說中學，連小學也是如此。有位校長對年青教師說：「有兩個孩子同時說一句反動的話，出身好的是影响問題，出身不好的是本質問題。」不知道是不是前團市委的指示，有一度某些學校所有出身不好的少先隊幹部全改選了。近幾年中學的團幹部、班幹部也都是從出身這個角度考慮的。一般教師也許是爲輿論左右，也許是發自肺腑，沒有不對出身好的青年（特別是革幹子弟）另眼看待的。相反的情況純然是例外。否則，早扣你個「沒有階級觀點」的大帽子了。

工廠這種現象也很普遍。凡是近三、四年的行政幹部，幾乎無一例外是出身好的。就選先進工作者候選名單上也有出身這一欄。有的工廠還規定，出身不好的師傅不許帶徒工，不許作精密機床。運動初期還有規定「出身不好的工人有選擧權但沒有被選權」的。在總結各廠當權派罪狀的時候，所謂招降納叛（即曾經提拔過某個出身不好的人做了技術幹部），是十分要緊的一條。可想而知，以後的當權派要敢再這樣辦才怪呢！工廠裡也組織了紅衛兵，出身限制很嚴，翻遍中央文件，只有依靠工人一說，從未見只依靠出身好的人一說。是誰把工人也分成兩派了呢？

農村中這樣的例子更多。修正主義代表人物搞過「四清」的地方，把地富子女劃分了一下成份，表現不好的，出身就是成份；表現一般的，是農業勞動者；表現好的，是中農。爲什麼表現好的就是中農呢？不能算貧下中農嗎？那麼，貧下中農子弟表現壞的是不是也要劃成地主、富農呢？表現是出身的結果呢，還是出身是表現的結果呢？出身不好，更不能做行政、財會、保管等各種工作，也不能外調。沒有普及中學教育的農村，能夠上初中的，要教師、貧協、大隊長三結合進行推薦。當然，他們誰肯爲出身不好的少年背黑鍋呢。大隊長介紹說：「這個娃出身好，又聽話，肯幹活，就是他吧！」這樣的，就上初中了。④

社會上其他部份也如是，北京的街道近兩年改選居民委員會，經街道辦事處印製的無職青年求職登記表上也有出身這一項。求業表上的主要有兩項，除去出身，自然情況差不多。用工單位來挑人，沒有不挑出身好的。要不，放着出身好的你不挑，單挑出身壞的，是什麼思想？所以，不被學校錄取而在街道求職的青年，積年沉淀下來的，大多是出身不好的。只有在大批分配工作的時候，他們□□□□□□□□。⑤

「出身壓死人」這句話一點也不假！類似的例子，只要是個克服了「階級偏見」的人，都能比我們舉得更多、更典型。那麼，誰是受害者呢？像這樣發展下去，與美國的黑人、印度的首陀羅、日本的殘民等種姓制度還有什麼區別呢？

「這正是對他們的考驗啊！」收起你們的考驗吧！你把人家估計得和他們的家長差不多，想復辟、不保險、太落後，反過來又這樣高地要求人家，以爲他能經受得住這種超人的考驗。看其估計、審其要求，是何等矛盾！忘記了馬克思的話嗎？「要求不幸者是完全無缺的人」，那夠多麼不道德！

「他們的爸爸壓迫我們的爸爸，所以現在我們對他們不客氣了！」何等狹隘的血統觀念！在資本主義社會中，父親破了產，兒子只要宣佈放棄繼承權，就可以脫離關係。想不到今天父子關係竟緊密到這個地步了，「左」得多麽可愛啊！

算了！我們不再浪費筆墨駁斥這種毫無見地的議論了。讓我們研究一下產生這種新的種姓制度的根源吧！

這正是修正主義份子一手造成的。那麽，資產階級份子爲什麽要壓迫資產階級出身的子弟呢？這不奇怪嗎？我們說這一點不奇怪。正因爲這些青年和他們不屬於同一階級，所以他們才這樣做。而對於實現復辟陰謀，無論是無產階級出身的子弟，還是非無產階級出身的子弟，在他們看來是沒有區別的。或許，那些溫室裡的花，那些不經世面又躺在「自來紅」包袱上的青年，對他們更有利一些。特別是一九六二年，毛主席提出了「千萬不要忘記階級鬥爭」的偉大號召以後，這些陰謀家便慌了手脚。當前的階級鬥爭，矛頭指向誰呢？鬥爭的矛頭主要是指向黨內走資本主義道路當權派，指向他們所包庇的牛鬼蛇神。爲了轉移鬥爭的大方向，他們便偷換了概念。本來，父親的成份應該是兒子的出身，現在，他們却把父親的成份當成了兒子的成份。這樣，就在「階級鬥爭」的幌子下，不理中央指示，一場大規模的迫害，通過有形無形的手段，便密鑼緊鼓地開場了。出身不好的青年是他們的擋箭牌，而壓迫這些天生的「罪人」，則成了他們的掛羊頭，賣狗肉，擾亂視聽的金字招牌，黨中央正確地指出了他們推行形「左」實右路線，這便是其中一個。

他們幹這種罪惡勾當利用的是社會上的舊習慣勢力，利用的是青少年的天眞幼稚，特別是利用一些高幹子女的盲目的自豪感（例如把自己劃在一二三類，因爲軍、革烈實際上也就是革幹，而工農子女便只好是第四，第五類了，他們還利用中下層幹部的缺點和錯誤。有些幹部所以承認並且推行了這一套反動的政策，在理論上是無知的表現，他們不給青年人提供表現政治思想的機會，他們不會做政治工作，以致把出身當工具，打擊一些人，鼓勵一些人，以推行工作，在政治上是熱情豪邁的表現，他們不願做細微的調查研究，滿足於用出身當標誌；在革命意志上是怕字當頭的表現，他們不敢提拔眞正表現好的人，怕負責任。於是這些東西一起推波助瀾，形成了在我們社會制度下，在我們黨的身邊所絕對不能容忍的現象。一個新的特權階層形成了，一個新的受歧視的階層也還着形成了。而這又都是先天的，是無法更改的。正如毛主席指出的，種族壓迫，就是階級壓迫，反革命修正主義這套做法，也正是資產階級反革命復闢的前奏。⑥我們不能不指出，即使如此，反革命修正主義份子主要還是從右邊抹煞了階級路線，因爲他們肆意包庇地富反壞右份子，包庇資產階級份子。他們把資產階級權威老爺拉入黨內，給某些五類份子厚爵高官，和他們大講和平共處，反過來却迫害出身不好的青年，迫害無產階級事業的一部份接班人，這不是一場尖銳複雜的階級鬥爭又是什麼呢？

工作隊當政時期，又以極「左」的面目抹煞了階級路線。在對待出身問題上，與修正主義集團又可以稱得上一丘之貉。因此，這個嚴重的社會問題非但沒有解決，反而更加深化了，反而將矛盾擴大化、合併化了。殘酷的「連根拔」，極盡侮辱之能事的所謂「辯論」，以及搜身、辱罵、拘留、毆打等侵犯人權的行爲，破壞這一部份青年生活的正常秩序的種種手段，剝奪他們政治權利的種種措施，今都以「□毛澤東思想」的面目出現了。迫使這麼多人消沉了，感到自己的無罪的罪人，低人一頭，很見不得人。他們不能以全部力量投入運動。想革命而又沒有革命的本錢，想造反而又沒有造反的條件，窒殺了多少革命青年的熱情！革命隊伍縮小了，這正中了反動路線的下懷，實際上起到了包庇和□□□走資本主義道路的當權派的作用，起到了挑鬥群衆鬥群衆的作用。有理由這樣講：如果不把以前受壓迫最深的這一大部份革命青年徹底解放出來，那麼，這次運動就決不會取得勝利！

同志們，難道還能允許這種現象繼續存在下去嗎？我們不應當起來徹底肅清這一切汚泥濁水嗎？不應當填平這人爲的鴻溝嗎？在反動勢力當政時期，受壓抑的青年不僅是出身不好的青年，也包括和走資本主義道路當權派對抗的工農出身的青年及其他革命青年。我們呼籲，一切受反動勢力迫害的革命青年，在毛澤東思想的旗幟下，團結起來，組織起來！你們受資產階級壓迫最深，反抗應該最堅決。在批判他們的時候，你們最有發言權。那些冒牌受害實際上得寵的譚氏人物沒有發言權。依靠他們批判，必然不深不透。所以你們決不是局外人，而你們是掌握自己命運的主人。只有胆小鬼才等別人恩賜，而革命者從來依靠的就是鬥爭！我們應該責無旁貸地捍衛毛澤東思想，捍衛黨的階級路線。既不容許修正主義集團從右面歪曲它，也不容許反動路線從「左」面攻擊它。你們應該相信自己能夠勝任這一光榮任務！你們也不應該排斥那些沒有受壓抑也沒有偏見的青年。你們可以團結他們，共同戰鬥，共同提高。同志們，我們相信黨，我們要牢記毛主席的教導：「徹底的唯物主義者是無所畏懼的」！

勝利必將屬於你們！

一切受壓抑的革命青年，起來勇敢戰鬥吧！

一九六六年七月初稿
九月定稿
十一月修改

①「出身論」剛發表的時候，我們不得不這樣寫，現在我們看到了，一九六六年七月在團中央九中全會上講這個話的「貌似公允」的李雪峯及其一流人物，現在都成了怎樣的資產階級反動路線的代表人物。

②「出身論」剛剛張貼時，在這句話的旁邊，寫滿了「大毒草」、「胡說八道」之類的話，發洩夠了譚力夫之流的廉價的憤慨。他們有眼光，因爲這正是「出身論」的主題。可是歷史畢竟是無情的。今天不少紅衛兵已經引用了這句話做爲自己的組織綱領了。有一個紅衛兵組織的宣言寫道：「過去的紅衛兵只准由所謂『紅五類』子女組織和參加，這是不符合毛澤東思想的。我們就是要造它的反。」謹向這些組織的大無畏的行動致以革命的敬意。

③「自來紅」是北京的一種月餅的名稱。

④農村中有些地區曾規定：小學昇初中時，出身佔六十分，表現佔二十分，學習成績佔五分，其他佔十五分。

⑤我們提議有志於研究這個問題的同志做一下社會調查，可以在本單位調查一下出身好的青年多少人？出身不好的青年多少人？担任行政職務的比例是多少？黨團員的比例是多少？有沒有因爲出身不好而限制他們參加政治活動的？此外，還可以翻翻一下一九六四年以來「中國青年」等刊物。同志們可以看一看，在這樣的被修正主義集團控制的刊物上發表的有關階級路線的修正主義觀點的文章，和我們今天某些人的觀點是何等相似。

⑥在我們歷數修正主義集團迫害出身不好的青年的罪狀的時候，竟然有人指責我們爲修正主義集團「塗脂抹粉」。這並不奇怪，因爲他們直到現在還以爲壓迫出身不好的青年是大功一件。要是說迫害了「狗崽子」，揭露他們的虛假邏輯，那不是給黨塗脂抹粉又是什麼？

「中學文革報」編者按

（中學文革報）編者按：目前，北京市的中學運動普遍呈現出一派奄奄欲□的氣象，造反派雖然十分賣力，群衆總是發動不起來，資產階級反動路線依然□□□，這種現象，不由使許多同志疑惑起來：究竟是什麼東西至今還有這樣有力地阻礙着對資產階級路線淪爲鐵的批判呢？

我們認爲，不是別的，正是社會上廣有市場的反動唯出身論。

過去各中學所普遍執行過的那一條資產階級反動路線，最主要的工具，也正是反動的唯出身論。

反動的唯出身論者，從資產階級形而上學的哲學□□□尋得理論上的根據，把學生分成三、六、九等，妄圖在社會主義制度下重新形成□的披上僞裝的特權階級，以及反動的□□制度，人與人之間的□□壓迫，是反動的唯出身論，使一部份青年學生背上了「自來紅」的大包袱，自以爲老子是天生的革命者，其結果正成了修正主義的義子，是反動的唯出身論，迫使另一部份青年產生了強烈的自卑感，使他們甘居中游，使他們放棄對國家的前途，世界的□□□的責任。還有它，使許許多多受資產階級反動路線蒙蔽的同志至今堅持其錯誤，還是□□的它，使多少同志至今在資產階級反動的□□□□恐懼！

同志們，這樣可惡的東西，不打倒它，如何批判資產階級的反動路線，不打倒它，□□□□□□千百萬無產階級的擁護人？不打倒它，中國的顏色就必將發生改變！

全市的革命造反派們，你們不是要打倒資產階級的反動路線的瘋狂反撲嗎？你們不是要發動千千萬萬群衆共同戰鬥嗎？那麼，你們就掀起一個狂濤駭浪，那麼衝垮反動的唯出身論的堤岸吧！到了那一日，千百萬群衆就會衝缺束縛他們的一切，和你們滙成一股不可抗拒的力量，也只有到了那一日，資產階級反動路線才會徹底被埋入墳墓，中國的顏色才會永遠是鮮紅的。

「北京家庭出身問題研究小組」發表的「出身論」在社會上引起了強烈的反應。我們說，它的出現好得很！它宣告了反動的唯出身論的破產，是無產階級革命路線的偉大勝利。

「出身論」敢於衝破社會上舊的觀念的束縛，勇敢地向着強大的社會勢力的反動的唯出身論宣戰，這種革命造反精神好得很！

「出身論」的出現，不免要被一些人認爲是株大毒草，但這算得了什麼？正如毛主席所說的，「歷史上新的正確的東西，在開始的時候常常得不到多數人的承認，只有在鬥爭中曲折地發展，正確的東西，好的東西，人們一開始常常不承認它們是香花，□□把它們看作毒草，哥白尼關於太陽系的學說，達爾文的進化論，都曾被看作是錯誤的東西，都曾經歷艱苦的鬥爭。我國歷史上也有許多這樣的事例。同舊社會比較起來，在社會主義社會中，新生事物的成長條件，和過去根本不同了，好得多了。但是壓抑新生力量，壓抑合理的意見，仍然是常有的事。不是由於有意抑壓，只是由於鑑別不淸，也會妨礙新生事物的成長。我們熱情希望廣大的革命同志用毛澤東思想這個偉大的武器來衡量它，並眞摰地歡迎同志們對「出身論」提出批評。

「東西方」第二十二期

一九八〇年十月十日

廢止勞教條例營救劉青何求

最近，我們陸續收到一些從中國大陸經秘密途徑流出海外的「民運」文件，這些文件顯示，中國各地從事「民主運動」的積極份子已經走到一起。他們已經成立了一個聲勢浩大的「營救劉青全國委員會」，並以「全國委員會」的名義，發表了「成立公告」、「呼籲書」、和控告北京市公安局執法犯法的「控告書」。

營救劉青全國委員會已成立

「營救劉青全國委員會」由北京、上海、廣州、武漢、長沙、杭州、長春等十二個省市，十六份地下刊物主要成員所組成。他們都是「人民民主」的促進派，是「民運」的精英。在魏京生受到無情的鎮壓，在傅月華、劉青等受到無情的鎮壓之後，在中共中央和「人大」取消「四大」之後，他們還胆敢走到一起，組成「營救劉青全國委員會」。我們對他們這種大無畏的精神表示欽佩，對他們的鬥爭表示毫不保留的支持。

「中國人民再也不是愚不可及，秦始皇的時代已一去不復返！」這不僅是「四五運動」的呼聲，而且是「民主運動」的宣言，而「營救劉青全國委員會」的成立，標誌著中國的「民主運動」已經走上一個新里程。「營救劉青全國委員會」人數不會太多，但却很富有代表性。全中國現時尚未解體的地下刊物幾乎都被網羅其中。

中國一向缺乏民主傳統，無論國民黨或是共產黨都不喜歡反對派的存在。他們需要的只是作爲裝飾用的民主花瓶，而不是民主的實質；他們願意聽的除了歌功頌德之聲外，最多只是「忠臣」的諫言，而不是眞正的民主之音。因此，當民主運動的聲勢逐漸壯大起來，並影响到特權階級利益的時候，專政機器就會及時發動起來，對「民主運動」作毫不留情的鎭壓。一九八〇年八月卅日，「營救劉青全國委員會」正式成立，八月卅一日凌晨三時，廣州市公安局就採取行動，派遣警察衝入「人民之路」主編何求的家裡，把何求以及武漢「鐘聲」負責人朱建斌、長沙「共和報」負責人張京生、韶關「庶聲」、「北江」負責人鍾粵秋四人拘捕。朱建斌、張京生被送進廣州市收容站，要押返戶籍所在地處理。鍾粵秋則獲得釋放。而作爲「營救劉靑全國委員會」主要策劃人和聯絡者的何求，至今仍在關押，未知要作何種案件處理。我們對廣州市公安局無理的拘捕行爲表示憤怒，我們將義不容辭地把何求等被捕的消息向全世界發佈，籲請在海外享有聲譽的華裔學者、籲請世界各地的「中國學生會」、籲請所有愛護中國、愛護民主自由的人們，注視這件事的發展，向北京和廣東當局施加壓力，營救何求，營救劉青。

我們已經把「營救劉青全國委員會」的有關文件，以及「人民之路」編輯部在何求被捕後所發表的公開信，翻譯成英、法、德、日四國文字，向全世界各大報章、各大學，以及各國駐北京大使館寄發。

我們不敢奢望這樣做會收到什麼成效。例如魏京生案以及取消「四大」問題，中共根本就漠視世界輿論，一意孤行到底，對於劉青和何求兩案，也很難奢望中共公安部門放下屠刀，立地成佛。但我們至少要讓中國人民和全世界人民知道中共現在正在做些什麼？知道中共是怎樣對待「民主運動」的；至少要讓劉靑、何求以及他們的戰友知道，他們所付出的代價是值得的。

我們並不知道北京市公、檢、法機關，用什麼法例判處劉靑勞改三年？我們也不知道廣州市公、檢、法機關將用什麼法例去對付何求？我們只知道中共許多過時了的明顯侵犯了公民基本人權的法例，在「五屆人大」三次會議上不僅不被廢止，而且重新肯定，這不能不說是一個很可怕的發展。

彭眞在會議上作工作報告時，不僅重新肯定了「勞動敎養條例」以及其補充規定，而且重新肯定了「治安管理處罰條例」。一九五七年「勞動敎養」條例公佈之後立即變質，從敎育性的勞動場所改變爲懲罰性的「勞改」場所。數以十萬計的右派被押送「勞敎場」、「勞動敎養」，多少人埋骨靑山，棄屍曠野？多少人妻離子散，家破人亡？如今，在大規模地平反寃獄的今天，在數十萬右派份子獲得恢復名譽的今天，中共重新肯定這個臭名昭彰的「勞動敎養條例」，眞不知是居心何在？爲什麼在「五屆人大」三次會議上沒有代表提出質詢？爲什麼在這次政協會議上也沒有代表提出質詢？我們相信，坐在政協會議會場中的人，不缺「右派份子」，也不乏曾經嚐「勞敎」滋味的人，彭眞和由他領導的政法委員會，在要重新肯定「勞敎條例」和「治安管理處罰條例」的前夕，實在應該進行深入調查，問一問曾經「勞敎」過的人，「勞敎」的滋味如何？裏面有多少寃案假案？有多少人是無辜地被投進「勞敎場」去慘受折磨。

中共既然在「五屆人大」二次會議上頒佈了「刑法」和「刑事訴訟法」，照理舊的「刑法」、「勞改條例」、「強勞條例」、「鎭壓反革命條例」、「治安管理懲罰條例」都應該廢止。因爲不破不立，舊的法例不廢除，就不能有效地執行新的法例。執法者可以繞過新的刑法而採用他們過去使用慣了的舊法律去打擊人民。

廢除「勞教」「強勞」條例

「勞教」、「強勞」、「收容」、「治安管理懲罰條例」，最野蠻最要不得的一點，就是執法機關（即公安局），可以不必經過檢察院，不必經過法院，自行判決某人「勞教」、某人「強勞」、某人「收容」，完全不需要證據，不需要起訴，不需要答辯。只要公安局幹部說判你什麼就是什麼。中共這些舊法例，使公安人員集警察、檢察官、法官的權力於一身，把「人民民主專政」化爲「公安警察專政」。簡直視人民爲芻狗。如今，在「民主法治」高唱入雲的今天，中共還重新肯定那些過時的應該立即廢止的法例，依然賦予公安人員享有執法權和裁判權。證明中共缺乏改革法制的誠意，依然視人民爲芻狗。我們對中共這樣的態度感到失望，感到憤慨。

彭眞在「五屆人大」三次會議上曾經爲「勞教條例」辯護，他說：「五屆全國人民代表大會二次會議制定的刑法，是打擊刑事犯罪、保障人民權利、維護社會秩序的有力法律武器。但是，刑法只通用於懲處刑事犯份子。對一些大法不犯，小法常犯，經常擾亂社會秩序，但又不夠判刑的人，或者違反治安管理、危害社會治安的人，需要有相應的法律作爲處理的依據。爲此，全國人大常務委員會批准了國務院關於勞動教養的補充規定，重新公佈了一九五七年頒佈的國務院關於勞動教養問題的決定和治安管理條例。」

我們認爲彭眞所申辯的理由是不能成立的，什麼叫大法？什麼叫小法？彭眞沒有說明。我們認爲中共既然已經公佈了「刑法」，那麼凡是沒有觸犯「刑法」就不算是犯法。人身自由就應該受到保障。我們不能同意讓公安部門私自訂出一些莫名奇妙的所謂「小法」，並以這些「小法」去剝奪公民的「基本人權」，侵犯公民的人身自由。

立法的精神在於防止執法者濫用權力迫害人民，而不是方便或縱容公安警察隨便抓人捕人。可是直到目前爲止，中共的立法都不是這樣，中共的立法不是「爲人民服務」，而是「爲公安警察服務」。處處爲方便公安警察。例如「勞教條例」、「強勞條例」、「收容教育條例」、「治安管理懲罰條例」全是爲公安警察服務的，全是爲了方便公安警察入人以罪而訂的。

「勞教」、「強勞」、「收容教育」中共均不視爲刑事處分，而只視爲「行政處分」。可是這種「行政處分」却要剝奪人身自由，強制勞役。試問這與刑事處分有什麼分別？試問世界上有那一個國家的行政機關，可以如此隨意去奴役人民？在自由世界，最嚴重的「行政處分」只不過是開除而已，但中共式的「行政處分」却可以監禁、勞役、剝奪人身自由。你說可不可怕？

「勞教」、「強勞」、「收容教育」、「治安管理懲罰條例」這類「小法」存在生效，中國人民就成了肉在砧板上，任其屠割。生命財產，人身自由毫無保障。無論你如何循規蹈矩，依法行事，公安人員都可以入之以罪，抓你去「勞教」、「強勞」，或者「收容教育」。中共就是以這套手段去對付劉青、朱建斌、張京生等。朱建斌、張京生被「收容教育」，遣回原地；何求被拘禁懲罰；劉青相信是被北京公安局自行判決「勞教」三年。（三年以上徒刑必須經過法院判決）。

據中共宣稱，打倒「四人幫」至今，淸理並平反了一百幾十萬椿錯案、寃案、假案，成績似乎不少。可是我們要問一問，造成這些錯寃假案的原因？也許大家都會說是由林彪和「四人幫」造成的。答得不能算全錯，但也不能說全對。我們認爲這與中共一向沒有公正合理的裁判制度也很有關係。假如中共採用西方國家的審訊裁判制度，擯棄主觀揣測，重視具體證據，疑點利益歸於被告，那麼無論由誰掌握中央領導權，都不可能造成上百萬椿的錯寃假案。總結林彪、「四人幫」、「封建法西斯」統治的經驗教訓，我們更加覺得，把裁判權交給公安局行使是一件非常危險的事，如果這種情形不改變，十年之後，不難再造成上百萬椿錯寃假案。

目前中共的公安幹部質素不高，絕大多數沒有受過正規的系統的法律訓練。在一個縣裡，恐怕都找不到一個能熟讀法律的公安幹部。中共的公安幹部不但法律訓練不足，文化水準低，而且道德水準也低。近幾年來，公安幹部貪汚受賂的現象是有目共睹的，是中共中央也知道的。如今，仍然由這一批法律知識和道德水準都不高的人，掌握執法權和裁判權，什麼錯案、寃案、假案不做得出來？人民的人身自由那裡有保障？因此，我們強烈要求讓執法權與裁判權分開，強烈要求廢止「勞教」、「強勞」等不合時宜的侵犯人權的舊法例。我們希望各界人士注意到中共法制的漏洞，促使中共更進一步切實改革法制，立例保障九億同胞的基本人權。

「東西方」第二十二期

一九八〇年十月十日

我們對國共兩黨的立場和態度

「東西方」自創刊以來，就遭到很多非議。

有人說我們反共，有人說我們反台，有人說我們既反共又反台。

我們的回答是：我們不反共也不反台，既批共又批台。我們並不反對鄧、胡、趙體制，我們並不反對中共「改良派」所作的各種進步改革；我們也沒有反對蔣經國政權，也沒有反對國民黨政府為繁榮台灣所作的努力。一言以蔽之，我們決不會盲目反共，也不會盲目反台。我們所反對的，是一切封建落後的事物；我們所反對的是那些違反中國人民利益束縛生產力發展的反動政策措施；我們所反對的是一切違反人權原則，侵犯人民權利的法例，不管它是由北京制定的或是台北制定的。如果一定要給我們圈定派別，那麼我們祇是「在野派」！祇是「人民派」！

有人說我們言論過激，我們說，我們的言論還不夠激烈。由於財力和人力的限制，我們能採訪到的消息還很少，我們無論對大陸或是對台灣陰暗面的揭露，都還是很不足夠的；我們儲備的資料還有限，加上人手太少，對許多重大問題，都沒有能力作深入的研究。因此，我們對北京和台北的批評都祇限於一點一滴，而沒有對整個政權和制度作全面的抨擊。

對共產黨人應區別對待

有人問，你們反對毛澤東，為什麼不反對周恩來？難道周恩來不是共產黨？你們反對「四人幫」、反對「凡是派」，為什麼不反對「鄧、胡、趙」，難道鄧、胡、趙不是共產黨？

我們的回答是，我們不是「凡共必反」論者，評價歷史人物，應該考慮到他們所處的特定環境，在中國當時的歷史條件下，周恩來所做的已經比毛澤東好得多了，至低限度使中國人民所受到的損害要少一點。

有人說，中共把神州大陸搞成這個樣子，周恩來作為中共的副主席和國務院總理難道沒有責任？我們認為，責任是有的，但有主次之分，應該區別對待。而「凡共必反」論，祇不過是把批判共產黨的錯誤這種艱巨工作，簡單化、機械化而已。我們不覺得台北宣傳機器那種凡共必「匪」，凡共產黨領導人必「酋」的宣傳手法，有什麼高明之處？我們就是不要學你們那一套，我們就是要拋棄你們所創立的，行之數十年的反共八股。

儘管「四人幫」、「凡是派」、「鄧、胡、趙」都是共產黨人，都曾掌握中央權力，但他們之間的區別却大得很，豈可以簡單地歸為一類曰：「都是共產黨」然後反對之？

「四人幫」所行的是「封建法西斯」主義，「凡是派」所奉行的是僵硬的教條主義。在「四人幫」和「凡是派」的眼裏，人民的疾苦是不值得一顧的，他們所看見的，祇是他們一小撮人的利益和官僚特權階級的利益，祇是毛澤東的「本本」和「框框」。中國如果繼續由「四人幫」或「凡是派」統治，不僅九億人民永難翻身，而且很可能在短期內就導至內戰爆發、導至蘇聯入侵、導至亡黨亡國滅族。

「鄧、胡、趙」雖然也是共產黨，但他們却是共產黨中的「開明派」、「改良派」。他們現在正在帶引中國走一條前人未走過的「中國式的社會主義」道路。必須一邊走一邊探索一邊排除障礙，擔子非常重、任務非常艱巨。如果說江青「四人幫」是專權跋扈、頇顢無能的慈禧太后，那麼「鄧、胡、趙」應該是戴恬、康有爲和梁啓超。在當前具體的歷史條件下，我們看不出有誰能夠代替「鄧、胡、趙」而比他們做得更好。

台灣喊「反攻大陸」！喊了三十年，但我們不僅看不到有任何可能性，而且看不到眞正「反攻」意願。一切「反攻大陸」都祇停留在宣傳階段、喊口號階段。說穿了，「反攻大陸」實際祇是一個偉大的空話。是喊了三十年的偉大空話。

國民黨人總存有一種很執着的想法，以爲祇有由他們「一黨專政」，祇有由他們來統治整個中國，中國才有希望；有些人甚至想借助外力，希望通過世界大戰來奪回大陸政權。我們坦白指出，這種想法是極端錯誤的，是極端自私的。中共政權並沒有脆弱到一碰就碎的程度（當它眞正脆弱時，國民黨人又沒有勇氣、沒有胆量去碰），我們不希望看到鮮血浸泡神州大陸的局面出現，正像我們反對中共武力攻台，不希望看到血洗台灣的情形出現一樣。

面對着毛澤東、「四人幫」、「凡是派」留下的爛攤子，別說蔣經國先生和國民黨人不能回去當權執政，即使讓他們回去執政，他們也未必能比「鄧、胡、趙」做得更好。而做不好的唯一結果，必然是千萬顆人頭落地，因爲經過三十年的變遷，中國已不是一九四九年前的中國，也永遠不會再回復到一九四九年前的情形。我們既然反對中共改良派把中國拉回一九五七年前的狀態，自然更反對國民黨把中國拉回一九四九年前的狀態。我們認為，國民黨所應該做的是重新全盤檢討一向的反共策略，研究出一套辦法，怎樣跟中共接觸，怎樣促使中共把政治、經濟、政法、人事制度的改革進行的更徹底一點。

儘管我們並不放過對「鄧、胡、趙體制」的批評，儘管我們希望他們做得更好一點，希望中國人民享受到更多的民主和自由，更進一步改善物質生活和精神生活，但我們也看到「鄧、胡、趙」所面臨的困難，這也就是我們跟盲目反共派不同的地方。我們知道毛澤東、「四人幫」留下的是怎樣的一個爛攤子？那是一個經過三年饑餓、十年浩劫的爛攤子；那是一個「大話、空話、假話」滿天；「冤案、錯案、假案」遍地的爛攤子；那是一個極左勢力根深蒂固，直至一九七六年春「三中全會」才能動搖其根基的爛攤子。在這個攤子上誰能一步登天，改善得十全十美呢？莫非真的有那麼一個能創造萬物的神？

我們決不做歌德派

我們認為在近三年來，鄧、胡、趙已經做得不錯了，可以說是強差人意，我們支持他們在政治、經濟、政治各方面的改革。但我們不要做「歌德派」，歌功頌德的工作自有中共官方的宣傳機器去做；自有中共外圍的宣傳機器去做；我們沒有必要去跟他們爭；更沒有必要去學舌、做應聲蟲。我們所要做的是在支持「鄧、胡、趙體制」進行民主改革這個大前題下，着重指出他們的不足之處；指出那些事情是他們應該做而沒有做的；指出那些問題是迫切需要解決而被他們擱處邊不埋不睬的。也就是說，我們要比國內的報刊更大胆；

要比海外正統的左派報刊更大胆；要比左派的外圍報刊更大胆。提出一些他們沒有想到，或者雖然想到但不敢提的尖銳性問題。

迫切需要立法保障人權

我們認爲，目前中國最迫切需要解決的問題有兩個：其一，如何肅清官僚主義，如何消除特權，如何保障中國人民的基本人權的問題。關於這個問題，本刊第四期社論和第五期答覆讀者問題曾略有論及。中國是一個有數千年封建歷史的國家，推翻帝制雖然已有六十九年，但由於反封建不徹底也不得其法，封建意識不僅未被消滅，而且借屍還魂，不僅依附於國民黨的身上，變成「一個政黨，一個領袖」；而且依附於共產黨身上，變成「一言堂」、「家長制」，變成毛澤東、「四人幫」式的「封建法西斯」。

數以億計的中國人民從來就沒有機會享受過眞正的「基本人權」。過去沒機會享受，現在還是沒有機會享受。他們祇依靠一些「聖主」、「明君」的恩賜，才有希望過較好的日子；碰到「昏君」、「暴君」就祇好自嘆倒霉任其魚肉。直至現在，直至二十世紀八十年代，大多數中國人民仍然殘存着「靑天」思想，希望坐龍庭的是「眞命天子」，希望治理他們的是「靑天大老爺」，而中共的報刊號稱爲「最先進的無產階級先鋒隊的「喉舌」

的報刊，也依然在宣傳「青天」思想，什麼「林青天」、「趙青天」、「習青天」地大叫特叫。

人就是人，絕不是「馴服工具」

須知道，蔣經國當年在贛南也被稱為「蔣青天」，像中國這樣一個大國，是不能單單依靠幾個「青天」來治理的。「林青天」現在變成「林胡加！！加！加！」了，這充份證明「青天」也可以變成「烏天暗地」。想要保證人民的利益，想中國真正走向現代化，就必須徹底放棄「普天之下莫非王土，率土之濱莫非王臣」的封建思想。每個成年人都是一個獨立的主體，他們不是帝王將相的奴隸，也不是共產黨的「馴服工具」；同樣不是什麼「社會主義」的螺絲釘。他們是人，是有血有肉，有靈魂有思想，有獨立意志的人。任何進步的政權，都必須承認和尊重這一點。在「憲法」上中共承認「一切權利屬於人民」，也規定人民享有「選舉權和被選舉權」、「有受教育的權利」、「有休息的權利」、「有年老、疾病或喪失勞動能力的時候，有獲得物質資助的權利」、「有言論、通信、出版、集會、結社、旅行、罷工的自由、有信仰宗教的自由和不信仰宗教、宣傳無神論的自由」、「公民的人身自由和住宅不受侵犯。任何公民非經人民法院或公安機關批准，不受逮捕。」現在就是要切實執行這些「憲法」條文的時候了。

由於毛澤東一向主張和尚打傘——無髮（法）無天，第一屆人大剛把「憲法」制定出來，就被毛澤東踐踏到脚下，「上樑不正下樑歪」，「在毛澤東的指引下」，中共官員一向都視法律如無物，祇秉承「長官意志」辦事。因此中國人民所能享受的祇是紙上的「人權」，實際上「人身自由」毫無保障，可以任意被揪鬥，被勞役，甚至是被殺害（張志新、遇羅克都是具體的例子）。十一屆三中全會以後，中共「改良派」當權，情況雖然有所改善，但還很不夠。幹部濫用權力迫害良民的事情仍然層出不窮。例如「人民日報」最近報導，山西芮城縣一位叫翟當民的農民，祇因爲說了一句俏皮話得罪了幹部（縣委秘書牛惠儀），就被逼害至死；例如檢舉商業部長王磊「吃霸王飯」的厨師陳愛武在「中央紀委」出面支持之前，也曾經受到阻撓和逼害。「人民日報」十月廿五日發表劉賓雁等七人寫的長篇通訊，「在罪人的背後」就記述了一名廿九歲女共產黨員因揭發民兵連長的惡行，而受到種種逼害。

「人身自由」得不到保障
反官僚主義祇是空談

中國人民受黨政官僚逼害的例子是舉之不盡的。「鄧、胡、趙」中央也不是不知道，這個問題現在的確已到了必須解決的時候了。人民的「人身自由」得不到保障，反官僚、反特權根本就不可能成功。因而我們建議，北京當局除了必須嚴令各級黨政人員「依法辦事」之外，還必須頒佈更具體的「人權法案」，訂出具體的細節，切實保護中國人民的「人身自由」。

此外，還應該把保障「基本人權」當作運動來搞，從大專院校抽調知識份子，下鄉宣傳，讓邊遠地區、文化水準低的農民，也知道自己是一個獨立的人，有獨立的人格和有做人的尊嚴，別人無權任意加以侮辱或迫害。

祇有當全中國絕大多數人都知道，自己是一個獨立的人，而不是共產黨「馴服的工具」和「螺絲釘」的情形下，反官僚、反特權才會有成功的希望，封建主義的陰魂才有希望清除。

「理論眞空」問題嚴重

其二，中國目前存在另一個問題，就是理論眞空。

自從打倒「四人幫」之後，就已經開始出現理論眞空和信仰危機。華國鋒、葉劍英雖然明明知道毛澤東、「四人幫」那套極左理論不行，可是由於沒有新的理論可以代替它，祇好繼續高呼反右批鄧；祇好繼續高呼「農業學大寨」、「工業學大慶」。

一九七八年春，「十一屆三中全會」之後，「凡是派」逐漸失勢，「四化」正式被確定爲全黨，全國的奮鬥目標，並以「實踐」檢驗眞理來糾正社會上的極左傾向。可是 以鄧小平爲首的「改良派」的理論家們，還未能創造出一套足以代替「毛澤東思想」的理論體系來。

中共「改良派」雖然提出「中國式的社會主義」，並註明「中國式的社會主義社會」將是一個具有高度民主的社會。這種提法，可以說是一個大進步。這與毛澤東、「四人幫」「一窮二白」式的社會主義和「無法無天」式的「無產階級專政」，形成很鮮明的對比。孰優孰劣一目了然。

然而，至到目前爲止，「中國式的社會主義社會」，「高度文明，高度民主」的社會主義社會，仍然祇有一個骨架子，尚待豐富其內容。正是「革命尚未成功」，中共的理論家們尚須努力。

中國往何處去？中國到底應該建立什麼樣的社會制度？我們也不能坐着等待。正所謂「國家興亡，匹夫有責」，我們認爲全中國人民，包括海外的中國人民都有責任去加以探索。事實，近十幾年來，中國人民都不斷地探索。六十年代，湖南省無聯的楊曦光；七十年代初廣東的李一哲；七十年代末北京的魏京生；以及這兩年間蓬勃有如雨後春筍的「民辦刊物」，都在做這樣的探索。可是我們看到，這一系列的探索都未能達到突破階段。

由於種種條件的限制，中共的理論家們還沒有辦法突破馬、恩、列、斯的條條框框，甚至還未能從毛澤東的條條框框裏徹底解放出來。海外的知識份子，大半都缺乏生活經驗，僅限於從理論、從旅行觀光來認識中國。可以老實不客氣地說一句，他們對中國還是「隔」得很遠。因而他們雖然非常熱心，但常常搔不到癢處。總的來說，海外的知識份子直至目前也仍然祇在「自由民主」這個圈子內打轉，還未能有新的突破。

希望在思索的一代

因此，我們不能不把希望寄託於居住在中國大陸經過「文革」和「四、五」運動鍛煉的「思索的一代」。可是，根據我們的接觸和了解，目前中國大陸的民辦刊物的理論水平還是不夠高的，他們有的人對近代西方哲學一無所知，或者所知有限，對馬克思主義理論也沒有深入鑽研，大部份「民辦刊物」都祇能做到針砭時弊，而不能做到理論上的引導。比較有水平的祇有一個王希哲。

像王希哲這樣的人才，中國社會科學院或者一些著名的學府，是應該吸收他作爲研究生，讓他能夠集中精力從事哲學研究。然而，由於他堅持獨立見解，不甘願任憑官府擺佈，結果自然是受到冷落，官府任由其自生自滅。中共一方面大嘆人才難得，可是像廣東這樣開明進步的省份，人才也是被壓在底層浮不出頭。王希哲現在還祇是一名工人，八小時工作之後已是精疲力竭，加上可供參考的書籍和資料又少，研究的進度和成就自然受到限制。

海外的情況也是這樣，香港報刊雖多，可是連一個像樣的研究所都沒有（「港大」、「中大」的研究所都是不研究這些問題的。）一些年青人雖然想對「對中國往何處去」這問題作深入的研究。可惜大家都要爲粱稻謀，分身不暇，看來理論真空，在短期內是難以解決的。這不能不引起每個關於中國人的憂慮。我們希望北京和台北的執政者，認真注意這個問題，及早加以解決。倘若讓中國長期處於理論真空狀況，必將會給中國人民帶來無窮無盡的災難。

「東西方」第一十三期　一九八〇年十一月十日

對「特一號案件」來稿處理經過

——主角賀春樹被綁回大陸槍斃——

——揚發中共綁架香港居民回大陸槍斃的事實——

八月某一個星期五上午，我們接到一位姓李的讀者的電話，要求我們接見，說有重要的消息提供給我們，但不希望見到太多人，只希望跟「東西方」主要負責人接觸，我們便約他星期六下午來。

李君（我們並沒有查看他的身份證，未知他是否確實姓李）來後，交出由內地寄出來的「爲賀春樹申寃」一文和「廣東省高級人民法院佈告」。及該文作者寄給他的信。李君稱，這些東西他六月份已收到了，考慮了很久，研究了很久才決定交給「東西方」，他擔心萬一處理不愼，所托非人，將會影响到他國內的朋友。

我們反覆研究「爲賀春樹申寃」一文及廣東省高級人民法院的佈告，覺得廣東人民高級法院的佈告措辭含糊，而且是「四人帮」殘餘焦林義執政時處理的（別忘記，李一哲也是在「四人帮」下台之後，由焦林義下令拘捕的），從種種迹象看來，賀春樹很有可能蒙寃受屈。因此，我們答應刊出「爲賀春樹申寃」及「廣東省人民高級法院佈告」。

爲了對「賀春樹事件」有更深入的了解，我們根據讀者李君所提供的資料和綫索，作過一些調查工作，現在我們把調查結果一起披露。一方面可以使讀者對這件事情有進一步的了解，另一方面也希望能夠引起廣東當局、香港當局、澳門當局充分的注意，我們實在不希望看到這類政治綁架案件再度發生。

賀春樹被綁架回大陸

賀春樹是被從香港誘往澳門，然後綁架回中國大陸的，是一件卑鄙的政治綁架案件，而不是普通的案件。他被綁架回大陸後，扣押了五年，然後在「案情尚未了結」情況下判處死刑，立即執行。倘若賀春樹確實犯有死罪，我們自無話可說，倘若賀春樹是無罪的，或者是罪不該死，那麽參與這次綁架行動的，無異於謀殺。爲了使讀者能夠了解事情的眞相，爲了方便中共司法部門對這一案件（「特一號案件」）進行徹底的複查，且把我們調查到的資料公諸與衆：

第一，賀春樹，又名賀樹基（香港身份證上的名字），是香港合法的永久居民（持有黑印身份證）。居港期間住在九龍官塘康寧道，在官塘鴻圖道的美科電子有限公司工作。一九七三年九月至十月之間，賀春樹（樹基）被騙往澳門，上午赴澳，下午便被綁架回廣州。一個月後消息才傳到香港其岳母家裏。他在港的親人返穗探詢他的消息，均不得要領。廣州市公安部門大打太極，拒不作答。賀春樹（樹基）自從被綁架回廣州之後，關押多年，至到一九七八年二月「四人幇」倒台後才予以槍斃。據說在關押期間，賀春樹（樹基）曾經越獄，在白雲山麓藏匿了十多天，才被捉回去，詳情不甚淸楚。

據說，賀春樹（樹基）在關押期間，「態度極端惡劣」，拒不招認任何同伙，一口咬定一切活動都是自己進行的。一九七八年二月十八日，賀春樹（樹基）在「案情未了結」的情況下被廣州市公安部門在半公開情況下處決了。

第二，賀春樹（樹基）原是中國共產主義青年團員，一九五六年在廣州市珠海區輕工業職工業餘學校當教員。後隨學校體制的改變，調到廣州市第一輕工業局業餘學校（校址在廣衛路）當教師，教語文和化學，後期專教化學。

「文革」期間，賀春樹被揪鬥一番，關入牛棚，後來從「五・七」幹校偷走出來，偷渡到香港。以賀樹基的名字領取香港身份證。據我們所知，賀春樹居港期間並沒有參預什麼政治活動，甚至也沒有寫文章「攻擊」中共。

第三，賀春樹（樹基）的太太叫黃月嬋，原本也是香港居民，一九五四年由於「熱愛祖國」而回到廣州讀書，一九五七年畢業後分配與賀春樹（樹基）同校任教的。一九五八年跟賀春樹結婚，育有一子。賀被槍決前夕，賀妻黃月嬋住在廣州市荔灣區文昌路興元坊三號二樓，相信現時仍在荔灣區任教。

賀春樹（樹基）人雖然死了，對他個人來說已是「一了百了」。但他還有妻兒，還有親朋戚友，我們認爲中共司法當局很有必要複查這件名震海內外的「特一號案件」。假如賀春樹是枉死的，就不能讓他的名譽以及他的妻兒繼續蒙受屈辱。

我們不是司法機構，我們所掌握的材料仍然很有限。我們無意作「輿論裁判」。不過，從現時已知的材料和「廣東省高級人民法院」的公佈來看，賀春樹（樹基）蒙冤的可能性很大。「廣東省高級人民法院」公佈，全文皆是以思想入罪，所舉罪狀全是什麼「思想極端反動」；什麼「惡毒攻擊黨中央毛主席」之類。唯一令人懷疑賀春樹可能犯罪的只有一句話：

「將其秘密書寫的二十多萬字的反革命文章油印成册，用編造的七個反革命組織的名稱，郵寄給蘇聯、美帝、香港反動報刊及一些外國駐華大使館以及國內機關、團體、報社及個人。」

按照中共的「鎮壓反革命條例」，賀春樹如果是什麼「反共救國軍」或「國民黨某某總部」的名義寄發文章，那麼可以肯定是犯法的。可是，「廣東省高級人民法院」的公佈，連一個「反革命組織」的名稱也沒有舉出來。因而令人懷疑，所謂「反革命組織」，很可能祇是「造反組織」。

「文革」期間，許多造反組織今天被認爲是「革命組織」，明天可能被打成爲「反革命組織」；而後天又可能獲得平反，再次變爲「革命組織」。可以說是混亂至極。廣東當局既然立志要把賀春樹置之死地，那麼賀無論用什麼名義（即使是以「革命造反隊」之類組織名義）發信發傳單，都一樣可以稱之為「反革命組織」。因而，我們向廣東省高級人民法院提出嚴正的要求：

（一）公佈賀春樹所使用的所謂「反革命組織」的名稱，讓海內外的群衆評一評，可不可以稱之爲「反革命組織」。

據我們向賀春樹的親友了解，賀春樹處事謹愼，他們相信賀絕不會以什麼反共組織名義寄發書信和文章，他們相信賀春樹是以造反組織的名義從事活動。而我們不要忘記，遇羅克的「出身論」也是以「北京家庭出身問題研究小組」的名義發表，中共司法機關也可以說遇羅克是以「反革命組織名義」進行活動。

（二）把賀春樹所寫的長達二十萬字的所謂「反動文章」公開發表，讓人民大衆看一看賀春樹的思想是不是「極端反動」？中共連林彪的「五七一工程紀要」這類機密文件都可以公開傳達了，廣東當局連賀春樹的言論和文章都不敢公開嗎？我們認爲廣東當局如果連這些資料都不敢公開，那麼說明是自己理虧胆怯，甚至是栽贓禍嫁！

（三）請公佈賀春樹所謂「反革命組織」的詳細內容，讓人民大衆看一看他的活動，算不算得上是「反革命活動」？

（四）廣東省高級人民法院公佈，完全不提賀春樹（樹基）曾偷渡來香港。因而我們相信賀某來港後，只是做一個安分守己的小市民，而沒有參預政治活動或情報活動。

假設賀春樹居港期間，參加過國民黨或「蘇修」、「美帝」的情報機構，從事間諜活動，那麽廣東省高級人民法院絕對不會放過這一點，必定會在公佈上大作文章。「廣東省人民法院」公佈既然避而不談這一點，說明賀春樹居港期間是規規矩矩的。像這樣一個僅僅是「思想極端反動」的香港市民，值不值得廣東當局如此勞師動衆把他綁架回去？

廣東當局把賀春樹（樹基）綁架回大陸處決這件事，是極其魯莽、極其卑鄙、極其不智的行爲，無論以什麽藉口而行之，都有損泱泱大國之聲譽。這樣做的結果，只有使堂堂中國的情報機關淪落至與世界恐怖組織等同的地位。我們堅決譴責這種行爲。希望中共中央紀委會和中央情報部門的最高領導人，徹查這件事情的始末，看是誰主使的？是誰執行的？並本着有錯必糾、實事求是的精神，複查「特一號案件」（賀春樹案件），無論是錯判了或是重判了都應該爲他平反。不能因爲賀春樹只是一名小人物，且死難翻生而不了了之。如果賀春樹確實犯有死罪，我們希望廣東省人民高級法院通過中共的宣傳機器，詳細公佈賀春樹的罪行（應有具體的證據），而不能含糊其辭。

賀春樹（樹基）是在「案情尚未了結」的情況下，被槍決的。廣東司法當局還聲稱要「追查同黨」。因而賀春樹（樹基）案件（「特一號案件」）如果就這樣不了了之，不僅影响賀春樹家屬和親朋戚友，而且很可能還會牽連到其他人，令無辜者受害。我們希望中共中央以及中共司法機關插手這件事，徹底進行複查，查個水落石出。並希望中共中央嚴禁公安部門再在海外搞綁架、暗殺這類不見得光的恐怖活動。

按照中共以往的慣例，法院公佈，例必有院長具名。廣東省高級人民法院這份「七八粤法刑佈字第一號」佈告，爲什麼只蓋上公章而沒有院長具名？當時是沒有院長或是沒有人願意負責？

在收到「爲賀春樹申寃」一文後，我們曾考慮到如果公開發表，必然令廣東當局感到尷尬，令香港當局（特別是「政治部」）感到尷尬，令澳門當局感到尷尬。有關方面會不會對我們施加壓力？會不會使出什麽的手段來對付我們呢？考慮的結果是「應該不會」，因爲香港畢竟是自由世界。不過，即使會引起麻煩，我們也不怕。而不怕的原因並不是因爲我們的後台硬，而恰恰相反，恰恰因爲我們沒有任何後台，不受任何的津貼底子最爲淸白，我們的一切都可以公開。其次，因爲我們並不是既得利益階層。我們本來就一無所有，當然不會有什麽太大的損失。對着這類問題，假如我們退縮，不敢發言，那麽既有違「東西方」的創辦宗旨，也違背我們做人的原則。

我們希望有關賀春樹的資料發表之後，能夠引起各方面足夠的注意。

林彪「四人帮」及其殘餘所造成的「錯案、寃案、假案」，相信還有很多尙未淸理。我們相信死於林彪、「四人帮」及其殘餘槍下的英雄，絕不止張志新、遇羅克。賀春樹可能也在其中！而許多尙未爲人所知的「無名英雄」當然也在其中。

「東西方」第二十三期

十一月十日

揭露「廣東特一號案件」真相

（廣州）無言

為枉死者賀春樹申冤

今天，爲劉少奇平反了。劉少奇含冤九泉後，又恢復爲偉大的馬克思主義者了。我們爲自己在迫害劉少奇的運動中做過啦啦隊而愧慚。劉少奇平反了，我們的良心稍好過些。

全國爲劉少奇平反了。但在文革前，文革中，文革後劉少奇含冤而死的無名小卒呢？有很多是有人過問的，如果他們的寃案是與四人幫或劉鄧陶等大壞人有關的話。而有更多的「反革命案」是得不到雪寃的，因爲當權者不願、不敢也不准過問，死者死矣，其家屬親友又「有寃無路訴」。在衆多的寃案中，賀春樹「現行反革命案」是最值得注意和最迫切需要平反的。

賀春樹原爲市一輕校教師。根據槍斃賀春樹的佈告，賀唯一的罪行就是書寫「反動」文章並向國外投遞以圖爲人所知而又不暴露身份。佈告的「惡毒攻擊汚蔑我們的偉大領袖和導師，攻擊汚蔑我國的社會主義制度，攻擊我黨領導的歷次政治運動，攻擊無產階級文化大革命，攻擊無產階級專政，極力吹捧社會帝國主義，散佈反革命思想，妄圖推翻無產階級專政，復辟資本主義。」絕無半點罪證根據。把一個人任意上綱上線就槍斃了，是什麽世界？

有幾點應該說明：

一、賀春樹是「特一號案件」的主角。

「特一號案件」是由周恩來總理親自抓的。當時（一九六八年尾）全廣州市發動了一個長達幾個月的追查運動。公案部門復印了特一號的筆迹讓全市從小學生到所有各級幹部進行查認。當時介紹特一號主角除了他怎樣「惡毒攻擊」外，還有善用繁體字，熟識古文，善於引用孔孟著作，用左手書寫，有大學以上程度，理論水平很高，並估出此人高度等等。

但從發動追查到今天，還沒有公佈過「特一號案件」「惡毒攻擊」的具體內容。當時零星得知的例如反對「三面紅旗」，說現今社會的階級關係是「螺絲釘與螺絲批的關係」等等，到底有幾分錯誤？可否說是正確的馬列主義觀點？

所以我們第一件要求的是「公佈案情」。在這裡，我們肯定「特一號案件」主角賀春樹的文章絕不涉及「國家機密」，沒有理由不可公開讓群衆知道案情。

二、有人說「特一號案件」是我們的周總理親自抓的。意思即是說總理定的案不易翻，否則有損總理形象。這是絕對錯誤的胡塗思想。我們只要指出兩點就足夠。劉少奇專案小組的組長也是周總理，劉少奇不是一樣平反了嗎？周總理也是人，不是神，也會犯錯誤，我們不能因爲是周總理犯的錯誤就不能糾正。

三、槍斃賀春樹是在四人幫倒台後，是在華主席領導下判的案。不能說是寃案，不能平反。這也是荒謬的。難道華主席又是不會犯錯誤的神？一九七七年不是四人幫後華國鋒英明領導下在焦林義把持下的廣東省委定了李一哲「反革命集團」的罪嗎？只是李一哲四人命大，未被當時廣東省委快刀一劈而留下四條命。賀春樹運舛被槍斃了。李一哲可以而且已經平反了，「特一號案件」的賀春樹爲什麼不能重新複查？

四、聽某些公案幹部說賀春樹是個還沒有了結的案件。因賀春樹骨頭很硬至死都不供出其同黨，而賀案却被認爲是可能不只一人作案的。請問？既然是「未了結」的案，爲什麼又急急忙忙，遮遮掩掩佈告都不敢上街就把賀春樹槍斃了？我們認爲應向焦林義和當時中央管政法的紀登奎和汪東興追究責任。

還應該指出，槍斃賀春樹的佈告只有法院公章沒有院長署名的？這到底爲什麼？

五、我曾與幾位賀春樹生前好友接觸。他們雖然深信賀春樹沒有犯死罪，可能還是沒有犯罪，或者像李一哲、遇羅克等是英雄。但是賀春樹既然沒有與四人幫有深仇大恨，又沒有討好劉鄧陶等今天有權的領導。誰肯自找麻煩去理它呢。而且，據說有人曾上訴複查賀案，答覆是賀案無誤，不存在平反問題。

看來，賀春樹寃案是難在國內找到申訴的地方了。所以我們希望關心中國的報刊把賀春樹案公佈出來，讓世界人民知道，並進而促使我們的黨領導重視和爲賀春樹進行複查。

我們認爲，賀春樹只犯了思想罪——如果一定要說有罪的話。而且是未公開的思想罪。因賀春樹並未發表過——不論是口頭或書面發表——任何「惡毒攻擊」的言論。賀春樹的那些文章，是郵寄的。通信是憲法規定人民的基本自由權。何罪之有。

賀春樹，不論從任何角度看，都未犯罪。

賀春樹寃案必須平雪！

無言一九八〇年五月十八日深夜

無言君給居港朋友的一封信

·無言·

××兄：你好！

我終於在本月十日調回廣州了。十五號已到工廠報到。雖是合作小工廠，但總比在農村當「一〇七」①部隊強。平生願望達到了，我自然想到了你的幫助。在文化大革命中我們共同戰鬥的生活，是永世難忘的。這畢竟是過去的事了。但願我們永遠保留美好的回憶。我重提這些舊話，是因為我們的友誼並不因你回了香港而淡薄。如果沒有你給我搞的那部彩色電視機和錄音機，大概我還在寶島抓七呢②。

我提及文革的舊夢，除了表達你我的友情外，還有今天為劉少奇平反了。作為曾是「革命小將」的我們，當然感慨萬分。除了感慨外，就是為一些無言的冤鬼不平了。大人物平反了，枉死的無辜小人物呢？他們會有人過問嗎？他們的家屬可有地方申冤嗎？在枉死的小人物中，我們自然想到曾搞得廣州滿城風雨，由中央周總理親自抓「特一號」反革命案件主角賀春樹。他是在四人幫被粉碎後的一九七八年二月十八日被以現行反革命罪被槍決的。當時我倒流在廣州家裡，在機關內部看到了這份槍決佈告。（當時街上不見有張貼，我曾抄了下來。）我之關心賀春樹，是因為他是我叔叔同事，是老相識，文化大革命時又和他共同戰鬥過一個短時期。但是，我現在對賀春樹枉死耿耿於懷，倒不重在私人感情，完全是由於劉少奇的平反而為小人、為枉死不得雪冤憤憤不平。所以今晚我寫了一篇「為賀春樹申冤」的文章。我把文章寄給你，希望你在香港找一份比較有權威的報紙刊登出來，讓世界人民知道此一冤案。

沒有辦法，我天生就不平則鳴的性格。雖則我們在文革中吃盡了苦頭，但有什麼辦法呢？我還是一樣愛管閒事。希望你在香港把這件事辦好。我想你在香港辦這件事不會有很大困難吧！我冒的風險你是知道的。你不會令我失望的，我了解你，相信你。

敬祝　　　　　　　　　　門

八〇・五・十八凌晨三時

又，除了「爲賀春樹申寃」之外，還附上我抄錄下來的「廣東高級人民法院佈告」給你們參考。

註釋：

①「一〇七」部隊是上山下鄉的知識青年自嘲語。「一」指担挑，「〇」是笠帽，「七」即阿拉伯字7，是鋤頭。「一〇七」部隊即是「知青」。

②「抓七」是抓鋤頭，指耕田。

廣東省高級人民法院佈告

（七八）粵法刑佈字第一號

編者按：這份報告就是處決賀春樹的佈告，由抄存該佈告的讀者從廣州市寄出來，一字不易。

現行反革命罪犯賀春樹，男，四十五歲，廣西壯族自治區南寧市人。原係廣州市輕工業局職工業餘學校教師，現在押。

賀犯品質一向極端惡劣，解放後曾兩次被清除出革命隊伍。一九五六年當教師後，堅持反動立場，仇視我黨和社會主義制度，於一九六三年開始秘密書寫大量反革命文章。偉大的無產階級文化大革命開始後，賀犯瘋狂地進行反革命破壞活動，將其秘密書寫的二十多萬字的反革命文章油印成冊，用編造的七個反革命組織的名稱，郵遞給蘇聯、美帝、香港反動報刊和一些外國駐華大使館以及國內機關、團體、報社等幾十個單位和個人，惡毒地攻擊汚蔑我們的偉大領袖和導師，攻擊汚蔑我國的社會主義制度，攻擊我黨領導的歷次政治運動，攻擊無產階級文化大革命，攻擊無產階級專政，極力吹捧社會帝國主義，散佈反革命思想，妄圖推翻無產階級專政，復辟資本主義。

賀犯的反革命破壞活動，激起了廣大人民群衆的極大義憤，紛紛進行檢擧、揭發。我專政機關遵照毛主席關於「要實行依靠廣大人民群衆和專政機關相結合的方針」的教導，在黨委的密切領導下，緊密依靠廣大人民群衆，終於將賀犯這個奸詐、狡猾、隱藏得很深的反革命份子逮捕歸案。

查罪犯賀春樹，思想極爲反動，對我黨和社會主義制度極端仇恨，反革命活動十分猖獗，逮捕歸案後，在確鑿的證據面前，長期拒不認罪，實屬罪行嚴重，民憤重大，是一個頑固不化，堅決與人民爲敵的反革命份子。爲了貫徹落實英明領袖華主席抓綱治國的戰略決策，鞏固無產階級專政，保衞社會主義革命和建設事業的順利進行，本院特根據「中華人民共和國懲治反革命條例」第十條第三項和第十七條之規定，判處罪犯賀春樹死刑，立即執行，剝奪政治權利終身。業經中華人民共和國最高人民法院核准，茲定於一九七八年二月十八日，將罪犯賀春樹驗明正身，押赴刑場，執行槍決。

此佈

一九七八年二月十八日

（「廣東省高級人民法院」蓋公章）

中國人應有沉默的權利

——審張春橋法庭大出洋相

審林、江集團是自中共取得政權後首樁舉世矚目的大案，不僅國內九億多人民瞪着眼睛看，不僅海外的華人密切注視着，就連跟中國毫無關係對中國認識不深的外國婦孺，也一樣注意和關心這次的審判。可以說世界各地人民的眼睛都瞪着北京，都瞪着電視機螢幕。

審訊林、江集團案由中共最高級的司法人員主理，特別法庭庭長，由全國最高人民法院院長江華擔任，特別檢察廳廳長由全國最高檢察院院長黃火青擔任。由此可見北京當局對林、江案件的重視程度。以這麼高級的人手審訊做了兩年以上準備工作的案件，照理不應該有任何瑕疵，更不可能出錯。可是，特別法庭在一九八〇年十一月二十七日審訊張春橋時偏偏就在全世界人民面前大出洋相，當庭宣讀了張春橋一雙子女所供的，但卻毫無法律意義的供詞。張春橋的女兒張娓娓供詞說：「張春橋曾經說：『老傢伙沒有一個好東西，不鬥倒他們，我們要準備殺頭。你找對象，要淸楚地告訴對方。』」張春橋的兒子張毛弟供稱：「張春橋在寫給他一封信中，稱鄧小平爲鄧納吉。」

特別法庭這樣做，我們不覺得驚奇，不覺得新鮮，只覺得失望。因爲這樣的例子我們看得太多了，從一九五〇年「土改」看到一九八〇年審「四人帮」，三十年來中國不斷地上演這類所謂「大義滅親」的鬧劇。「土改」時期許多地、富子女爲了升學和就業，被迫起來與父母「劃淸階級」界綫，揭發父母的所謂罪惡；「鎭反」、「反右」時許多反、右子女又踏着地、富子女的脚印，繼續走「大義滅親」的舊路；「文革」時期則發展到登峯造極，「爹親娘親不如毛主席親」。連劉少奇的子女也被迫起來，揭發和批鬥劉少奇和王光美。可是，在千千萬萬「大義滅親」的子女當中，到底有多少個眞正從感情上跟父母割斷關係的呢？我們沒有作過統計，也無可能統計，但中共心裏明白，人民心裏明白，這些都只是鬧劇，當事過情遷，或當他們的父母獲得平反，不是一個個又回到父母的身邊了嗎？

主審法官眞缺乏法律常識
張春橋子女證供不應呈堂

經過兩年的撥亂反正，經過「十年浩劫」深刻反省「大徹大悟」之後，我們以爲這樣的鬧劇會永遠停止上演了。想不到的是，在再三強調實事求是、再三強調法制的今天，在最高人民法院莊嚴的特別法庭上，竟然還會有這樣的鬧劇上演，這是對中共法制的大諷刺，同時也充分暴露了中共司法人員的法律知識是何等貧乏。在最高人民法院中尚且如此，在舉世矚目的審訊「四人帮」案件中尙且如此，中國人民還能奢望在各級地方法院中得到有足夠法律知識的法官審訊嗎？

我們認爲，十一月二十七日最高人民法院特別法庭的審判長、副審判長和檢查官都應該徹職查辦。因爲由於他們的無知，令莊嚴的最高人民法院在全世界人民面前大出洋相，丟盡面子。張春橋子女的供詞根本沒有作用，這類供詞大可以掉進垃圾箱裏，根本就不應該呈堂，更不應該當庭宣讀。

張春橋子女的供詞能證明什麽呢？能證明張春橋犯罪嗎？沒有。唯一能證明的是最高人民法院特別法庭法官和檢查官的無知。

張春橋女兒張娓娓供詞說：「老傢伙沒有一個好東西，不鬥倒他們，我們要準備殺頭。你找對象，要清楚告訴對方。」這能說是犯罪嗎？我們說不能，一百個不能。這只是言論，憲法賦予中國公民言論自由權利。言論無罪，何況是父親跟女兒之間的言論。如果父親跟兒子的談話可以構成犯罪，那麽夫妻間的私房話也可以變成罪行。張春橋稱中共黨國元老爲「老傢伙」，並說他們「沒有一個好東西」，要打倒之，實際上只反映了他當時的心態，怎能入之以罪？

張春橋的兒子張毛弟供稱，張春橋在給他寫的一封信中稱鄧小平爲鄧納吉。難道這就構成犯罪？如果稱鄧小平爲鄧納吉是犯罪，那麽稱爲鄧矮仔、鄧酋豈不是要五馬分屍？稱一個人的花名綽號，只是對這個人表示不敬而已，這絕不是罪行，何況是在父子書信之中。憲法不是賦予中國公民「通信自由」嗎？

最高人民法院十一月二十七日特別法庭，把張春橋子女這些毫無用處的供詞呈堂宣讀，實際上是向渴望實現法治的中國人民頭上潑下一盆冷水。令人難過和失望。原來叫嚷了幾年的法制改革，竟然如此，豈不令人心寒？

中國人民應享有沉默的權利

在資本主義國家的法律中，被告家屬有權拒絕出庭作證；有權拒絕提供不利於被告的證供，這是婦孺皆知的ABC。可是，可憐的中國人民三十年來非但沒有言論自由，而且沒有沉默的自由，沒有不說謊的自由，難怪人們私下常說，國民黨不讓人說話，共產黨不許你不說話。

「自我批評原來只是一種自我反省的思想活動過程，可是在中共三十年來「發揚光大」和強力推行之下，「自我批評」變成自我詆毀、自我作賤的自瀆行爲。自我詆毀得不夠厲害，自我作賤得不夠徹底，就不獲通過，又得重頭再來一次。大會如此，小會如此，在三幾個人的小組會議上也是如此。於是每一個被迫作「自我批評」的人，都得把自己罵得狗血淋頭，說得自己身上沒有一塊地方乾淨。

「互相批評」原本是指善意的批評，指出對方不察覺到的缺點，希望對方及時改正。可是，三十年來，「互相批評」却變成「互相攻訐」。我想你死，你想我亡。大家鬥個不停。經過

「撥亂反正」之後，現在情況好了一點。大會少了，小會少了，各級黨組織對人民的控制也放寬了。中國人民現在基本上可以享受沉默的自由了。可是有了問題的人和他們的家屬就不行。例如張春橋的子女就必須「詆毀」或「揭發」自己的父親以自救。

再不要搞毀滅人倫式的「大義滅親」了

中共搞三十年「大義滅親」，提倡子女鬥父母，妻子鬥丈夫，結果如何？結果是中共的黨國元老自嘗苦果。（林彪、「四人帮」當權時期，許多「黑帮」都被自己子女揭發，吃了不少苦頭。最典型的例子莫過於劉少奇家了。）結果是倫理淪亡，戕盡正義，道德墮落。大多數人，特別是年青人都變得更加自私自利，更加無情無義。爲了自己，什麼都可以出賣，包括出賣自己的老子。王洪文就是在這種「出賣哲學」薰陶下成長的，所以爲了自己求活命，他可以出賣一手把他提拔起來的江青、張春橋。從「義」的觀點着眼，王洪文的人格比江青、張春橋，更加低劣、更加卑鄙無恥。更加貪生怕死，更加懦弱無能。尙幸皇天有眼，王洪文之流接不成班，如果由他接了班，篡奪了最高領導權。爲了私利，爲了活命。他必定毫無猶豫在出賣整個國家民族，甚至老婆孩子。

中國歷史上也有大義滅親的事例，但須有兩個大前題，其一，其親人必須是大奸大惡，不大義滅親會影响國家民族的興亡，而不是去揭發自己的親人說過什麼話，放過什麼屁。其二，大義滅親只是很少很少的在很特別的環境下產生的特殊事例，而不是無原則地加以鼓勵，使之成爲一種普遍的社會風氣。只有天下第一個大白痴才會相信，一個可以出賣父母妻兒、親戚朋友的人在危急關頭能效忠於「黨」，忠於「毛主席」。可是偏偏就有我們「偉大、英明的毛主席」相信。偏偏就在「毛主席」當權獨裁的時代，出現荒謬怪誕的「三忠運動」。難怪有人說天才和白痴只是一綫之差。要不然，毛澤東親自選擇接班人時，爲什麼一而再，再而三地看漏了眼，選擇和培養出林彪、江青、王洪文這一班寶貝？

過去，中共散佈的仇恨種籽實在太多了，幾十年來整天都在叫喊鬥爭，當外國侵略者被趕跑，眞正的階級敵人被消滅後，便把人民群衆「一分爲二」，我鬥你，你鬥我。最後發展到妻子揭發丈夫，兒子揪鬥父親，兄弟之間動刀動槍、鬥個你死我活。整個社會都充滿暴戾之氣，彷彿人與人之間，除了鬥爭之外，就不會有或不應該存在別的感情。這種經驗教訓，我們已經受夠了，這種後果現在也已是有目共睹。試問，難道我們還要繼續宣揚這種鬥爭哲學？難道還要繼續提倡美其名曰「大義滅親」式的「賣父求榮」哲學？難道張春橋的子女不作這樣的證供，張春橋的罪名就無法成立？

我們認爲，現在絕不能利用「四人帮」的老辦法反「四人帮」。絕不應該繼續鼓勵子女檢舉揭發父母，而應該反其道而行之，大力宣揚仁愛。宣揚愛的道理，鼓勵年青人愛父母、愛同學、同事、愛左鄰右里、愛同胞、愛世人。讓仁愛代替仇恨，讓互相帮助代替互相鬥爭。如果不這樣，中國就永遠沒有希望。

「東西方」第二十四期

一九八〇年十二月十日

取消黨員終身制恢復黨新陳代謝機能

任何生物都必須有正常的新陳代謝，不呼出二氧化碳就吸不進新鮮的空氣；光吃不拉，就會中尿毒而致死，這是一個很顯淺的連三歲小孩都懂得的道理。

由人類所組成的社會肌體，當然也需要正常的新陳代謝，有進有出，吸進新血，排出瘀血，無論是工廠企業、社會團體、政治黨派、政府機關皆是如此，毫無例外。社會肌體如果新陳代謝失調，也會衰老、中毒，甚至死亡。這也是很顯淺的連三歲小孩都懂得的道理。

然而，就偏偏是號稱爲最先進、最偉大、最科學的共產黨不懂得這個道理。全世界沒有一個共產黨，特別是執政的共產黨能夠進行正常的新陳代謝。這是因爲全世界的共產黨都是根據列寧的建黨原則，根據蘇共的模式建立起來的。而列寧的原則和蘇共都是非常時期的產物，符合了非常時期的需要。一個長期饑餓的、營養極度缺乏的人，可以吃了幾天飯都不排洩，是因爲腸子連渣滓中的點滴營養都不肯放過，都要吸收以供身體的需要。可是一個身體正常、營養良好的人，就不可能光吃不拉。可惜的是幾十年來，全世界的共產黨都謬誤地把非常時期的需要當作正常需要，以致使排洩系統失調，阻礙了正常的新陳代謝。

黨員終身制妨礙新陳代謝

共產黨最大的謬誤就是黨員終身制，正因爲存在黨員終身制，才有幹部終身制，才有領袖終身制。並美其名爲曰：「終身革命」。

共產黨是一個組織極其嚴密的政黨，它不像資產階級政黨那樣鬆散。資產階級政黨正是由於結構鬆散，對黨員並不作過份的嚴格的控制，進黨、退黨都很自由，所以並不妨碍正常的新陳代謝。無論是美國的民主黨、共和黨，或者是英國的保守黨、工黨，人民入黨退黨都是很平常的事。從這個黨跳進那個黨，甚至跳來跳去都是很平常的事。沒有人表示詫異或企圖阻止。同時，在資本主義社會，入黨未必有官可做，未必就能取到什麼經濟利益或政治特權。因而，資產階級政黨像一片樹葉那樣，表面看來是一個整體，但葉面上却開著數不盡的毛孔，可以自由地呼吸，正常地新陳代謝。

共產黨的結構極其緊密，它的肌理與其說像政治團體，不如說像特務組織，每一環一節都扣得有那麼緊，就那麼緊，不容有絲毫鬆散。如果拿樹葉來作比喻它，那麼它是一片用蠟把所有空竅都密封起來的樹葉。因此，它的新陳代謝只剩唯一的窄窄的渠道，就是自然的生老病死。於是就出現了排洩系統失調，體內積聚著太多的廢氣瘀血，太多的渣滓和毒素，無法排出體外。這就自然要導致肌體中毒。「十年浩劫」實際就是中國共產黨一次尿毒併發症。中共未在這場大病中滅亡，已算是「不幸中之大幸」。不過經過這場大病，已令中共元氣大傷，它再也不像以前那樣年青健康。如果中共不注意這個問題，不設法令它的排洩系統恢復正常，那麼再過幾年，或者一、二十年，它就必然要發生尿毒併發症，而且必然要比「十年浩劫」更爲嚴重。

中共是非常時期的產物

一九二一年七月廿三日在上海召開「一大」時，全國只有五十七名黨員。
一九二二年七月十六日在上海召開「二大」時，只有黨員一百二十三名。
一九二三年六月在廣州召開「三大」時，黨員人數增至四百三十二名。
一九二五年一月廿二日在上海召開「四大」時，黨員人數約一千名。
一九二七年四月在漢口召開「五大」時，黨員人數增至五萬七千九百名。
一九二八年六、七月間在莫斯科召開「六大」，其時黨員人數不詳，約數萬人。
一九四五年在延安召開「七大」時，黨員人數增至一百二十一萬人。佔全國四億五千萬人口百分之零點二六。

如果以「人體」來比喻「新中國」，以器官來比喻中共，那麼一九二一年「一大」僅是受精卵的第一次分裂。由「一大」至「六大」都只是胚胎，器官既未形成，胎兒更未形成。那時當然不存在什麼新陳代謝問題，需要的只是不斷進行細胞分裂，不斷地繁殖。以便有足夠的細胞組成各個器官，形成胎兒。至於一九四五年的「七大」可以說是胎兒業已形成，各個器官業已發育成熟。一九四九年「新中國」這個嬰兒就呱呱墜地。

每一種動物，當胚胎發育成熟之時，大腦皮層就會傳出信息，命令各器官的細胞停止分裂繁殖，只能按照一定比例發育成長，也就開始出現新陳代謝現象。這個時候如果某個器官的細胞收不到停止繁殖的信息，繼續像胚胎時那樣分裂繁殖，就會出現異常的現象，出現腫瘤。

可惜的是當「新中國」這個胎兒形成之後，作為「新中國」一個重要器官的中共，不是按照應有的比例發育成長，而是繼續分裂繁殖，以至這個器官過於脹腫。

一九五六年「八大」時，中共黨員人數高達一千零七十三萬，佔五億五千萬人口的百分之一點五。

一九七七年「十一大」時，黨員人數增加至三千七百萬，佔九億人口百分之四點一。

無論什麼重要器官，如果它的細胞繁殖不受控制，就必然發生病變，出現癌腫。中共不斷膨脹，不僅擠逼其他國家器官，而且已開始中毒變質，出現了癌腫塊。這不僅影响到中共本身，而且影响到「新中國」的生死存亡。

一九四九年「新中國」誕生之後，中共的問題就應該擺到議事日程上來，適當地控制黨員人數增長率，適當地把敗壞、死亡、變質的細胞排出體外，可是當時的中共領導人並不注意這個問題，犯了經驗主義的錯誤，忽視了嬰兒與胚胎的不同；也忽略了發育成長和分裂繁殖的不同。一本皇曆看到老，仍然認為「人多好辦事」，拚命強調發展黨組織，完全不理會比例失調這個事實。

毛澤東「打倒一馬」；中國人口「增加三億」；中共黨員則增加三千多萬。三十年來，排洩系統失調毒素積聚體內，以至一而再，再而三地出現「中尿毒」的現象。

一九五七年的反右是中尿毒。

一九五八年的大躍進，三面紅旗是中尿毒。

一九五九年的廬山會議，「反右傾運動」是中尿毒。

一九六三年底的「八屆十中全會」，「不要忘記階級鬥爭」是中尿毒。一九六六年的「文化大革命」則是一次幾乎致命的尿毒急性發作期。

應重視黨員與黨組織異化

馬克思主義曾注意過「異化」的問題。由人創造的東西不受人所控制，反而控制了人，稱之爲「異化」，公僕得到由主人賦予的權力之後，不爲主人服務，反過來奴役主人，稱之爲「異化」；醫學上也有「異化」現象，細胞繁殖不受肌體控制就是「異化」，也就是癌變。三十年來，中共的「繁殖」一直不受控制，新陳代謝一直不正常，從五十年代就已開始出現「異化」現象，六十年代，七十年代「異化」更是加劇和加速。這已經是目所共睹的事實，根本無須舉例說明了。現在問題在於，中國共產黨已經形成一個新的官僚特權統治階級，或者只是中共部份成員蛻變成官僚特權階層而已。所以說，如今的「新中國」再不是一個健康的嬰兒，而是一副久病衰敗之身；如今的中共，再不是一副健康完整的器官，而是出現了可以致命的癌腫。一九七六年打倒「四人幫」可以說是一次摘除癌腫的手術。這次手術挽救了中國，挽救了中共。可是這一次摘除手術並不徹底。所摘掉的只是表層正在急性發作、流血潰瘍的部份，其根部還沒有觸及，那些紥根於基層、埋藏於肌體中的癌細胞，仍然在繁殖，仍然在侵蝕周圍健康的器官。如果不再作一次手術，不把癌腫塊徹底挖乾淨，不使用放射或藥物治療，把游離的及隱藏的癌細胞徹底消滅，排出體外，那麼毋須多久，癌病又會再次發作，所以說，現在擺在「鄧、胡、趙」面前的主要任務，就是研究用什麼方法挖出深入肌體的癌根，而不損害或不嚴重損害其他器官。

但不幸的很，鄧、胡、趙中央對黨員的「異化」問題還是認識不足，對黨員人數過多問題也是認識不足。對已蛻變成「癌細胞」的黨員、黨幹部還心慈手軟，不肯動手術割除。這點我們從「紅旗」雜誌特約評論員的文章也可以看出來。

「紅旗」雜誌特約評論員到底是何許人也？目前雖然不詳，但可以肯定絕對是重要人物，可能是中共中央書記處或是中共中央政治局的重要成員。「做一個徹底的唯物主義者」這篇文章，實際上代表了中共中央最高領導層的意見。文章說：

「總的講，我們的一千八百萬幹部、三千八百萬黨員，無論老幹部、新幹部、老黨員、新黨員絕大多數都是好的，這是不能懷疑的。」又說：「要把林彪、『四人幫』的幫派體系份子從領導崗位上調開。」

從這兩段話可以看出兩個問題。其一，不打算清黨，不認識到黨員過多的眞正危害性。其二，是心慈手軟，對待「林彪、『四人幫』的幫派體系份子」，尚且只是「從領導崗位調開」，而不是整肅、開除。其餘不是「幫派體系份子」毫無疑問更會得到庇護。如此心慈手軟又怎能徹底淸黨？怎能忍痛挖掉癌根？對於這個問題，中國人民不能不引以爲憂。

然而，儘管如此，中國人民當前也是別無選擇，只好信任和支持「鄧、胡、趙」體制，因爲鄧、胡、趙中央確實是中共有史以來最文明、思想最開放的中央。鄧、胡、趙中央確實在向人民的利益認同，確實表現出最大的改革誠意。中國人民應該給予他們時間和機會，對他們所推行的符合人民利益的改革措施，應該充份合作和支持。但鄧、胡、趙畢竟不是神，不是「大救星」，我們不能坐著等待他們來打救。中國人民仍然需要自己起來救自己。歷史是由人民創造的而不是由英雄創造的。正因爲鄧、胡、趙不是神，他們考慮問題也許容或有不周的地方，因而中國人民特別是知識份子，應該對社會改革，對哲學理論積極地提出自己的看法，以供鄧、胡、趙中央參考研究；應該用輿論與行動，協助鄧、胡、趙粉碎反對改革的勢力。

取消黨員終身制是當急之務

回到上面我們所談到的問題，我們認爲中共首先應該做到，就是改善排洩系統，不能像以往那樣有進無出，因此我們建議——取消黨員終身制。

中共行之幾十年的黨員制度是，一旦入黨，終生爲黨員。除了極個別因犯刑事罪行或嚴重錯誤而被開除出黨之外，其餘百分之九十九點九九都是一次入黨，便爲終身黨員，至死方休。再加上監督機構缺乏效率，又沒有考核制度，因而一個人只要在入黨前的三兩年表現得積極一點，等到獲得黨委批准入黨之後，就可以高枕無憂了，就可以憑籍黨員的資格「昇官發財」了。

黨員終身制符合中共在戰爭時期的需要，可是當中共取得政權，成爲執政黨之後，黨員終身制度便成爲幹部終身制、領袖終身制的基礎，成爲封建主義和官僚主義的溫床。

中國共產黨員應該是人民的模範和表率，而不應該是貪官和惡吏；應該是人民的公僕，而不應該是人民的主人。可是現在，有多少黨員是符合上述要求的呢？我們認爲有大半以上是不符合要求的，中國人民在現實生活中，在日常接觸中，所看到的黨員，大多數是做官當老爺的黨員，而不是吃苦在前享受在後的爲人民表率的黨員。

我們認爲中共中央應制訂出比「關於黨內生活的若干準則」更加嚴格的條例，更加嚴格地要求共產黨員，以杜絕那些動機不純，想入黨做官，入黨拿特權的人混進黨內。並要求那些不符合共產黨員要求的「黨員」，自動退黨或者勒令他們退黨。在「東西方」第十五期社論中，我們曾向中共中央建議修改吸收黨員的辦法，廢除由兩名黨員介紹，支部通過，黨委批准的老套，改由群衆推薦，使用不記名的投票方式，選出入黨申請者名單，交由黨支部和群衆大會討論，再送到上級黨委和人民代表會議審查。在這裏，我們建議採取五年黨員制。就是入黨者只能當五年黨員。在五年裏表現得積極進步的，爲人民群衆做過好事，得到人民群衆信任的黨員，經過群衆大會通過，經過上級黨委和人代表會審核批准，可以延期再當五年黨員。考核不及格，群衆意見大的，可以要求他們自動退黨。

共產主義青年團有自動退團的辦法，年滿二十五歲的團員可以自動退團，而退團者也並沒有受到歧視。中共可以參照共青團的辦法，規定各級黨委成員的最高年齡，例如中央級六十五歲，省委六十歲，地委五十五歲，縣委五十歲，凡超齡而不能昇上去的，則應自動退出這一級黨委，變成普通黨員，成爲普通黨員後就得受到群衆的監督和考核。我們的設想並不周到，考慮也不夠成熟。目前我們所想到的只是一個原則，就是應該取消黨員終身制，取消幹部終身制，恢復新陳代謝機能，減少黨員人數，提高黨員質素，防止黨員和黨組織異化。

「人多好辦事」，就一般情況來說是正確的，可是一旦絕對化，就不是正確而是錯誤的，而且是人多累事，碍手碍脚，生產效率不但不能提高，反而會降低。籃球每隊只能有五個人出賽，如果不作限制，每隊派出五十個人出場，球賽根本就無法進行。這是一個很顯淺的道理。可是中共主要領導人對這一道理似乎都忽略了。三十年來，各級黨組織都在不斷地擴展，每一次運動都有一大批所謂「積極份子」獲准入黨或突擊入黨，於是黨員人數急劇增加。為了安置這一大批黨員，各個部門都設立一大堆副職，副主任、副局長之類一大串。實際上已出現與十個人操作一部車床相類似的情形了。例如一個小小的科、局，有正副科局長已經夠了，可是現在每一科、局都有十個八個副科、局長。

中共中央已經深刻明白到節育的好處，並厲行計劃生育控制人口增長。可是對節制「黨員人口」却認識不足，彷佛黨員人數還是愈多愈好似的，我們認為，必須把黨員人數控制在一定的比率之內。然而，黨員人數到底應佔總人數的百分之幾呢？我們認為只要翻開中共的歷史看一看，看什麼時候黨的活力最強，黨的威信最高就知道了。一九四五年「七大」至一九五六年「八大」這段時間內，黨的威信最高，活力最強，連續取得「革命戰爭」的勝利和經濟建設的勝利。「八大」之後則出現一連串的「中尿毒」現象，由此可見，「七大」至「八大」這十一年間是中共的全盛時期，「七大」黨員人口總數比率是百分之零點二六，「八大」則佔百分之一點九五。我們認為把這兩個比率相加除二，應該是最適當的比率。也就是說黨員人數不應該超過總人口百分之一點一。如果中共現時是十億人，黨員人數應該控制在一千一百萬之下。野人獻曝，尚望中共中央袞袞諸公明察。

「東西方」第二十五期

一九八一年一月十五日

鄧小平何去何從

民主潮流是共產主義運動發展至現階段的必然產物，是人民對封建共產主義的擯棄，對馬克思主義的重新認同。

鄧小平第三次復出，就注定他必須爲中國掌舵。他雖然不當黨中央主席，但十一屆「三中全會」和「五中全會」却造就了他實質上的領袖地位，他的左右手胡耀邦和趙紫陽，分別居於中共總書記和國務院總理的要位，他自己則掌管中央軍委會。正是黨、政、軍一把抓，環顧今日之中國，已無人可攖其鋒。正由於特殊的歷史條件造就鄧小平的特殊地位，因而他的一言一笑，一喜一怒都將直接影响到國計民生，影响到十億人民的命運。

鄧小平自復出之後，我們看到他所走的是一條實事求是堅持改革的道路，雖然也有倒退（例如封閉民主墻，鎮壓魏京生），但大的方向不變，我們對他近兩年來所推行貫徹的政經政策，基本上是欣賞和支持的。他一邊跟極左勢力作鬥爭，一邊撥亂反正、厲行改革，一個個地奪取敵人的碉堡。「實踐是檢驗眞理的唯一標準」是他發動進攻的號角，「三中全會」是第一場決定勝負的大戰役，「五中全會」是第二場大戰役。在這兩場戰役中，鄧小平都很巧妙地調動和結集自己的力量，在適當的時候出擊，先擊敗盤根交錯的「凡是派」，再擊敗趕不上形勢，思想漸趨僵化的「石油幫」。並在兩大戰役勝利的基礎上，公開審訊「四人幫」，並預期在「六中全會」中再獲全勝。想不到的是第三場「勝利」未能如期來臨。「林、江集團案」聆訊結束後，要一而再，再而三地延期宣判，「六中全會」被迫延期；最高領導層的人事調整也被迫延遲進行。全國各地，從中央到基層都出現了不安的現象。儘管鄧小平、廖承志等人一再強調「國家已形成開國以來少有的很好的政治形勢」，但我們看到的是政治形勢未見得好，經濟形勢也未見得好。

局勢不穩定，鄧派壓力重

鄧、廖在談到形勢大好時說：「八億農民去年生活有了相當大的改善，工人生活也有所改善，農民穩就是十億神州的基礎穩。」這話是事實，也很有道理。但在中國，在所有大權都掌握在黨、政府和軍隊手裏的中國，農民穩並未能保證社會穩。「文革」前夕農民和工人的生活也比「大躍進，大饑餓」時期有所改善。工農群衆也希望穩而不希望亂，可是毛澤東一聲「革命無罪，造反有理」，「炮打資產階級司令部」整個社會也就大亂起來，工人、農民想保持現狀也不行，這說明一個問題，在中共統治下的中國，工人、農民並非當家作主。正由於廣大工農群衆只是名義上的主人而不是眞正的主人，所以他們的意旨不受尊重。他們雖然想穩，雖然思治，但手中握有大權的人要亂，他們也無可奈何。「文革」前夕情形如此，現在情形也還是如此。決定中國政局穩不穩的力量不是工農，而是中共掌權的派系。現在誰都可以看得出，「鄧、胡、趙」改革派，和以華、葉等爲首的保守勢力已經嚴重分化，他們之間的矛盾也日益加深。現在問題只在於鄧、葉派將在「安定團結」的前提下，磋商妥協，通過和平辦法解決彼此之間的矛盾，或者最終將會決裂，並引發另一場大動亂？

我們認爲中國當前政局並不穩，基於三大理由：

其一，上層不穩，在中央和省委一級，鄧派和葉派分裂日趨明顯，鄧派雖力圖彌補裂痕，但目前仍未見有成效。

其二，中層不穩，地委、縣委和部隊師、團級領導人當中，有相當多數人對「三中全會」精神不理解，對鄧派所推行的政治、經濟、文教改革措施感到懷疑和恐懼。他們即使不說出口，但却強烈地感到，那些改革明顯地損害了他們的既得利益。雖不敢明目張胆公開反抗，却陽奉陰違，使「改革派」的政策無法貫徹執行。

其三，基層並非眞正穩定，近一年來，中共已在許多省份進行生產隊、大隊、公社三級的民主選擧。據我們瞭解，基層民主選擧，基本上是眞選擧，是受人民擁護的。選擧的結果，靠說大話、假話、空話而上台的人大多數都落選了，那些實幹、苦幹，肯爲人民說話做事的人則紛紛當選了。這本來是一件好事，但是民主選擧所帶來的好處，却爲中共固有的人事制度所抵消了。中共「幹部終身制」，鐵飯碗的制度，使落選的黨員幹部，沒有「解甲歸田」回復工人、農民身份。而是被調職，被安置到別的崗位，照樣當官吃祿。這些人由於落選而有怨氣，群衆則因爲他們所討厭的人並沒有被徹底剝奪權力而心有餘悸。使本來應該極穩定的基層也出現不穩。

城市上不安定的情形更爲顯著，工人罷工、學生罷課、待業青年游行示威的事件時有發生。社會秩序混亂，刑事犯罪率急劇上升，這些是中共當局也承認的。

在經濟上我們看到也並不穩定，農村經濟狀況有所改善這是事實，但赤字巨大（達二百五十億元），通貨膨脹是「解放」三十年來最嚴重的一年，通脹率達二位數字之巨，工人所增加的工資和獎金，全都被通脹吃掉，令沒有獎金可領的幹部職員生活水平降低，引致他們強烈的不滿。更由於收縮信用，減少投資，工礦企業大下馬，使到失業人口大量增加，使到數以千萬計的青年，特別是從邊疆地區回城的「知青」，既找不到工作，又不能升學，倍覺苦悶彷徨。

鄧小平、陳雲的經濟調整政策，最快也要三幾年才能初見成效，也就是說，經濟上的不穩現象在短期間內絕無法消除。

美國總統朗努列根上台之後，中共在外交上也受到困擾，荷蘭售賣潛艇給台灣，以及列根幕僚邀請國民黨中央秘書長蔣士彥前往觀禮等事，都使鄧小平一派受到黨內的壓力。一言以蔽之，以鄧小平爲首的改革派，日子是很不好過的，內外壓力都相當大。即使不是進退維谷，也感到左右做人難。形勢的發展已迫使鄧派必須做出痛苦的選擇，到底是堅持現行的改革路綫，跟官僚特權階層作徹底的決裂？還是放棄或放緩改革，跟官僚特權階層妥協？到底是整頓黨風，淸除官僚份子，堅持「民主選舉」，還是反過來鎮壓學生，鎮壓青年？

鄧派須作出痛苦的抉擇

八〇年十二月召開的中共中央工作會議，是「改革派」與「保守派」既鬥爭又妥協的一次會議，也是「改革派」對以往政策作出總檢討和總調整的一次會議。許多蹟象都表明，整個中共中央（當然包括改革派在內）都向左轉了。以鄧小平爲首的「改革派」已放棄原則，準備以鎮壓青年學生，限制言論自由爲條件，換取官僚階層，保守勢力的支持。

鄧小平最先發出訊號，警告「西單牆那些人」。接著「紅旗」雜誌特約評論員（有人說是胡耀邦）又聲稱：「對實質上是反黨反社會主義的那些所謂『持不同政見者』的活動，要研究和採取有效措施予以制止。」緊接著北京一份頗具權威的雜誌「半月談」社論，對持不同政見者發出猛烈的攻擊。它說：「猛烈回擊那些使用文革方式製造混亂的人，那些成立非法組織並出版非法刊物的人和那些公開宣傳反黨、反社會主義觀點及散佈政治謠言的人。」

最近（八一年一月二十三日）香港左報「新晚報」以「鄧大人要施鐵腕了」為題，報導北京的新形勢時說：「目前，確有個別地區少數人鬧事，極少數人用『文化大革命』的手段在鬧，有些甚至叫嚷要進行第二次『文化大革命』，極少數壞份子操縱一些非法組織，一些地下刊物在進行串連，少數邊疆地區也有些支邊青年要求返城而鬧事……雖然這些事件對大局不足為患，但中國當局已嚴加注視，準備主要以法律對付……串連要禁止，非法組織和地下刊物也要禁止。北京市民中有人說『鄧大人要施鐵腕了』，據說他曾經指出，鬧事的有些是屬於反革命份子的活動，有些是林彪、『四人幫』殘餘勢力的反撲，有些是唯恐天下不亂者的破壞。非可小看，必須在法律範圍內，認眞對付。」

香港「文滙報」八一年一月廿二日報導同一問題時則指出，唯恐天下不亂者是下列這四類人：第一類是林彪和「四人幫」的殘渣餘孽。他們過去亂中奪權，今天唯恐天下不亂，妄圖亂中翻身。第二類是對社會主義、對共產黨有刻骨仇恨，妄圖變天的階級異已份子。第三類是敵特份子。第四類是刑事犯罪份子、投機倒把份子、貪污、偷竊份子。

綜合上述言論，我們發現一件很荒唐的事，就是中共竟然把要求民主、要求改革的青年學生、「民運份子」，與反對改革的官僚特權份子等同視之；把關心國家大事，為人民爭取權益的純良青年，跟走私、偷竊、搶刼、強姦的刑事犯罪者等同視之；把兩類不同事物、不同矛盾混爲一談。

爲什麼出現這種現象呢？是否中共高層無法把他們區分開來？答案當然是否定的，因爲兩者的不同實在非常顯著，「文革」時期的青年，實際上是被封建帝王所利用，充當封建帝王的打手，爲實現封建法西斯專政而努力。現在的青年學生已從「文革」慘痛的教訓中覺醒，他們的思想已經作了一百八十度的大轉變，從「個人崇拜」的狂熱信徒，變成徹底破除「個人迷信」的人，從「封建法西斯專政」的熱烈擁護者，變成爭取「民主自由」的急先鋒；從蹂躪人權搞打、砸、搶變爲維護人權要求法治的戰士。

在組織上「文革」時的「造反青年」，是受到毛、林、江所操縱的，毛、林、江放一個響屁他們也奉爲聖旨。毛、林、江叫咬誰就咬誰，即使叫咬他們的老子也堅決照辦。可是，現在的青年學生却不受任何人操縱，完全是自發的理性的。他們的一切活動都是自覺的產物，而不是受人蒙蔽的結果。

在效果上，爭取「民主自由」的青年們在社會上起著促進人民的覺醒，能夠有效地反擊官僚主義、防止封建主義對社會的腐蝕和毒害。兩者的區別既然如此之大，中共却混爲一談，唯一合理的解釋，就是這樣做方便進行鎭壓。人民反對鎭壓魏京生，却沒有反對鎭壓「四人幫」殘餘。正因爲這樣，中共官方輿論才極力把民運份子說成四人幫份子，把要求「民主自由」說成搞文革一套，製造混亂。鎭壓的屠刀雖然已高高舉起，但還沒有劈將下來，因爲民主運動已經發展壯大，鎭壓已不是那麼輕而易舉的事了。鄧派必須拿到天秤之上，小心權衡輕重。鎮壓一個小小的魏京生，尚且引起如此強烈的反應，全面鎮壓民主運動，需要付出什麽代價呢？這點鄧派是不能不仔細考慮的。

民主的潮流不可阻擋

民主潮流是共產主義運動發展至現階段的必然產物，是人民對「封建共產主義」的擯棄，對馬克思主義的重新認同。六十年代，國際共產主義運動實際一直在走著一條背離馬克思主義的道路。馬克思從來不反對民主選擧，從來未阻止別人發表自己的不同政見。列寧容忍黨內存在不同意見，容許自由討論。把國際共產主義運動帶上「封建專制」道路的是斯大林，中共一開始就繼承了斯大林的衣鉢，所以「四人幫」時期實行「封建法西斯專政」絕不是偶然的。

經過文革「十年浩刧」，中共內部和中國人民已「大徹大悟」，「四、五運動」是中國人民，特別是年青一代的總覺醒，西單民主牆、地下刊物以及現時「民主選擧」的競選活動，都是「四、五運動」的延續，這段潮流是不可阻擋的，是無法鎮壓下去的。「四人幫」不是曾經血洗「天安門」嗎？表面上群衆運動被鎮壓下去，但實際上是敲響了自己的喪鐘。「紅旗」雜誌特約評論員這樣說：「天安門事件就爲粉碎『四人幫』奠定了強大的群衆基礎。所以，歸根到底，粉碎『四人幫』的一擧，是人民群衆的力量，是歷史發展的必然，是人民群衆推動歷史前進的生動表現。」中共官方能認識這個道理最好了。「四人幫」鎮壓「四、五運動」既然變成自挖墳墓，受到歷史的裁判，那麽現在著手要鎮壓民主運動的人，將來也必定會受到人民的裁判，歷史的裁判。

民主的潮流不可阻擋，我們認爲經過「十年浩劫」後的反省，經過「四、五運動」的鍛鍊，如今以「地下刊物」和自發競選形式出現的民主運動，無論如何是鎮壓不下去的。官方倘若強行鎮壓只有一個結果，那就是人民暫時失敗了，民主運動轉入地下，中國再次倒退到黑暗、野蠻的「封建法西斯專制」社會。但這種倒退必然是暫時的，人民的力量最終會戰勝官僚的力量。到時，中國將爆發比「四、五運動」更加激烈的革命運動，將會改朝換代，中國將實現比現時徹底得多的民主。

然而，倘若中國出現改朝換代式的暴力革命，中國人民必須付出很大的代價，因而，如果能夠通過改革手段實現民主政治，我們還是寧願採取逐步改革的辦法。正因爲這樣，我們才希望鄧派處理這些問題時，能夠保持冷靜，正視事實，不要顚倒始末。以長沙、開封等地學生請願示威的事件爲例，這類事件到底是由堅持「民主選舉」原則，堅持「選舉法」的學生所造成的，還是由干預「民主選舉」，破壞「選舉法」的官僚特權份子所造成的？這種導至「社會不安」的責任，到底應該是由學生來負責，還是應該由官僚來負責？

「湖南師範」事件只是一個典型，淸華大學和全國各地的大專院校，都曾經因爲選舉的問題發生各種不同程度的不安。

「爲了安定團結」，是否就此取消「民主選舉」？並且轉過來鎮壓學生，把帶頭請願抗議的人打成「反革命」？或是正本淸源，糾正官僚作風，把違法干預選舉的官僚撤職查辦？社會上現時的確出現「踢開黨委鬧民主」的口號，這個口號得到相當大的響應。中共當局聽了自然十分不快。可是我們還是希望中共當局冷靜地想一想，社會上爲什麼會出現這個口號，並請仔細地檢查一下，各個不同級別、不同部門的黨委，在「民主選舉」運動中到底是扮演一個怎樣的角色？是當「民主選舉」的促進派還是促退派？是贊成支持還是阻撓「民主選舉」運動，據我們瞭解，中共各級黨委對「民主選舉」都是有思想抵觸，想不通的居多，他們都想包辦操縱選舉，如果有人不願意接受操縱，他們就不惜破壞選舉法，千方百計阻止自薦的候選人參選和當選。由「民主選舉」而引發的一切不安，其緣由俱在於此。可是中共當局却無視這種事實，混淆視聽，把責任完全推到青年學生身上。二月八日「人民日報」社論說：「如果安定團結受到破壞，到處一片混亂，我們怎樣能夠實行民主改革呢？有些活躍份子要『踢開黨委推動民主』，他們請願集會，發表宣言，甚至罷工罷課，一定要爭取『民主自由』」。「他們事實上是鼓吹文革的一套，製造混亂。」

「人民日報」的判斷是錯誤的，製造混亂的不是那些根據選舉法積極參加競選的「活躍份子」，恰恰相反，是那些掛著「黨委」的招牌，要包辦選舉破壞「選舉法」的官僚，正由於那些變質蛻化了的黨官粗暴地干預民主選舉，才會引發人民的抗議，製造了混亂，鄧派正確的做法，是正本清源，嚴懲那些企圖包辦選舉、干預選舉者把他們淸除出黨。

受過「文革」創傷的老幹部，對「文革」一代常存有偏見，認爲他們只懂得「打、砸、搶」，不瞭解經過「文革」的教訓，這一代人已作了非常深刻的反省。他們已從被欺騙的一代變爲思索的一代，覺醒的一代。由於他們旣受過騙，也受過害，所以他們對封建主義、法西斯主義的危害性，有深刻的認識。正因爲這樣，他們才會有如此強烈地要求「民主自由」

。鄧小平、胡耀邦認爲「文革」一無是處，我們則認爲它雖有百害，也有一益，這一益就是培養了年青一代的民主意識。

現在青年的一代，包括社會青年和在校學生，都比「文革」時期成熟得多了，他們再也不會輕易受騙上當。今天，已沒有任何人可以像毛澤東那樣，把青年人玩於股掌之上，年青的一代曾經熱烈地擁鄧，爲鄧小平搖旗吶喊，促成鄧小平復出立過一功。當鄧派和「凡是派」作鬥爭的時候，他們也是堅決擁鄧的。那時鄧小平對青年人的行動也表示支持，他曾對西方記者說：「我們沒有權利禁止人民貼大字報！」可是，當鄧小平的權力得到鞏固之後，他却轉口說：「四大從來沒有起過積極的作用。」並且放手鎮壓魏京生，最後還取消了「四大自由」。現在鄧小平是否要進一步鎮壓青年人爭取「民主自由」呢？年青的一代對此是保持著高度警惕的。

出爾反爾，欺騙青年是不會有什麼好下場的。毛澤東、「四人幫」可以說是前車之鑑。年青人從高呼「誓死保衞毛主席」、「誓死保衞江青同志」，到高呼「秦始皇的時代已一去不復返！」「悼念楊開慧、打倒慈禧太后」，是一個覺醒的過程，是一個大進步。我們希望鄧小平認眞汲取毛、四的經驗敎訓，冷靜地處理當前的青年問題，對待青年人我們主張待之以誠，年青人也許會提出一些急進的要求和不成熟的意見，打亂了中央的部署，但他們要求「民主自由」的大方向是正確的，他們積極參與民主選舉，自薦競選的行動也是正確的。如果好好加以誘導，這正是一支攻擊封建主義，官僚主義最銳利的新生力量。鄧小平在「中央工作會議」上說：「要繼續批判封建主義對我們的種種殘餘影响。」我們希望鄧派緊記住這點，當前，中國最大的危險還不是資本主義的「自由民主」，而是封建主義、官僚主義，以及在此基礎上發展而成的「封建法西斯」主義。

「東西方」第二十六期
一九八一年三月五日

從反右看中共官僚階級的本質

自從創刊以來，我們對以鄧小平爲首的「改革派」，一直都寄以甚殷切的期望，希望他們能痛定思過，對症下藥，挽救已瀕於崩潰邊緣的中國共產黨和中國革命。因而，我們對鄧派雖然間有批評，但都是採取擺事實，講道理的態度，提一些善意的建議，希望對促進改革能盡點棉力。可是自一九八〇年底審訊「林、四集團」之後，形勢的發展愈來愈令人失望。鄧派現在所走的並不是一條嶄新的康莊大道，而只是五、六十年代所走過的老路，沿著這條路子走了下去，最終必然走上封建法西斯的絕路，快則十年八載，遲則二三十年。中國人民不能不引爲警惕。

不反封建不反左

中共自從取得政權以後，政治運動連綿不絕，反這反那，反個不停，可是反得對的往往只是虎頭蛇尾，不了了之。反錯了的偏偏能夠雷厲風行，堅持到底。例如五十年代的「三反」反貪污、反官僚、反浪費，本來是切中時弊，是符合人民願望的。這一運動如果能進行到底，好好整頓內部，清除黨和政府機關裡的蛻變份子，中國恐怕老早已經建設成繁榮富強的國家了。可是，偏偏就是這種符合實際，符合人民要求的運動，未能進行到底。「三反」運動還未眞正展開又提出脫離實際的違背人民利益的「五反」運動。「三反」與「五反」一連起來，馬上就變質，運動的內容和對象都變了，於是貪汚不反了，專反「走私」「漏稅」；於是官僚不反了，還由官僚來領導大家去反「資本家」。這一來也就逐步把中國推入三年饑餓，十年浩刧的深淵。

毛澤東這位極左路綫的祖師爺死了之後，「四人幫」被粉碎之後，「改革派」經過「大徹大悟」之後，提出「反左傾」「反封建」的口號。我們以爲歷史不會重演了。我們爲之歡呼喝采，認爲這一次反對了，中國只要徹底反封建反極左就會有希望。可是，反封建的口號剛只提出，就已經烟消雲散，無論是中共領導人或是中共報刊，再也沒有人談反封建了。「反左」雖然現在還有人提，可是此時之「左」已非彼時之「左」。現時只在經濟上反「左」，政治上不但不反左而且是反右。

既反左又反「右」；經濟上反左政治上反右；所能導至的唯一結果，就是不反左，專反右。這與五十年代不反貪汚腐化，專反「走私漏稅」；不反官僚，專反資本家同出一轍。爲什麼這樣說？那是因爲反右是中共的傳統，從「土改」到「文革」，二十多年來一直都在反右；那是因爲絕大多數中共幹部都是靠反右起家的。他們不但長有左視眼，而且揮慣了左記棒，反左他們不知從何著手，反右却能駕輕就熟；那是因爲反左損害他們的既得利益，反右却能維護他們的既得利益。正因爲這樣，他們對「十一屆三中全會」極力抵制。指示拒不執行，文件扣下不發。可是對「中央七號文件」和「中央九號文件」却感到無比鼓舞，歡騰雀躍。有一些單位接到「中央七號」及「中央九號」文件後，竟然急不及待，半夜三更召集緊急會議，把人從床上拉起來傳達中央文件內容。對其他中央文件他們何曾如此熱心。

「十一屆三中全會」之後，鄧派提出反左傾，這是三十年來的第一遭。可是反左傾運動還未正式發動起來，左毒根本也沒有清除，現在就急急煞車，並叫出反右的口號，那些靠反右起家的官僚們又怎能不作出過敏反應呢？看來到底還是反右安全一點。在這種心理的影響下，反右的口號既然叫了出來，整個社會必然逐漸籠罩在一片反右氣氛中，反左就會爲人所淡忘。

我們的擔心絕不是多餘的，繼白樺、劉賓雁之後王若望等作家現在也受到了點名批判。可是除了北京大學一些學生貼大字報爲他們辯護之外，整個社會都噤若寒蟬，被點名批判者不能在報刊上爲自己辯護，也沒有人敢爲他們辯護。輿論一面倒，支持的聲音只留在人們心裡咕滴。這種情形跟一九五七年「反右」前夕是何等的相似啊！雖然北京當局和武漢部隊一再聲稱，白樺並沒有被開除黨籍和軍籍，他仍然生活得很好。可是，「反右」初期，丁玲、艾青不是也沒有立即被開除黨籍嗎？須知道，作組織處理總是運動後期的事，「反右」時如此，「文革」時如此，現在仍然如此。現在沒有開除黨籍軍籍，並不等於以後不會開除黨籍軍籍。難怪「解放軍報」特約評論員的文章一經刊出，大陸知識份子就憂心忡忡。尤其是那些寫過「傷痕文學」和「思想解放」過了頭的人。他們不能不擔憂大帽子不知幾時會扣將下來。

鎮壓人民絕不心慈手軟

我們不知道中共將怎樣處理白樺、劉賓雁、王若望、××這類作家？可能中共中央也心中無數；「姑息」恐怕引起「效尤」；打擊過份又擔心引發民憤，擔心引起海外輿論的指責。因爲他們畢竟是「有頭有臉」的作家。至於對待「持不同政見者」，對待油印民刊主持人，以及參加競選者倒是堅決鎮壓，絕不心慈手軟。中央文件下達之後，北京抓了徐文立〔學習通訊〕和楊靖〔四五論壇〕，青島抓了孫維邦〔海浪花〕，廣東也抓了王希哲，罪名是繼續散佈「反社會主義」言論。這是「反右」的一斑。至於反左又怎樣呢？我們看了張志新、遇羅克、李鄭生、官明華以及湖北「天門縣大寃案」的特寫和報告文學，可以得出一個結論，就是中共對那些迫害人民的劣官酷吏，對那些政治打手殺人凶手，特別心慈手軟。一句「一般不追究刑事責任」就讓誣陷者、打手、凶手逍遙法外，不受懲罰。他們害人、打人、殺人之後，無須反省，無須內疚，無須受輿論譴責，照樣升官發財，最了不起的「處分」只不過是「易地革命」而已。

中共如此寬宏大量，如此寬大處理，打手們、凶手們感到滿足了嗎？他們會感恩圖報嗎？沒有。不僅如此，甚至還怨憤不滿。「天門大慘案」的打手和元凶說：「在極左路綫下產生的寃、假、錯案都不追究個人責任，爲什麼偏偏處分我們？」〔筆者按：僅是受「嚴重警告」和「留黨察看一年」而已。〕；官明華案的打手則說：「官明華成了烈士，我們算什麼？我們是反革命？」打手們、凶手們爲什麼至今仍然理直氣壯？那是因爲他們受到庇護。在所謂「安定團結」的口號下受到庇護。而庇護他們的並不是「四人幫」、「凡是派」，而是現時的中共中央，而是以鄧、胡、趙爲代表的「改革派」。

中共以前經常說：「對敵人的仁慈就是對人民的殘忍！」我們認爲現在應該提醒中共注

意這個問題了。對打手、凶手仁慈就是對人民的殘忍！對官僚們仁慈就是對人民的殘忍。這幾年來「改革派」的政令為什麼無法貫徹下去呢？為什麼人民的幹勁調動不起來呢？就是因為他們對打手、凶手、官僚們太仁慈了。

粉碎「四人幫」將近五年，「凡是派」下台也有兩年了，為什麼動不了打手、凶手和官僚們的一根毫毛呢？那是因為藤連瓜瓜連藤，抓起一個就牽連一大串。有人比喻中國大陸的局勢像在籠裡抓蟹，他們官官相護，互為後盾，大家都鉗得死死，休想把他們逐個分開。由此可見官僚特權階級實質上已經形成。他們就是那些手中握有管理權、分配權、指揮權而又罔顧人民利益，一心圖私利的傢伙。幾年來，鄧小平動不了他們一根汗毛，反而要向他們妥協讓步，這更說明問題的嚴重。

中共對官僚特權階級的提法十分敏感。它不僅不承認這個新剝削階級的存在，而且誣蔑吉拉斯（MILOVAN DJILAS）（前南斯拉夫副總統「新階級」的作者）為托洛斯基份子，事實上吉拉斯與托派是風牛馬不相及的。想知道中共的官僚是否蛻變成新的統治階級請看看吉拉斯怎樣說吧：「這個新階級的所有特權是表現在總攬一切的大權上，凡事皆由黨包辦，因為，黨官們不只分配國家收入，規定工資，而且決定經濟發展方向，支配國有化的及其他方面的財產。是以在一般人看來，共產國家的官僚很富有，是不用做工的人，這個新階級是從集體所有權這個所有權形式取得其權力，特權，意識形態及習俗的，他們以國家或社會之名來行使並分配這種所有權。……這個新階級與新階級成員所擁有的所有權實在就是行政特權。這類特權是從國家行政經濟事業機構的行政一直普及於體育組織慈善組織的行政，無處不在。所謂『總領導權』，即政治的、黨的領導，而是由這個階級的核心執行的。領導地位就包含特權在內。」所有共產黨都討厭吉拉斯，都不承認他們內部已出現一個新的官僚特權階級，但却無法從理論上駁倒吉拉斯，無法用事實來證明新階級的不存在，因此一切反駁吉拉斯的言論都是貧乏無力的。因而他們只好給吉拉斯扣托派大帽子，藉以嚇唬贊成吉拉斯見解的知識份子。

吉拉斯說：「有史以來，還沒有過一個理想的目的，是用非理想的不人道的手段達成的，正如歷史上沒有一個自由社會是出奴隸造成的一樣。」我們相信「四化」絕對不可以通過暴力來實現；逮捕「持不同政見者」，壓制言論自由，干預作家創作，只能把中國（大陸）帶上封建法西斯的老路，而不可能通過這一些手段達到社會主義民主。

手段與目的是不可能截然分開的，手段最能反映目的的實質。懷有仁心的人不可能使用殘暴的手段。只有那些居心叵測的人才會不擇手段。中共執政三十餘年來，無論其目的是如何崇高（是否眞正崇高仍有可疑），但其手段却是甚值得非議的。例如「土地改革」目的本來「崇高」，可是却通過殘暴的手段來加以實現，最初人們還察覺不出，等到「合作化」、「公社化」之後才知道「土改」也只是手段的一部份，「公社化」才是眞正的目的。原來中共的本意，並不是想把土地和其他生產工具，從地主手上移到農民的手上。而是想最後控制在自己的手裡，正因爲動機本身的不純，才會不擇手段。

例如張志新、遇羅克、李鄭生、官明華以及「天門大冤案」，那些製造冤案假案的人，動機本來就不純，目的也不崇高，所以才會不擇手段，誣陷無辜，迫害忠良。如果他們不是爲了自己升官發財，不是爲了迎合上頭暴戾的脾氣，而是凡事都能實事求是，相信絕對不會製造出這麼多冤案假案來。正因爲這樣，我們認爲對鄧派近期來的所作所爲，也可以運用這個辦法加以檢驗。

五十步笑百步

一九八〇年十二月召開的「中共中央工作會議」實質上是一次大倒退。鄧小平雖無一再強調「決不改變三中全會的政策」，但所謂「決不改變」是空洞的，從「三中全會」上倒退却是實際存在的。除了上面我們提過的倒退之外，鄧小平再次提出「階級鬥爭」的理論，包括偷雞摸狗，強姦殺人等刑事罪行都歸咎爲「階級鬥爭」，從而強調「階級鬥爭」仍然存在，細心加以比較，不難發現鄧派的階級鬥爭理論和四人幫的階級鬥爭理論，本是同出一源，其間的差別只是五十步笑百步而已。

鄧小平還說：「對各種反革命份子，各種反黨反社會主義份子，各種刑事犯罪份子的活動，從來沒有什麼『放』的問題，從來主張不能放縱他們，不能聽任他們胡作非爲。有人又會說，現在只講專政，不講民主了，也完全不對。從中華人民共和國成立，直到最近這幾年，除了十年動亂不算外，我們一直堅持對各種敵對勢力，反革命份子，嚴重危害社會秩序的刑事犯罪份子實行專政，決不對他們心慈手軟」（鄧小平「一九八〇年十二月廿五日中共中央工作會議上的講話」）。

海外常聽到一種論調，認爲鄧、胡、趙是決心進行改革的，是贊成人民民主的，近幾個月來的退却不是鄧派的本意，而是他們被迫同華、葉作出讓步。是迫於形勢而採取技術性的調整。但鄧小平的這篇講話，却打了海外論客的耳光。這篇講話可以充份證明，近幾個月來發生在中國大陸的一切，都是出自鄧小平的本意。而這才是最令我們感到擔憂的。

粉碎「四人幫」後，無論是中國人民或是海外僑胞，都把希望寄托到鄧小平的身上，希望鄧小平能夠挽救中國，同時挽救中共。可是從現在各種跡象看來，這種希望注定要落空了。鄧小平並未能擺脫共產八股的思想囹圄，也未能擺脫共產黨組織的種種束縛，未能站在超越了黨派利益的高度來認識問題。因而，凡事他首先考慮的仍然是黨的利益，並堅持黨的利益就是國家的利益、民族的利益。一言以蔽之，鄧小平畢竟只是「新階級」的一員，儘管他比毛澤東、林彪、四人幫開明得多。觀察大陸形勢我們有一句結論是許多人感覺得到但却不敢說的，那就是現時的中共中央（鄧、胡、趙）跟林彪、四人幫時的中共中央，只有量的區別而沒有質的不同，他們所代表的仍然是官僚特權階級的利益，而不是廣大人民的利益。明乎此，我們對中共近期的所作所爲也就不覺得奇怪了。

「東西方」第二十八期
一九八一年六月十日

不徹底批毛，中國就沒有希望

中共十一屆六中全會通過了「關於建國以來黨的若干歷史問題的決議」，對毛澤東的歷史功過作出「總結」。可是閱罷全文，我們不能不遺憾地指出，這份「決議」只是中國共產黨對毛澤東的「總結」；只是以鄧、胡、趙爲首的改革派對毛澤東的「總結」。對中國共產黨來說，對現時正在當官吃祿的成千萬黨官來說，毛澤東也許確是功大於過，沒有毛澤東就沒有他們的今天。可是對被奴役被損害了廿七年的十億中國人民來說，毛澤東絕對是一個罪大於功的獨裁者和暴君。設使沒有毛澤東，沒有毛澤東殘暴的統治方式；沒有由於毛澤東的過錯所造成的浪費和損失，十億中國人民的生活，肯定要比今天更加幸福，更加快樂。中國社會肯定要比現在更加現代化。

作爲中共領導核心的鄧、胡、趙中央，也許有必要有責任掩飾毛澤東的錯誤和罪過，但作爲避秦海外的草民，我們非但沒有責任去爲毛澤東遮醜，而且有責任充份揭露毛澤東的罪惡，俾人民共知，天下共知之。

毛澤東最大的罪過是什麼？

一、毛澤東最大的罪過在於不尊重人的價値和人的生命。顛倒了政權和人民的主僕關係，政府不是爲了替人民謀利益而存在，反而人民要爲政府的「革命目標」作出犧牲。在毛澤東統治之下，人的生命有如螻蟻，無論死了多少，毛都無動於衷。

毛澤東對人的價值觀念，一九五九年辯論「戰爭與和平」的問題時得到最集中的反映。他表示寧可犧牲中國一半人口去換取「世界革命的勝利」。他認爲「革命不是請客吃飯，不是做文章，不是繪畫繡花，不能那樣雅緻，那樣從容不迫，文質彬彬，那樣溫良恭儉讓。革命是暴動，是一個階級推翻一個階級的暴烈的行動」（見「毛澤東語錄」第十一頁）。因此，他在位廿七年，從不間歇地發動一場又一場暴風雨式的政治運動，從「土地改革」到「天安門事件」，一次比一次殘暴，中國人民的犧牲和損失也一次比一次慘烈。

秦始皇在中國歷史上以殘民而著名，他築長城，建阿房宮強抓了數以百萬計的老百姓驅使奴役。他焚書坑儒，要消滅中國的傳統文化獨樹他的秦國文化。他搜繳天下兵器鑄成十二個銅人，使人民手無寸鐵無法反抗。以「奠定」他的萬世功業。可是毛澤東却自詡勝過秦始皇一百倍。他說：「秦始皇算什麽？他只坑了四百六十個儒，我們坑了五萬六千個儒。我們鎮反，還沒有殺掉一些反革命的知識份子嗎？我與民主人士辯論過，你罵我們是秦始皇，是獨裁者，我們一貫承認，可惜的是，你們說得不夠，往往要我們加以補充。」（見「毛澤東思想萬歲」第一九五頁。

正由於毛澤東不以「焚書坑儒」爲恥，反而以暴政爲榮，在這種錯誤的思想指導之下，極左的殘暴的統治作風便變本加厲，終於發展到淋漓盡致，以至爆發慘烈的「文化大革命」和「天安門事件」。「六中全會」認爲「文化大革命」是一場由領導者錯誤發動，被反革命集團利用，給黨、國家和各族人民帶來嚴重災難的內亂」。但沒有估量「文革」所造成的具體損失，沒有透露「文革」造成多少人死亡。胡耀邦在他的講話中雖然唸了一串長長的追悼者名單，但却沒有追悼在這場運動中死難的中國人民。而「天安門事件」更是直接的屠殺，是由毛澤東直接下命令由「四人幫」和「凡是派」直接執行的大規模屠殺行動。有人說這次事件死傷人數，數以萬計。具體的數字雖然不淸楚，但北京的市民都確實知道，封閉天安門廣場洗滌血蹟就洗了三天之久。

不尊重人的智慧、不尊重人的生命、不尊重人的價值可以說是毛澤東一切錯誤和罪惡的總根源。他不願意讓人民像人一樣地活著，他不願把人看作有智慧的獨立個體，而要把人改造成爲他「革命目標」服務的螺絲釘。於是也就自然而然地造成大量人才的浪費，造成人力資源的浪費，進而造成大量物質的浪費，造成自然資源的浪費。這種浪費是史無前例，舉世無匹的，可說是對中國和中國人民犯罪。

浪費人材資源多至無法計算

二、毛澤東錯誤的價值觀念所造成的人力資源的浪費，不能以多少百萬計，而要以多少代來計算。毛澤東的理論是愚蠢者最高貴。他說：「知識份子是比較最沒有知識的，歷史上富皇帝的，有許多是知識份子，是沒有出息的；隋煬帝就是一個會做文章、詩詞的人；陳後主、李後主都是能詩善賦的人；宋徽宗既能寫詩又能繪畫。一些大老粗能辦大事；成吉思汗是不識字的老粗；劉邦也不認識幾個字，是老粗；朱元璋也不識字，是個放牛的。」（見「毛澤東思想萬歲第四七六至四七七頁，一九六四年三月在一次滙報時的挿話」）正由於毛澤東提倡大老粗能辦大事，舉國上下的黨官都以大老粗爲榮，不但不思進修，提高自己的知識，反而把知識份子貶低至奴隸般的地位。到了「文革」時期，也就發展到知識變成原罪，全國大中小學形同虛設，誰最沒有知識誰就最紅最光榮　誰有知識就必須認罪懺悔，就必須被趕到「五•七幹校」或工廠農村再教育，而沒有知識的工農（實質是極左的投機份子）就要佔領意識形狀領域，甚至科學技術領域。

否定的知識價值，並非始於「文革」，而是始於五十年代，一九五八年「教育爲無產階級政治服務」，「又紅又專」口號的提出已露出端倪。那時素質佳好的「剝削家庭出身」的青年，已被剝奪了接受高等教育和尖端科技教育的權利，教育的素質已大大下降，算起來毛澤東否定知識價值的做法，整整坑害了中國三代人，成長於五十、六十、七十年代的三代人，其人數應在六億左右。

毛澤東錯誤的價值觀念和錯誤的政策所造成人力資源的浪費是無可估量的，粗略計算一下也是天文數字。每一個成長中的年青人，平均可以工作三十年，由於毛澤東錯誤政策的影响造成，他們知識貧乏，素質降低，未能發揮應有的工作效率，設使每個人只能發揮應有效率的百分之五十，那麼是浪費了九十億年，三萬二千八百五十億個工作日。

除了否定知識價值，歧視知識份子造成嚴重的人力資源的浪費之外，錯誤的分配制度和工作制度也造成工農群衆人力資源的浪費。公社化，吃大鍋飯、平均主義、政治掛帥、反唯生產力論等一系列錯誤的政策，打擊了工農群衆的積極性，大家磨洋工，做也三十六，不做也三十六。

中共近年引進外資，海外廠商進大陸設廠，這才發現大陸工人和香港工人的生產效率差距竟是如此之大。最初許多廠商估計一個香港工人的生產量等於大陸二至三個工人的生產量，實際做起才發現，六個大陸工人的生產量才趕得上一個香港工人的生產量。九億工農群衆，如此浪費了三十年，不必仔細計算，也知道是天文數字。

揮霍人民血汗　換取個人威信

三、除了人力資源的浪費之外，毛澤東錯誤的生產政策和外交政策也造成無可估量的金錢上的浪費和自然資源的浪費。

甲、在「抗美援期」戰爭中，北京沒有具體透露除了犧牲數十萬青年的性命之外，到底還花耗多少億美元的物質。只說「一九六〇年……對外頂了蘇聯領導集團的壓力，還清了對蘇的全部債款（主要是抗美援期中的軍火債款），並且大力支援了許多國家人民的革命鬥爭和建設事業」。（見胡耀邦的「七一講話」）但「新晚報」却說是「幾百億元」（見一九八一年七月廿九日「新語」）依我們估計應在二百億美元以上。因爲「抗美援期」是一場中共直接介入的長達四年的戰爭，中共在這場戰爭中所花耗的金錢不可能少於不直接介入的「越戰」。

乙、中越交惡之後，中共透露花了一百多億美元支援越南。現在越南反而反戈相同。中共這筆錢也就花得比「抗美援期」更寃枉。

丙、援助坦桑尼亞建築贊坦鐵路花耗了二十五億美元，中共國務院原本並不打算給予非洲一個小國如此巨額的援助，是毛澤東個人乾坤獨斷，要擺濶氣。親自撥多點款，弄到國務院要到處張羅。

丁、爲了拉攏共產小國阿爾巴尼亞反蘇，在六十年代及七十年代曾給予這個人口僅百餘萬的小國巨額援助，十多年累計，應該不少於二十五億美元。

戊、自建國以來，給予印尼、東南亞、非洲、拉丁美洲各國，以及那些國家共產黨的援助，應該不少於五十億美元。

也就是說，毛澤東執政以後，由他灑出去，有數目可以統計的金錢，已在四百五十億美元以上。

中國是一個「一窮二白」的落後農業家，一九七八年，中國大陸平均國民生產毛額（CNP）只合二百三十美元，在世界銀行列入統計的一百廿六個國家及地區中佔第一〇四位，排名在巴基斯坦和坦桑尼亞之後。任何一個稍有良心，稍爲體恤民瘼的統治者都不會如此揮霍人民的血汗。

我們不責備中共花耗大量金錢發展原子武器，不責怪它擴充軍備。但却不能不反對毛澤東利用人民的血汗去建立他個人的國際威望，在漠視民困，以人民爲豕犬，爲虫豕這一點上，毛澤東也勝過秦始皇一百倍。

為當世界領袖　又浪費三千億美元

四、毛澤東在那闋著名的詠雪詞裡說：「秦皇漢武略輸文釆，唐宗宋祖稍遜風騷，一代天驕，成吉思汗只識彎弓射大雕，俱往矣，數風流人物還看今朝！」中國二千多年來最傑出的皇帝全不在他眼裡。而事實上毛澤東的個人野心也的確比秦皇、漢武、唐宗、宋祖、成吉思汗都要大得多。這些皇帝最大的野心不過是開疆辟土，平定四夷，以建立自己的萬世功業。可是毛澤東却要做全世界的「革命領袖」，要做世界共產主義運動的導師。他的這種狂妄野心，在斯大林死後就逐漸顯露出來。而爲了實現他的個人野心，不惜以國家前途，不惜以八億人民的生命財產做墊脚石。一九五七年的「加速實現社會主義改造」和一九五八年的大躍進，就是在這種動機下搞起來的。

中國（大陸）的「社會主義建設」假如按照「新民主主義」理論循次漸進，那麼中國就要在許多年後，至少也要在七、八十年代才能進入「社會主義」階段，就不可能在五十年代內一下子變成「社會主義國家」，毛澤東也就不可能當「社會主義陣營的領袖」。所以，毛不惜違反他自己的理論和諾言，不顧中國的國情和客觀規律以強迫命令的方式完成了「公社化」和「公私合營」，使中國由「新民主主義制度」（國營、集體、私營、個體經濟並存的制度）在一夜之間變成「社會主義制度」。

儘管制度的改造已經完成，但中國畢竟只是一個經濟落後的農業國，基礎差，底子薄，生產力遠遠落在蘇聯和諸東歐共產國家之後。僅就因爲此一「缺點」，毛澤東也沒有資格充當「世界革命領袖」和「共產主義運動的導師」。爲了克服這個障碍，以實現他的個人野心，又不惜違反自然規律，不惜違反經濟原則，不惜拿國家前途和八億人民的生命財產去做賭注。提出「趕美超英」、「一天等於二十年」的狂妄口號。以軍事組織形式，大搞「大兵團一作戰，把數億人民，甚至小學生趕去「大煉鋼鐵」，大搞「小株密植」，追求「畝產十萬斤」的神話。結果三年大躍進，帶來四年大饑餓，餓殍滿地，赤色萬里。據專家估計，這場「大躍進」浪費的投資起碼超過一千億美元。

「大躍進」的失敗導至毛澤東辭去「國家主席」退居第二綫，由劉少奇、周恩來、鄧小平等收拾殘局。可是毛澤東蟄伏幾天後心猶不甘。暗中搞詭計耍手段，先捧林彪上台，又利用林彪為他在軍中大搞個人崇拜，積累了幾年資本，才於一九六六年發動政變，大搞亂黨、亂軍、亂國、殘民的「文化大革命」。這場「文革」前些日子中共稱為「十年浩劫」，現在改口稱為「十年內亂」。然而不管怎樣稱呼，都無法抹殺千萬顆人頭落地，數以億計的人身心遭摧殘，工農業生產大受破壞的事實。據專家估計，「十年浩劫」至少浪費了二千億美元。像中國這樣「一窮二白」的國家，試問有多少個二千億可以浪費呢？

毛澤東統治中共廿七年，有數字可以統計得出來的已經浪費了三千四百五拾億美元。五、六十年代中國人口為八億，現在是十億，平均以九億計算。則毛澤東所浪費的金錢，如果平均分給中國人，每人可得三百八十三點三三美元。一個家庭如果有四個人則可得一千一百五十三點三三美元。若以香港的價格可以購入電視機、雪櫃、洗衣機、卡式收音機等全部電器化設備。中國人民至今仍處於「一窮二白」狀況，其罪在毛澤東，其罪在極左路綫，其罪在官僚制度。

扭曲中華民族性格

每一個民族都有其特定的民族性，民族性的形成跟地域環境、種族、歷史、文化傳統有著十分密切的關係。各個不同民族，其民族性必然有很大的差異，而且各有其優缺點，一個民族假如優點多於缺點，優點並得到不斷發揮，缺點得到適當的抑制，那麼這個民族必然不斷進步，必然富足而強盛；反而言之，一個民族如果缺點多於優點，而且缺點繼續發展，優點不斷削減，則這個民族必然日趨沒落，甚至滅亡。

民族性有相當穩固的一面，但也有不斷變化的一面，中華民族也不例外。中華民族歷來被稱為善良、勤勞、克苦、勇敢的偉大民族，但這個古老的民族也有不少缺點，近代最偉大的作家魯迅先生，曾對中華民族的缺點作出最徹底的揭露和批判。我們從魯迅所塑造的阿Q、小尼姑、小D、七斤、祥林嫂、老栓等一系列人物的身上，可以看到中華民族的愚昧無知、封建迷信、自私勢利、不團結、奴性重等。經過辛亥革命、北伐戰爭、抗日戰爭以及中共革命，中華民族的缺點受到抑制和改進，國民黨領導的中國以及共產黨領導的中國，都遠比腐敗的滿清末期強盛。近兩百年來，中華民族的優點得到最充份的發揚，缺點減少到最低的時期，是抗戰勝利後和中共取得政權的初期。那時，幾乎每一個人都志高氣昂，內心充滿喜悅和希望；每個人都願意為人民為祖國貢獻出自己的青春、力量、甚至生命；每一個人都視向祖國和人民奉獻為榮，視自私自利，苟且偷安為恥。那時，全世界的人都說中國這頭睡獅醒了，「中國人民站起來了！」可惜的是中華民族這個復甦期太短了。在毛澤東極左思潮的影响下，在毛、林、四封建法西斯的恐怖統治下，中華民族固有的優點受到抑制和削弱，而原來已減至最少了的缺點却得到鼓勵和發揚於是中華民族又進入了新的沒落期。為什麼我們的經濟搞不上去？科技搞不上去？就是因爲我們的民族性格已經被毛、林、四扭曲得不成樣子。

一場「反右」、「反右傾」就使人民三緘其口，再也不敢談論國事，不敢爲民請命；一場「大躍進」、「畝產十萬斤」就使人們明白，說眞話的是傻瓜，牛皮愈吹愈大愈好；因三年大饑餓而產生的等級分配制度，就製造出一個與老百姓有別的官僚特權階層，使人們知道還是當官好，而且官當得愈大，所獲得的分配愈多，享受愈好。共產黨也逐漸從「人民的勤務兵」變成人民的主人，什麼「爲人民服務」早拋進毛坑裡了；一場「文化大革命」就使知識變成原罪，愈愚蠢愈高貴，打、砸、搶成爲「革命」，奉公守法成爲「反革命」；長期間的平均主義分配制度使人民明白「做也三十六，不做也三十六」，養成懶惰的習慣；年年講、月月講、天天講階級鬥爭，日日夜夜高唱「爹親，娘親不如毛主席親」，使人們忘掉仁愛、專門互揭其短，使夫妻、父子互相揭發，爲求保存自己的肉體生命和所謂「政治生命」，不惜出賣一切。這一切我們從「傷痕文學」和許多眞人眞事的特寫都可以看得出來，並得到證實。

近年，每一個回國探親的人都大搖其頭，嘆謂國內人民素質和道德的低落；中共袞袞諸公也對年青的一代大搖其頭，說要對他們重新進行道德教育。其實這一切罪不在年青人，罪不在老百姓。萬方皆無罪，罪在毛澤東，是毛澤東和他的金童(林彪)、玉女(江青)，二十七年來使用高溫高壓手段把中華民族的民族性扭曲成這樣的。這是毛澤東所有罪過之中最大的一條。不徹底批判毛澤東，就無法還我中華民族的本來面目，就無法發揮我中華民族的優良傳統，就無法把我們的祖國，建設成一個繁榮富強、自由民主的現代化國家。所以我們一貫主張，徹底揭露毛澤東的罪惡，徹底批判毛澤東的錯誤。不如此就無法淸除毛澤東及其陰魂對我中華民族的毒害，不如此中國就不會有希望。

驅逐「在中國大地上遊蕩的幽靈」

輕描淡寫地批毛，努力往毛澤東的殭屍上撲粉，說毛澤東的錯誤也是一個「偉大的無產階級革命家的錯誤」對「安定團結」絕無好處，對「四化」絕無好處，對人民也絕無好處。這樣做只是方便於毛澤東的幽靈借屍還魂，方便於「四人幫」一類極左派復辟；導至中國再次走上「封建法西斯」的老路。大陸的詩人已在驚呼「一個幽靈在中國大地上遊蕩」，它無所不在，無孔不入，「自由自在地在中國的土地上遊蕩」，它干預一切，影响一切，「吞噬一切」。而中國人民總是「不敢抬頭張望」，只能「跪拜」「祈禱」。

現在，擺在中國人民，擺在中國知識份子面前最首要的任務，就是徹底揭露和批判毛澤東的罪惡，驅逐那個「在中國大地上遊蕩的幽靈」使它無法再「借屍還魂」。只有這樣中國才會有希望，只有這樣中國才能擺脫黑暗，重睹光明。

最後讓我們借用遊蕩於中國上空的幽靈所說過的一句正確的話，作爲本文的結束：「人民，只有人民，才是創造世界歷史的動力。」中共現時的當權者請記住這一句話，尊重人民、尊重人的生命、尊重人的智慧、尊重人的價值、尊重人作爲萬物之靈所享有的「天賦人權」！這是對你們的忠告，也是對你們的希望。

「東西方」第二十九期　一九八一年九月五日

不能犧牲人權去換取治安

自從中共打開門戶與外界交往之後，犯罪率急劇上升，社會秩序很混亂，這是每一個曾踏足中國土地的人都感受得到的，造成這種現象的成因極其複雜。有內因也有外因，粗略歸納起來，可分爲幾點：

一，經過「十年浩劫」，靑少年沒有得到良好的教育，他們沒有知識，沒有謀生的技能，覺得前途沒有希望，不惜作奸犯科，以求滿足自己一時的私慾。

二，經過「文革」的衝擊，舊的道德標準被否定，新的道德標準又未建立起來。導致大陸社會，道德普遍低落，對損人利己的行爲視以爲常，沿着這條路子發展下去，自然就會觸犯刑法了。

三，公安部人員素質低落，許多人本身就缺乏法制觀念，執法犯法，貪汚受賄，更有與罪犯勾結者，有怕流氓報復拒不執行職務者，公安人員手軟，流氓氣燄自然囂張。

四，採取開放改革之後，五光十色的海外舶來品充塞市場，令久匱物質的大陸靑年爲之目眩，一些意志薄弱者往往經受不起物質的引誘而犯罪。

最近幾個月來，中共各地都厲行打擊犯罪活動，對犯有殺人強姦等罪判以重刑。以取殺鷄儆猴之效。爲了配合此一節鎭壓行動，五屆人大第十九次會議通過了『關於死刑案件核准問題的決定』和『關於處理逃跑和重新犯罪的勞改和勞教人員的決定』。關於前者，由於資料不足，故暫不予評論，關於後一法律，我們認爲値得商榷的地方實在太多。

立法的精神應該在於俾人民有法可依，防止犯罪而不應該著重懲罰。對於罪犯應當本着教育的精神，除了治以他應得的罪外，還教育他如何適應社會，重新做人。而不是要把他永遠與社會隔絕。以至造成一次犯罪就終生犯罪的惡劣後果。可是『關於處理逃跑或者重新犯罪的勞改和勞改人員的決定』，所表現出來的精神，偏偏就是志在懲罰而缺乏教育；偏偏就是志在隔離，而不是教育罪犯重新做人，重新進入社會。該決定曰：

一，勞改人員逃跑的，延長勞教期限。

勞教人員解除教養後三年內犯罪，逃跑後五年內犯罪的從新處罰，並注銷本人城市戶口，期滿後除確實改造好的以外，一律留場就業，不得回大城市中。

二，勞改犯逃跑的，除按原判刑期執行外，加處五年以上有期徒刑，以暴力、威脅方法逃跑的，加上二年以上七年以下有期徒刑。沒有改造好的勞改罪犯，勞改期滿後留場就業。

三，勞教人員、勞改罪犯對檢舉人、被害人和有關的司法人員以及制止違法犯罪行爲的幹部、群衆行兇報復的，按照其所犯罪行的法律規定，從重或加重處罰。

四，本決定自一九八一年七月十日起施行。

這份已成爲法律文件的『決定』，其精髓在於「注銷城市戶口」、「勞改期滿後留場就業」。

中共最初頒佈的「勞改條例」，是沒有「留場就業」這一條的。勞改期滿一律釋放，遣回原處。「留場就業」是公安機關權力擴張的衍生物，是為治安機關終生奴役「犯罪者」提供合法根據。這是一條最不人道、最橫蠻的法律。

何謂「改造好」，何謂「沒有改造好」？中共的法例沒有具體的標準，沒有具體的條文。一切全憑勞改場所的公安人員主觀判斷。說你「改造好」，就是「改造好」；說你「沒有改造好」，就是「沒有改造好」。眞是一言九鼎，是可以影響勞改場中每一個罪犯的終生命運。

五十年代末、六十年代初，隨着「極左路綫」的加速發展，治安部門也使出「留場就業」這招殺手鐧，這種措施實際上是剝奪基本人權的法西斯措施。「留場就業」名曰「就業」，實際上是繼續「勞改」，終生不得釋放，終生不能恢復正常的生活和公民權利。使犯罪者和被寃枉的犯罪者，一次犯罪，終生受罰，永不超生。再加上「改造好」和「沒有改造好」漫無標準，全憑個別公安人員的好惡去判斷，結果往往只有那些既奸且滑，阿諛諂媚，以誣告陷害其他犯人為能事的小人，得到「改造好」的評語。而那些素質較佳，偶然犯罪的人，由於不屑於做小人，不肯克意去奉承公安管教員，因而往往被認為「沒有改造好」。勞改期滿之後，仍不能與家人團聚，被強迫「留場就業」。

古語曰：「法立，弊生。一九五七年制訂「勞教條例」，導致一百幾十萬被誤評為右派的知識分子深受其害。「勞動教養條例」本意是對付流氓的，結果却用以對付教授專家和知識分子。

對於法制問題我們跟北京當局最大的分歧是在於立法的精神。我們認為，立法的精神應該在於保障人民的權益，是給予人民的最大自由；立法的精神應該在於限制政府的權力，特別是要明確限制司法、執法人員的權力，而不是擴大這些人的權力；立法的精神應該是予民以便，而不是予官以便。「取銷城市戶口」，強迫「留場就業」，對罪犯雖然有一定的阻嚇作用，對改善治安狀況也許有一定的好處，但我們仍然堅決反對之。因爲這樣做損害了中國人民的基本人權。

罪犯也是人，他們只有在定罪之後服刑期間是罪犯，在此之前和服刑之後就是人民，應恢復享有公民所享有的權利，而不應該加以歧視。違背釋犯意願，強迫「留場就業」，實際上就是剝奪了他們的公民權利，這是違背憲法精神的。

中共努力於改善社會治安的意圖，我們感到理解和欣慰，我們也堅決支持中共懲罰罪犯，但我們要堅決反對犧牲基本人權去換取治安。因爲犧牲基本人權，不斷慫恿公安工作人員，只有使中共更進一步走上依賴秘密警察統治的法西斯道路。

「東西方」第二十九期
一九八一年九月五日

反封建反專制學習魯迅精神

——紀念魯迅一百週年誕辰——

一九八一年九月二十五日是中國近代最偉大的文學家魯迅先生誕生一百周年，台灣方面由於國民黨一向否定魯迅，不作任何表示之外，中國各地都舉辦了很多紀念魯迅的活動，發表了很多紀念文章；重新出版了「魯迅全集」；還舉行了隆重的紀念會。中共主席胡耀邦還在北京的紀念會上發表了長篇講話，對魯迅先生給予很高的評價。胡耀邦說：「魯迅是中國近代革命歷史上的偉大英雄，是文化戰線、思想戰線上的偉大戰士。」；「魯迅的一生是戰鬥的一生。他熱切追求眞理，永不停頓地前進，始終站在時代潮流的前列。」；「魯迅是偉大的愛國主義者，又是偉大的國際主義者。他十分重視中外文化的交流，用很大精力吸收外國的進步文藝。他關心和支持世界上被壓迫民族和人民的解放鬥爭，在三十年代國際反法西斯鬥爭中，他是一個英勇而堅定的國際主義戰士」。我們完全同意這種說法，但魯迅先生的精神精髓到底是什麼呢？這點胡耀邦似乎是漏說了，我們不得不在此補充。

魯迅先生的精神精髓就是反封建、反專制、反獨裁。這點無論從他的論著、雜文和小說中都可以看得出來。辛亥革命原本是一場反封建、反專制、反獨裁，倡導自由民主的革命。這場革命雖然推翻了中國二千多年的封建帝王制度，建立了中華民國，但辛亥革命却是不夠徹底的，民國雖然建立，但四億人民却仍然處於蒙昧狀態，統治中國廣大農村的，仍然是那些在辛亥革命前老早已取得了權力的「趙太爺」們。他們不僅可以繼續行使統治權力，而且還要包辦「革命」。阿Q想革命，就被他們轟出大門，而且終於被殺頭「大團圓」。於是，革命對廣大農民來說，只不過是用筷子把辮子盤到頭頂上而已。魯迅先生對這種現象感到痛苦和失望。他寫了很多小說揭露和批判辛亥革命的後遺症。

魯迅先生之所以放棄學醫，從事文學創作的故事，大家都是耳熟能詳的。他就是希望利用文學這個武器，改變中國民衆那種麻木渾噩，愚昧無知的精神狀態。魯迅先生曾對中華民族的劣根性，作了毫不留情的鮮血淋漓的揭露，他希望通過這樣的揭露，使中國民衆看清自己的病根，從而覺醒過來。這正是愛之深而責之切，這正是「偉大的愛國主義」精神的具體表現。可是，在六十年後的今天，封建勢力仍然能夠借屍還魂，仍然統治著中國廣大的農村和城鎮；六十年代中葉到七十年代中葉，中國還得經歷了長達十年的封建法西斯統治的黑暗時期。現時，林彪集團和江青「四人幫」集團雖然已被粉碎多年，但封建專制的陰魂仍未散去，它仍然在中國的天空徘徊，尋覓可供它還魂的新屍。

今天，我們紀念魯迅先生，就要繼承魯迅先生未完的遺志，堅持反封建、反專制、反獨裁；今天，我們紀念魯迅先生，就要學習魯迅先生不怕家醜外揚的事實求是精神。作爲文化工作者，我們不要害怕暴露我們民族的缺點，不要害怕暴露現實生活中的陰暗面，只有讓我們的人民充份了解和認識存在自己身上的缺點，我們中華民族才會有新的希望。粉飾太平無法改變中國落後的面貌，諱疾忌醫只能使病情徒然加深。因而，我們要向那些敢於反映生活眞實，敢於暴露我們社會缺點和民族缺點的作家致敬。

然而，我們覺得很遺憾，中共當局一方面隆重其事地舉行開紀念魯迅大會，但却避而不談魯迅先生最基本的反封建、反專制的精神；也不提倡學習魯迅先生勇於反映生活，勇於說眞話的精神。以「傷痕文學」和「白樺事件」爲例，我們認爲「傷痕文學」僅只是眞實地反映了大陸社會某些橫斷面，既非醜化，更非造謠。中共高層人物實在用不著如此緊張。只要這種陰暗面改變了，讓陽光照射到了，作家也就會自然地改寫別的題材，不再寫「傷痕文學」。倘若我們的社會是一片光明，即使有人別有用心加以醜化。也絕對沒有市場，沒有影响力。現在「傷痕文學」之所以能一紙風行，爲人民大衆所喜見樂聞，就是因爲它反映了的生活眞實，說出許多人心裡想說的話，引起廣泛的共鳴。

再以白樺的「苦戀」爲例，「苦戀」裡有一句話「你愛這個國家，苦苦地留戀這個國家……可是這個國家愛你嗎？」這句話掀起軒然大波。被扣上「否定愛國主義」的罪名，那些「左王」們根本不理會也不願意去理會這句話是否反映了生活眞實？「苦戀」是否反映了生活眞實？只是無限上綱，亂扣帽子？我們認爲這個問題的答案是現成的，是擺在眼前的。不僅生活於海外的中國人能夠回答，生活在國內的人民也看得一淸二楚。

五十年代至六十年代初，數以十萬計的留學生、知識份子、華僑學生從美國、加拿大，從英國、法國，從西歐諸國，從星、馬、泰、菲、印尼，從全世界各個角落流向北京，回歸祖國。他們的出身背景雖然各不相同，但熱愛祖國眷戀祖國之心則一。可是經過十多二十年的折騰，這股人流現在又沿著相反的方向，從祖國的各個角落，流向香港，流向美、加，流向全世界。他們寧願在香港當工廠雜工，也不願留在國內當醫生；他們寧願在香港當大廈看更，也不願留在國內當教師；他們寧願在香港當侍應生，也不願留在國內當技術員。在粉碎

「四人幫」「撥亂反正」五年後的今天，這種現象改變了沒有？事實的答案是還沒有，直至今天，這股人流還是向外流。每一個有海外關係的人，甚至是沒有海外關係的人，都千方百計鑽空子走後門，以圖達到出國的目的。有些女性爲此甚至不惜奉獻出自己的肉體。這到底是爲什麼？這幾十萬「倒流」出來的往昔的愛國者，爲什麼一致地作出如此痛苦的選擇？就是因爲他們雖然熱愛祖國，熱愛過由共產黨人執政的祖國，但這個由共產黨人執政的祖國並不愛他們。從「抗美援朝」時代不讓他們當空軍，發展到「文革」時代的「臭老九」、「裏通外國」、「匪嫌特嫌」。這幾十萬人二十多年來在共產祖國裡所受的苦、難，眞是罄竹難書，白樺在「苦戀」中所寫的只不過是萬分之一而已。可是，僅只是這樣，中共就已經無法忍受，暴跳如雷了。這也就是我們對中共紀念魯迅先生的方式方法以及其言論，不能不深表遺憾的緣由。

我們認爲，只有眞正的愛國主義者，才會冒險犯難，才會不顧自身的安危，起來揭露生活的陰暗面，揭露我們社會和我們民族的缺點。魯迅先生當年寫「阿Q正傳」也曾召至不少臭罵，但這並不改變魯迅愛國主義的本色。對白樺，對一切敢於反映生活眞實的作家，我們都應如此視之，並堅信中國人民也將如此視之。

胡耀邦說：「魯迅始終把鬥爭鋒鋩對準帝國主義，封建主義及其走狗。他的骨頭是最硬的，他對敵人的鬥爭是異常堅決和勇敢的。」我們深有同感。在魯迅先生的身上，找不到絲毫的奴顏婢膝。他從不阿諛權貴，他把全部的同情和愛心給予祥林嫂、閏土這類受盡生活煎熬的中國人民。他不像無恥文人郭沫若那樣，寫詩歌頌「斯大林爺爺」；寫詩歌頌毛澤東；

甚至寫詩歌頌「江青同志」和「英明領袖華主席」。無論是誰上台當權他都像哈叭狗那樣搖尾獻媚。今天，我們紀念魯迅，就是要學習魯迅的硬骨頭精神，堅持眞理，不向權貴低頭；學習魯迅先生偉大的人道主義精神，把我們的愛心給予生活於苦難中的中國人民。

胡耀邦摘引了魯迅「文藝必須有批評」，「剪除惡草、灌溉佳花」的語錄，並以此來解釋中共當前推行的反所謂「自由化」的文藝批評運動。但是我們不能不指出「剪除惡草、灌溉佳花」並不是魯迅文藝理論的主調。魯迅雖然認爲「文藝必須有批評」，但他更重視被批評者有反批評的權利。魯迅先生不僅對胡適、陳源等的圍攻作過猛烈的反批評；不僅曾對郭沫若、成仿吾「創造社」人士的謾罵，作過猛烈的反批評；不僅曾對蔣光慈「太陽社」作過猛烈的反批評；而且也曾對現時坐於紀念會主席台上的周揚先生及「四條漢子」的批評，作過猛烈的反批評。今天我們紀念魯迅先生，特別要強調和珍惜被批評者的反批評權利。可是綜觀國內文藝界的情況，我們不能不十分遺憾地指出，當前的反白樺和反所謂「自由化」運動，仍然是中共在五、六十年代搞慣了的那一套。仍然是上頭定調，下面起哄。鄧小平、胡耀邦雖然再三強調不搞圍攻，不搞運動，但由於所有輿論工具都掌握在中共的手裡，由於鄧小平、胡耀邦已經講話定調，被批評者根本就無機會，也無法再行使了反批評的權利，如此的「文藝批評」結果必然演變成搞運動，搞圍攻。

眞想不到締造和倡導「三中全會」精神的鄧、胡兩公，對待文藝問題也像毛老先生那樣緊張、那樣敏感。我們倒不是說鄧、胡兩公不可以表示自己的意見，而認爲他們不應該以黨和國家最高領導人的身份表示意見。鄧、胡兩公如果有意見，正確的作法是口述自己的看法，由秘書寫成文章，用筆名發表，讓被批評者和持不同見解者，也有勇氣作反批評，起來爭鳴一番。然後再通過充份的說理，駁倒對方。但鄧、胡兩公却捨此不爲。幾個月前，以「解放軍報特約評論員」的名義評白樺的「苦戀」，已經夠嚇唬人的了，現在，鄧小平、胡耀邦竟以黨和國家最高領導人的身份開腔說話批評白樺，試問還有誰反駁？即使有人不怕死，敢於反駁，試問又有誰敢發表反駁鄧、胡兩公的文章？胡耀邦說：「有些同志和朋友雖然知道文藝批評的重要性，但是過於憂心忡忡，老是擔心剛剛恢復過來的文藝欣欣向榮的局面會被打下去。這些同志和朋友看問題不大全面……」胡耀邦認爲這場反白樺反所謂「自由化」的「文藝批評」，不會損害文藝創作欣欣向榮的局面。我們的看法剛好相反，我們認爲，這場反白樺反「自由化」運動，必然會把「文藝欣欣向榮的局面打下去」。「同志和朋友們」的「憂心忡忡」絕對不是多餘的。不信可拭目以待。

魯迅先生曾經再三強調過，文藝是屬於人民大衆的，他認爲作家應該關心人民大衆的喜怒哀樂。一個作家如果不站立在人民的立場，如果不反映人民的苦難，而只是看見誰上台就歌誰之功，頌誰之德，那麽這類作家已經淪爲無恥的御用文人，再也不是作家了。

魯迅先生從不認爲自己是青年導師，從不認爲自己是馬克思主義者，從不認爲自己是革命家，「革命家」只不過是毛皇帝給魯迅的諡號而已。可是，此後魯迅却跟「偉大的革命家」結下不解之緣，許多人一提起魯迅，就自然而然地在偉大的文學家之後加上一句「偉大的革命家」。而九泉之下的魯迅先生却已無法自辯。魯迅先生曾說過，偉人的可悲就是他死後，許多人都根據自己的主觀願望去描繪他的形象，把許多原來不屬於他的東西加到他身上。

（筆者按：僅是大意，並非原文）魯迅自己也逃不脫這樣的命運。幸而魯迅逝世得早，使他至今仍然保持黨外人士的身份，不像宋慶齡和茅盾那樣，在臨死前和死後被追認爲中國共產黨黨員。我們慶幸「魯迅沒有在組織上加入共產黨」，使中國人民談起話來還可以說，中國除了共產黨之外還有精英，例如魯迅。否則，一切傑出人物都盡被納入中共囊中，黨外人士也實在面目無光了。

今天紀念魯迅，我們覺得中國人民還很可以自豪，因爲他們還有魯迅這樣的優秀兒女。

魯迅精神永垂不朽！

「東西方」第三十期
一九八一年十月十五日

重建黨的信譽統一才有希望

九月三十日，中共人大委員長葉劍英發表了和平統一的九點方案，台北當局反應頗為迅速，翌日新聞局局長宋楚瑜就以國府發言人的身份發表評論，說葉劍英的九點方案只是「統戰花招，毫無新意」，拒絕與中共對話或作任何接觸。其實，葉劍英的談話倒也不是全無新意的。例如第五點「台灣當局和各界代表人士，可擔任全國政治機構的領導職務，參與國家管理」，和第九點「統一祖國，人人有責。我們熱烈歡迎台灣各族人民、各界人士、民衆團體通過各種渠道，採取各種方式，提供建議，共商國是。」都是以前未曾提過的。

共同管理國家毫無疑問只是一個原則，還有待訂出具體的條款加以充實。中共希望國民黨在統一後的中國擔任一個什麼樣的角色呢？中共既然主動提出共同管理國家的建議，也就有勞中共領導想深一層，提出具體的條款，以供台北諸公研究參考。

關於第九點，中共等於明確表示歡迎國民黨人提出反建議，因而宋楚瑜也就沒有必要一口拒絕，使自己老是處於被動的地位。其實台北方面大可以好整以待仔細研究，然後提出更具體更有利自己的反建議。

站在中國人民立場，我們認為不打內戰和平談判是一件好事，是符合中國人民整體利益的。但我們同時認為，倘如統一意味着台灣變成今日的中國大陸，或者幾十年後把台灣變成中國大陸式的社會，那麼肯定是一個大悲劇，倘若如此，那麼我們寧願台灣暫時保持現狀，寧願中國暫時保持分裂。

「和平解放台灣」的口號，早在一九五七年已經提出來了，這個口號跟現在所提出的「和平統一」，具體內容雖有不同，但原則精神則一。爲什麼二十多年來沒有寸尺進展呢？是否完全是因台灣當局頑固呢？我們認爲並不盡然，這二十餘年來，中共朝令夕改，反反覆覆，領導層有如走馬燈上落不定，而且每一個重要領導人的上台或下台，都會令政策作出一百八十度的變化，試問在這種情況下聽誰的好？信誰的好？

經過「文革」之後，中國大陸就普遍出現「三信危機」，鄧小平雖曾努力試圖挽回黨的信任危機，可是迄今還是沒有多大成績。

鄧小平剛剛恢復工作之時，舉國高呼「鄧大人！」人們不信任「凡是派」或黨組織，但是却信任「鄧大人」，把希望託付於「鄧大人」。可是經過「魏京生事件」，經過取消「四大自由」，經過鎮壓全國「文刊」負責人，經過批白樺、批「資產階級自由化」，人們對「鄧大人」也出現「信任危機」了。今天說「西單民主墻」沒有什麼不好，貼大字報是人民正常行使自己的權利，明天却突然取銷「四大自由」，封閉民主墻。今天說：「文藝創作這種複雜的精神勞動，非常需要文藝家發揮個人的創造精神。寫什麼和怎樣寫，只能由文藝家在藝術實踐中去探索，和逐步求得解決。在這方面不要橫加干涉。」明天却指名要批白樺、批「苦戀」，甚至擴大爲批「資產階級自由化」。試問如此這般又怎能取得人民的信任？既然連一向擁護共產黨的人民和知識分子，現在都對共產黨出現「信任危機」了，試問一向仇恨共產黨懷疑共產黨，並曾兩次受騙上當的國民黨人，又怎能相信共產黨人的保證和諾言？因而，我們認爲「和平談判」長期未能舉行，責任不全在國民黨，中國共產黨也得負起相當大部份的責任。

關於「和平統一祖國」的問題，我們認爲，現時無論中共提什麼建議都是沒有多大用處的，最了不起只是在宣傳上佔點優勢。如果眞正想「和平統一祖國」，舉行國共談判，首要的條件就是設法恢復中國共產黨的信譽。而要消除「信任危機」最起碼的條件就是要實行嚴格的法治，既不是以往的個人獨裁，也不是現時的黨中央說了算；而是一切人都得按照法律辦事，不管你是中央主席或是普通老百姓。而要實行嚴格的法治，首要的是要制訂一套嚴格而具體的幹部任免制度，退休制度、考勤制度、監察制度。我們認爲中共必須明確這一點，若想實行嚴格的法治，首先必須管官而不是管民；首先必須管你們一千八百萬黨員，而不是十億人民。

經過幾年的實踐檢驗，事實證明，對「三中全會」思想抵觸最大的是中共中下級黨官，成爲「四化」障礙的也是中共中下級黨員，因而我們認爲，關於「和平統一」問題，求人不如求諸己，求台灣國民黨當局，不如求自己。

設使中共能實現嚴格的法治，能夠徹底淸除道德墮落，胡作非爲的貪官污吏，能夠革除頑顢無能的領導人；（注意，我們強調的是徹底而不是弄三兩個樣板。）中國大陸就有逐漸實現「人民民主」或「社會主義民主」的希望；就有逐漸實現「四化」的可能，就能逐漸恢復共產黨的信用。

設使現時的中共黨員，全部都像延安時期，「解放戰爭」時期的黨員那樣，吃苦在前享樂在後，全心全意爲國家爲人民，而不圖私利，不搞特殊化，那麽中國大陸必然不是今天這個樣子，必然會變成繁榮富強，人民享有充份民主和自由的國家，那麽國民黨想不談判，想不回歸祖國也不行。中共今後如果仍然是這樣子，中國大陸社會今後如果仍然是這樣子，「和平統一」根本就不可能，國民黨根本就不會理睬你們的任何建議。此話說來相當難聽刺耳，但事實如此，不容否認。

「東西方」第三十期
一九八一年十月十五日

第三輯

發言與提案

海南省政協第二屆一次會議大會發言材料

從保護自然生態談到消弭省籍矛盾

一九九三年二月一日發言

首知感謝主席和大會工作人員臨時改變會議日程，給我這個發言機會，這也體現海南省政協領導層從善如流，願意聽取不同意見，這也是走向民主、開放的一步。下面我打算談兩個問題，第一個是保護自然環境的問題；第二個是如何消弭省籍矛盾，共同建設海南的問題。

（一）保護自然生態，急如星火

實行開放改革政策之後，中國的面貌有了很大的變化，海南的面貌也有很大的變化，海口市就跟我童年記憶中的海口大不相同，進步是非常明顯的，是任何人都不能否認的。但在加速建設現代化的同時，我們不能不及早注意保護自然環境，因爲在宇宙的星海中人類只有一個地球村，我們的子孫是別無去處的。

「環保」觀念是從西方傳過來的，西方國家很早就注意保護自然生態。我曾到過許多國家旅行，發覺他們對自然環境的保護做得很好，像澳洲這類地大人稀的國家不必去說了，連美國、日本這種工業高度發達的國家，「環保」也做得非常好，到處都是一片青翠，他們人民愛護土地的資源，愛護土地上的一草一木。

日本是一個花耗資源很多的國家，它每年都耗掉很多木材，但它不肯砍伐自己的樹木，寧願花錢進口大量木材。東南亞國家像泰國、馬來西亞的原始森林幾乎都給日本人買光砍光了，而日本的國土卻還是一片翠綠。

香港建設一個叫做「太古廣場」的地方，政府賣地的時候，附帶條件是要保護山上的一棵百年榕樹。結果，太古集團要花掉兩千三百萬港幣，才能保護這棵樹繼續生存，使它成爲世界上最貴的樹。

可是「環保」觀念我們引進得太慢了，近十來年，我們中國工業建設有了很大的發展，但自然環境也隨着受了很大的破壞。我曾走過大半個中國，所到之處都是塵土滿天，城裏的樹都蒙上一層灰，而野外的山都是光頽頽的，河水是混濁的。這使我想起艾青的一首詩：「這裏的山沒有樹，這裏的河沒有水，這裏的人民沒有淚。」我曾坐船從重慶到南京，沿途都看見白的、黃的、紅的各種未經處理過的工業汚水流進長江，而上海的蘇州河已變成臭水溝，黃浦江也好不了多少。

海南工業落後，而地處熱帶，樹木容易生長，我們回來還能看到一片綠色，頗感欣慰，但這並不表示我們「環保」工作做得好，假如進行一次調查，問一百個人恐怕有九十個不知道甚麼叫「環保」。幾年前，我在文昌老家就看見一間小校爲了拉直圍牆，就把圍牆邊的一棵百多兩百年的大榕樹給砍掉。圍牆就算彎點又有甚麼關係呢？他們砍伐樹木時根本不把樹木當作是有生命的生物，根本沒有「環保」觀念。

海南由於遠離中心城市，發展工業比較困難，省委和省政府提倡發展旅遊事業，我覺得方向是很對，要發展旅遊就更加需要保護自然生態。一個地方不一定要發展工業才能夠富裕，才能夠實現現代化。

夏威夷是一個旣沒有甚麼工業，也沒有甚麼農業的地方，他們連稻米也不種，只種菠蘿和甘蔗，工業只有一些農副產品加工廠，但它卻是美國最富有的州之一，靠甚麼富起來呢？全靠旅遊。每天一架又一架大型飛機從日本東京、從美國西岸的洛杉機、舊金山把遊客載來，從東京飛去要八九個小時，從美國西岸飛來也要六七個小時，爲甚麼旅客願意老遠的跑去夏威夷呢？因爲它保持着最原始、最自然的環境和風貌。沙灘寬闊，一塵不染，近海的珊瑚礁保持完美，山上的石頭、樹木也保持最原始的狀態。遊客來了可以自由自在地游水、也可以潛水看熱帶魚、看珊瑚；而且由於近海有珊瑚，浪特別大，是滑浪的最佳場所，至於參觀珍珠港紀念館，那只是副帶的節目。

澳洲東北部昆士蘭省，有一個叫做黃金海岸的中等城市，情況跟夏威夷差不多，也純脆是一個度假旅遊的城市。

我們海南發展旅遊事業條件是不差的，從香港來，一個小時；從台灣來兩個小時；從日本來五六個小時，而我們的物價比夏威夷、比黃金海岸可要低得多，在那裏玩兩天，在海南就可以玩一個星期以上，可是當我們的旅遊事業還沒有發展起來之前，自然生態就受到很嚴重的破壞了。文昌的珊瑚礁幾乎給挖光，炸光；三亞的也破壞得差不多完了。請問將來遊客來了讓他們看甚麼呢？怎樣把他們留下呢？漁民、農民沒有知識，他們挖珊瑚來燒石灰，覺得很自然，這跟河北的農民偷挖長城的磚來起豬欄一樣。責任在政府部門，第一是宣傳不夠，第二是管理不嚴。

去年我回文昌跟當地的官員談起這個問題，他們說，根本沒人管，也沒人願意去管，因爲管這種事，既沒錢賺又得罪人。

我想省裏應該管，應該負起「環保」的責任。我建議，海南電視台，海南廣播電台，海南各大報紙雜誌，都要大力宣傳「環保」觀念，灌輸「環保」意識，讓每一個人都知道保護自然生態的重要性。保護自然生態包括要保護野生動物。官方的宴會上最好不要再搞甚麼「野味」了。民間的食店也不能讓他們宰殺受保護的動物；第二，我建議學校把「環保」當作副帶教材，從小就教育他們要懂得愛護自然環境，保護生態平衡；第三，省委和省政府要想辦法怎樣加强「環保」的管理。保護自然生態就是愛護這一塊土地，愛護這塊土地的自然資源，我們既然愛護這塊土地，也就沒有理由不愛護世世代代在這塊土地上生活的人，就是本地老百姓，和本地幹部，本着這樣的心情，所以我要談到第二個問題。

（二）如何消弭省籍矛盾，共同建設海南。

現在我要談的第二部份是一個敏感問題，在許多人眼裏，這是一個佈雷區，偶而不愼就會觸雷身亡。可是不談就永遠不能解決問題。我們是海南人，海南人應該發揚海瑞精神，敢於抬棺材罵皇帝。

（甲）中央不要對海南有過多的猜忌

海南建省以後確實有很大的發展，高樓大廈起了很多，人民生活水準也有所提高，可是我發覺，近幾年來海南人怨氣很重，海南老百姓有怨氣，海南幹部也有怨氣。怨氣的產生是由於他們對海南的建設缺乏參予的機會；也由於他們分享不到海南建設的成果。他們說，海南發展了，但是錢都是大陸人賺了，官都是大陸人做了，這股怨氣如得不到紓緩是很危險的，怨氣的不斷積累就會爆炸，造成社會的不安。因此，紓緩海南人的怨氣，妥善解決海南幹部和大陸幹部之間的矛盾，已是當務之急。然而，要解決問題首先必須找出產生問題的原因。上面我只是概略的提到兩點，具體來說，主要是由於錯誤的教育政策和錯誤的幹部政策所造成的。

第一，是中共中央對海南有過多的猜忌，過多的提防；第二，從五十年代到九十年代，絕大部份時間裏，海南執行的都是極左的幹部政策。

我想藉此機會，請求省委向中共中央轉達，海南島絕不會飛走，歷史上從未有一個海南人搞獨立，現在也沒有一個海南人想搞獨立，這是海南與台灣大不相同的地方。海南人只是想建省，只是想對家鄉的建設有多一點參予權。可是這種建省的願望被誤解了，陶鑄一上台就大「反地方主義」，海南本土幹部幾乎一掃而光，一切大權都抓在不熟悉地方情況的南下幹部手裏。以「土改」爲例，南下幹部特別是從貧鄉僻壤來的幹部，下村子看到誰的房子大，誰的生活好，就打成「地主」，根本不管起大屋的錢是從南洋寄回來或帶回來的。海南「土改」打擊一大片，對文昌、瓊海的華僑造成很大的傷害，這種傷害在四十多年後的今天還未能完全彌補。

「反地方主義」，排斥地方幹部是一種錯誤的極左政策，可是這種錯誤的政策竟然在海南維持四十幾年，假如再維持多幾年，那眞是要像香港一樣「五十年不變」了。

（乙）解決海南人才外流問題

海南島本來就人才缺乏，解放後不但不能解決問題，反而令這個問題惡化。解放前，原本有一所海南大學，可是解放後不久就撤消了，這使讀書成績較佳的海南子弟要負笈遠遊，到北京，上海、廣州等大陸市求學。畢業了又分配到大陸各地工作，造成嚴重的人才外流。

一九五八年雖然辦了一些高等專科學校，例如師專、醫專等，但這畢竟是次一等的高校。一九八四年雖然復辦海南大學，但由於經費不足，錄取標準較低，仍然未能阻止優秀的中學畢業生往島外流。因而，搞好海南教育已成當務之急。

國民黨時期，海南雖然同樣存在優秀學生到大陸各地讀大學的現象，但海南的教育狀況與大陸先進地區的距離並未拉遠，文昌縣是僅次於廣東梅縣的中等教育普及縣。另一方面，到大陸讀大學的人，也會自然回流海南，服務鄉梓。解放後的情況是，由於「反地方主義」，由於海南人在本島受到歧視和排斥，在大陸工作的海南人都視調回海南爲畏途。我們認爲，這樣情況應該改善，應該創造一個島外海南人樂於回歸的工作環境，使更多島外的海南幹部和文教、科技人才返回海南，共同爲建設海南現代化作出貢獻。

（丙）海南人應努力克服島民心態

話又說回來，海南有沒有地方主義情緒呢？我說絕對有！海南需不需要引進人才呢？海南需不需要大陸幹部呢？答案也是絕對需要。

假如我說，海南本地幹部都很有本事都很有才幹，那是謊話，恐怕連本地幹部也不敢承認。我這樣說是以平均來說，並不表示沒有個別人很有才幹。我覺得，我們海南人必須平心靜氣的承認自己不足之處，海南是一個海島，長期生活在島上，缺乏外出機會，就會自然而然地養成島民心態，不僅海南如此，其他海島的老百姓也如此。島民心態的具體表現是，對外界事物（包括島外和國外）缺乏了解，喜歡海外奇談；心胸不夠寬闊，看問題比較短見。我們海南人只有老老實實承認自己的缺點，才能正確客觀地對待問題。

我雖然批評極左的錯誤政策，但我絕不主張排外，李斯諫秦皇逐客書裏有兩句話「泰山不辭土壤而成其高，大海不拒細流而就其大」；中國還有一句古話「有容乃大」，我們想建設一個現代化的海南，首先要以寬闊的胸懷歡迎和接納來自各地的人才。善待他們，跟他們衷誠合作，只有這樣海南才會有更大的進步。美國是一個典型的例子，他們用高薪，用培養留學生的方法吸納全世界的人才，所以美國在高科領域方面仍然領導世界。可是在美國，你的才幹必須要經得起反覆的考驗，一點也不容得你弄虛作假。

我覺得我們海南人首先要學習美國，以謙虛寬容的態度歡迎來自大陸的人才，這幾年來，科技界、文化界、教育界從大陸來了不少人才，我有很多這方面的朋友，我覺得他們都打算在海南落地生根，爲海南的建設作出貢獻，做一個眞正的海南人。

阮崇武書記現在來瓊履新，我很高興，據我所了解，阮書記是有學問有才幹的人，思想也是開放的。我希望海南的父老和地方幹部，首先要跟新的省委衷誠合作，大力支持阮書記的工作。但在此，我也希望阮書記和新的省委能糾正海南過去錯誤的幹部政策，多點重用和培養本地幹部；而且要製造一個好的工作環境，設法把流出大陸的海南籍幹部吸引回來。

（丁）鄧鴻勛調來甚麼幹部？

中國有一句老話，「羣衆的眼光是雪亮的」，誰是來海南當官，誰是來海南做事，老百姓是看得很淸楚，心裏有數的。

海南老百姓爲甚麼歡迎雷宇？因爲他是來海南做事的，他獨自南下，沒有帶一批助手心腹來，因此，所有海南本地幹部都是他的助手和心腹；都擁護他、敬愛他，他走了仍然懷念他。但雷宇之後情況卻轉變了。

許士傑、梁湘來海來籌備建省，各自帶來一批人馬；但他們都把家眷留在廣州，戶口也沒有遷來海南，顯然是無心戀戰，果然不出所料，兩年之後紛紛賦歸。

鄧鴻勳書記來瓊兩年，他帶來了大批助手和心腹，結果他被自己的助手和心腹所包圍，必然與海南老百姓與本地幹部隔絕和疏離，用共產黨的慣用語言來就是脫離羣衆。試問這又怎能做出成績來呢?

我認爲問題不在於從外頭調來多少幹部,問題在於調來甚麼人?調來的目的是甚麼?我覺得鄧鴻勛來海南不是要搞開放改革,而是搞治理整頓,所以他熱衷於搞運動,搞社會主義教育。正由於他對本地幹部不放心,所以他連縣委書記,縣裏的科局長這類最基層,接觸羣衆最多的幹部都從大陸調來,發展下去是否將來連鄉鎮幹部都要從大陸調來呢?低級公務員,基層官員從外面調進來,這種事是連外國殖民地政府都不會做的。現在大陸幹部在海南島所佔的比例相當大,我相信海南父老都希望即此打止。

(戊)幫助大陸幹部溶入海南社會

海南除了有五·六·七十年代南下的幹部之外,還有梁湘、許士傑留下的幹部;最近又增加了鄧鴻勛帶來的幹部,情況十分複雜,這已是歷史造成的客觀事實。那麼該怎麼辦呢?把他們通通調走趕走嗎?那不但是不現實的而且是很危險的想法,既來之則安之,除了部份必須調走之外,我主張大部份都留下來,設法幫助他們溶入海南社會,說一句老實話,假如大陸上的人才都離開海南,海南馬上倒退到二十年前的狀態,這是海南付不起的代價。

造成省籍隔膜和矛盾,除了前面講過的兩大原因之外,從技術的層面來說,一個是語言問題,另一個是生活習慣問題。

我建議省委跟海南大學、海南師範學院合辦一些語言班，抽調一些比較年青的，需要經常接觸羣衆的幹部，系統地科學地學習海南話。語言一通了，彼此的隔膜就會自然而然地減輕。美國、新加坡、馬來西亞許多僑領都說聽到海南的官員來，歡天喜地去歡迎，沒想到他們一開腔就講普通話，心裏馬上涼了半截，鄉親的感覺完全消失；試問連一句海南話也不懂的官員，又怎能聯絡海南僑胞海南父老的感情呢？

第二，我建議大陸的幹部盡量把自己年幼子女送入普通的小學，跟海南人一起學海南話。我曾見過一些幹部子女拒絕學習海南話，我相信這與他父母的態度有關，這是一種做官當老爺的心態，不但自己無法溶入社會，也妨礙了自己的子女溶入社會。

另一方面，我認爲假如還有必要從大陸調來幹部，他們到海南報到之後，不要馬上派到下面去，免得不了解情況，下車伊始，亂放大砲，造成不好印象。最好把他們放到訓練班裏，學習一下，熟悉一下環境。

（己）海南本地幹部並非都好

談了不少大陸幹部的問題，最後我想說，海南本地幹部並非都好，貪污腐敗的情況也相當嚴重。如果爲了清查貪污，恐怕本地幹部下不了手，我認爲可以派大陸幹部去調查，但這是暫時性的，案件結束了就調回。在地方基層實在不宜建立由大陸幹部掛帥的黨委和政府。

本來還有很多話想講，例如教育問題，黨風和紀律問題，怎樣搞得更加開放的問題，但這麼多問題不能一下子說完，以後有機會再說，而且相信其他委員會也會說，所以今天就講到這裏。花耗大家很多時間，謝謝各位。

（這篇發言，因大會沒有打印，故照手稿排版）

建議釋放「六四」被捕人士（提案）

閱香港報刊獲悉海南省至少有三名涉及「六四」風波被捕者，迄今尚未獲釋。他們是郭勇，屬海南省共青團系統；郭曉紅（女），屬海南省共青團系統；馬良鋼或（銅），未能確知屬何系統。

「六四」風波過了將近四年，涉案者已大量獲釋，最近連首名通緝者王丹都已提早釋放，北京司法當局也宣稱，涉案的學生已全部獲釋。海南省作為大特區對此問題的處理應該更加寬鬆。故我向海南省司法部門提兩點建議：

（一）請調查郭勇、郭曉紅、馬良鋼或銅是否仍在獄中？如仍在獄中盼能從寬處理，盡可能提早釋放，為海南創造更加和諧寬鬆的氣氛，讓大家同心協力建設海南。

如果上述消息不確，盼通過「中新社」或「中通社」向外澄清，免海外傳媒繼續錯誤報導海南仍扣押「六四」涉案者。

（二）希望對「六四」風波的案件作一次復查和清理，據了解海南涉案者不算多，司法機關復查後如能從寬處理，並向外發表公報或消息，必能提高海南特區的形象，使更多的人樂意到海南旅行或投資。

我自信上述兩點建議是符合「十四大」和「八屆人大」精神的。尚祈明察。

寒山碧一九九三年四月二十二日

海南省公安廳的答覆

寒山碧委員：

您提出的關於「籲請釋放因參與一九八九年動亂而被公安機關逮捕至今仍在押的郭勇、郭曉紅（女）、馬良鋼（銅）等三人」的來信收悉，現答覆如下：

馬良鋼，系安徽省合肥大學維修工人，因參加一九八九年動亂潛逃被政法部門通緝，於一九八九年六月二十三日被海口市公安局抓獲，同年七月一日由安徽省合肥市公安局派人帶回安徽處理。後來如何處理請向安徽合肥市公安局了解。至於郭勇、郭曉紅（女）的問題，經了解，在我省團委系統（包括一個直屬公司、一個旅行社、各市、縣團委），均沒有名叫郭勇、郭曉紅的人。我省公安機關查處的參加一九八九年動亂分子中也沒有郭勇、郭曉紅其人。

海南省公安廳

一九九三年五月二十九日

從「私彩」泛濫談到精簡機構、懲治腐敗

政協海南省二屆二次會議大會發言

一、海南博彩之風甚盛，到處都看到有人在研究下次會開甚麼號碼？無論哪一個鄉鎮，擺賣彩票的攤販都成行成市，人們爭相購買非法「私彩」，合法的由政府經營的彩票銷售處反而門可羅雀。我並不反對用出售彩票的方法為社會籌集建設資金和福利基金。但無論做甚麼事都不能只看動機而不看社會效果。海南出售彩票幾年了，依我的觀察弊病不少。

（一）省財稅廳等有關單位沒有充分教育群眾，讓他們明白博彩純是數字上的偶然巧合，開出的號碼是不能預測的，中獎機會只佔極少數。要讓群眾抱着平常的心來購買彩票，不要對中獎機會寄以太大的希望，不要賭身家性命。

由於宣傳教育不夠，許多群眾認為「開彩」是可以幕後操縱的，是有所暗示並可以預測的。於是甚麼事都不幹，只埋頭研究下期會開甚麼號碼。結果老百姓被一些圖片、謎語所蠱惑，把孩子交學費的錢、老父醫病的錢都用來買彩票。不少人弄至妻離子散，

產生了很多社會問題。

（二）政府發行彩票目的在於集中分散的社會財富，用來建設海南和改善福利。可是由於「私彩」泛濫、侵蝕了大部分「公彩」利益，政府所得無幾，調集分散的社會財富的目的沒有達到，反而衍生許多新的社會問題。

省政府也曾下令取締「私彩」，但實際上卻是有令不行，有禁下止。膽子小的也許要偃旗息鼓三幾天，膽子大的根本就視省府的取締令為一張廢紙。有些「私彩」檔主跟公安人員有着千絲萬縷的關係，有的是親朋好友，有的是用錢開路，定期「進貢」執法人員。試問這如何去取締？由誰去取締？有的即使被抓，也只是罰款三五百元就了事，根本不起嚇阻作用，反而使「私彩」合法化。

「私彩」問題不僅反映出執法部門的腐敗，也反映出縣、鎮領導層的官僚和敷衍失職。因為「私彩」攤檔不是擺在暗角裏，而是擺在通街大道上。縣長、縣委書記、鎮長、所長出出入入，垂目可見，為什麼不去管管？

「私彩」的泛濫除了侵蝕政府的利益之外還助長了賭博之風。他們為了招來生意而製造出許多謎語和圖片，誘使愚昧無知的老百姓去猜謎投注，敗壞社會風氣，因此切實取締「私彩」已成當務之急。

（三）由省財稅廳主辦的彩票已有三、四年了，彩票對主辦者（即莊家）來說一種不需要本錢的必贏的生意。全世界各國政府都毫無例外地向彩票公司徵收高昂的專利稅，而且是預徵。這是普通常識，省財稅廳不乏經濟學博士、碩士，難道連這個道理都不懂嗎？省財稅廳搞彩票公司為甚麼還要找外商來「合作」？而「合作」是怎樣合作法？外商到底投入多少資金？怎樣投入？

希望監察部門、執法機關也米查一查這件事，看財稅廳跟外商合作的這家彩票公司到底把多少錢調出國外？還要查一查有沒有人利用職權從中謀取私利？然後向社會公布。

二、海南絕大部分市縣都出現財政困難，財政部門要到處張羅籌款來發放工資和應付其他開支。造成這種情況的原因之一是機構臃腫和冗員太多。

（一）海南建省之初提出「小政府、大社會」的構想，可惜的是這個構想只停留在口號上，沒有切去貫徹。各級黨政機關迅速膨脹，行政區時期二十多人的處、局在一兩年間就擴編成一百幾十人的廳。真的有那麼多事要做嗎？不是，原因是因人設事。

（二）造成機構膨脹、冗員大增的另一個原因是山頭主義，派性思想。例如某縣新調來一位書記，他對上任留下的科局長、鄉鎮長既不熟悉也不信任，於是千方百計把自己的人調進來，原來的人則打入「冷宮」。前一任如此，此一任如此，一任一任傳下來，冗員就一大堆。

據我了解，海南一個四、五十萬人口的縣，吃「皇糧」的人就一萬多人，像通什市只有九萬人口，吃「皇糧」的人也有四千多人。當縣書記的毋須擔心沒錢發工資，反正一聲令下財政局長就得去想辦法解決。籌款的辦法不外三種：一是巧立名目向下徵各種稅費，增加農民負擔；二是向上級乞討撥款，甚至虛報建設項目騙取撥款；三是賤賣土地或其他國家資源。這三種辦法都是有百害而無一利。可是許多縣、市都不得不這樣做。

（三）「精簡機構」的口號喊了30多年，可是越喊「精簡」越是膨脹，幹部人數也越來越多，現在實際上已經膨脹到百姓不堪承受、國家不堪承受的嚴重地步。其情況很令人耽憂！

（四）幹部紀律鬆弛，腐敗現象嚴重。一部分中共幹部紀律鬆弛，把個人的好惡、個人的利益、小團體的利益置於國家民族利益之上。改革開放後經濟活動頻繁了，社會財富增加了，各式各樣的漏洞也多了，貪污腐化，以權謀私的現象也增加了。中共中央也曾多次整黨整風，可是每一次都無疾而終。整堂整風過後，腐敗現象反而變本加厲，追究其原因，因為共產黨幾十年來，對自己的黨員幹部，尤其是高級幹部，過分嬌縱溺愛，只要不是犯政治錯誤，其餘一切都好說，即使嚴重失職，也只是平級而調。懲治腐敗也未動省部級幹部和高幹子弟一根汗毛，結果是官官相護，攻守同盟，甚至姑息養奸。貪官污吏蒙混過關，受懲治的只是極少數。現在腐敗現象已發展到人神共憎的地步了，形勢極為嚴峻！千多年前，韓愈就教導學生，責已要重而周，責人要輕而約。共產黨如再不改變寬於律己，嚴於律人的作風，整頓風紀，結果實在不堪設想。

1993年，海南省抓了一些貪污腐敗的官員，有一些成績，但這些成績還遠遠不能滿足人民群眾的要求。我建議，對反腐敗工作，有關部門還應該做得更積極更主動一點，積極組織力量調查一些可疑案例，把貪贓自肥的官員揪出來示眾。

反腐敗不能單靠一人一黨的力量，應該調動人民群眾的積極性，讓人民群眾起到監督的作用；讓人大、政協起到監督的作用；讓報紙、雜誌、電視、電台等宣傳媒介起到監督的作用，使其真正成為人民的喉舌。如果一時還做不到，我建議定期編印內部傳閱的專門報導腐敗現象的資料，以引起省委和各級官員的警惕。

一九九四年三月二日在海南省政協大會發言

（依照省政協打印稿排版）

懇請迅速開省府辦公會議審批我省42個重點文物保護單位以免宕誤上《中國地名大詞典》（提案）

日前接到海南大學周偉民教授函，獲悉海南建省後尚未審批我省重點文物保護單位，而《中華人民共和國地名大詞典》又即將截稿，1995年將出版，時間十分緊迫，懇請迅速召開省政府辦公室會議，審批我省42個重點文物保護單位（附上影印資料），以免宕誤上《地名大詞典》。

（一）《中華人民共和國地名大詞典》是一部由全國各省專家聯合編纂的將在聯合國、在國際地名界具有權威性的大典書，將由商務印書館於1995年出版。（一經出版須幾十年後才有機會修訂再版）。

一個省有多少個重點文物保護單位載於《地名大詞典》中，不僅反映了該省的歷史和文化面貌，也將直接影響到旅遊收益。《地名大詞典》徵稿時我省專家雖然提供42個重點文物保護點，但由於未經過省府辦公會議審批，不符合《編纂細則》規定：「經過正式批准的國家和省級重點文物保護單位的及全國重點烈士紀念建築物保護單位」方能編入。

換言之，若不迅速開會審批，則我省僅有6個經過廣東省審批的文物保護單位被編入《地名大詞典》，其餘36個則不能上「典」。

（二）我省42個重點文物保護單位是「海大」，環資廳、建設廳、文體廳等相關單位周偉民教授（海大前文學院院長）、王克榮先生（前黨史辦公室主任）、麥穗先生（前文體廳文物處處長）等六名專家，從221個點中經過反復推敲後挑選出來的。前期工作皆已完成，可說萬事俱備，只欠省政府審批一道手續而已。故懇請我省政府盡快召開辦公室會議，完成審批手續，以免宕誤我省36個重點文物保護單位上《地名大詞典》。

（三）我省以旅遊為第三產業的龍頭，但海南旅遊業最大的缺點就是留不位遊客。我省審批42個重點文物保護單位後，可列為景觀點，只要遊客有興趣參觀，每人多逗留一天，我省遊遊業收益將增加數億元。

（四）古代建築和文物若不細心保護很容易遭受破壞，而且一經破壞就無法修復，相信我省政府對文物保護工作也是重視的，本人曾到歐美一些國家旅遊，一兩百年的建築物他們都當作古蹟慎重保護，以人印象最深者是羅馬。古羅馬的廢墟就在市中心，在黃金地帶，但那裏的一磚一石都保留着二千多年前的狀態，令遊人留連忘返，嘆服古羅馬的偉大。而這個古代廢墟每年都為意大利吸引數以千萬計遊客，對該國旅遊業貢獻至大。我們不能想像沒有廢墟的羅馬，不能想像沒有故宮的北京。海南雖然不能與羅馬、北京相比，但海南的文物古蹟年代也相當久遠，也相當珍貴，應該細心保護。

（五）近年海南人產生文化上的自卑感，覺得自己處處不如人，少數從大陸來的朋友又不了解海南的文化和歷史，以為海南還是蘇東坡貶瓊時的蠻荒之地，高叫要開拓海南文化，引起許多不必要的矛盾和誤會，省政府如審批42個重點文物保護單位並列入景觀點，既有助於恢復海南子弟的自尊心，也有助於大陸南下者對海南的了解。

海南省文化廣播體育廳的答覆

寒山碧先生：

您提出《懇請迅速召開省府辦公會議，審批我省42個重點文物保護單位，以免貽誤上〈中華人民共和國地名大詞典〉》的提案收悉。感謝您對我省文物工作的關心支持和監督，現就有關問題答覆如下：

一、關於我省42個文物保護單位的審批問題，省政府十分重視，劉名啟副省長已簽署同意意見，於11月2日以海南省人民政府的名義發出《關於公布海南省第一批省級文物保護單位的通知》。

二、為了增強全省人民的文物保護意識，廣泛宣傳《文物法》，我廳擬請省政府在發文的同時，亦以布告的形式頒發各地，廣為張貼和宣傳，並準備和「海南省文物保護管理辦法」（已以布告形式頒發各地張貼）一起在報紙上刊發，使文物保護意識深入人心。

三、我廳還將根據省政府文件的精神，樹立42個省級文物保護單位的標誌說明，同時完善保護範圍、記錄檔案和管理機構（人員）等基礎工作，以加強對我省文物保護和管理。

海南省文化廣播體育廳

一九九四年十一月三日

抄報：省政協提案辦、省政府辦公廳建議提案處、劉名啟副省長

海南省人民政府關於公布海南第一批省級文物保護單位的通知

瓊府〔一九九四〕一〇〇號

各市、縣、自治縣人民政府，省政府直屬各單位：

海南省第一批省級文物保護單位（共42處）已經確定，現予公布。各地、各單位應依照《中華人民共和國文物保護法》（1982年全國人大常委會令第11號）和《海南省文物保護管理辦法》（省政府令41號）的規定，組織文化、城建、國土、財政等有關部門，劃定本地區內的省級文物保護單位保護範圍（包括建築控制地帶），作出標誌和說明，並建立科學記錄檔案。各地、各有關部門要明確職責，制定制度，認真做好所轄區域內的省級文物保護單位的保護管理工作。

附：1、海南省第一批省級文物保護單位（共42處）

海南省人民政府

政協海南省二屆三次會議大會發言

組織剩餘勞動力就業，讓海南人民分享建設成果

改革開放以來，海南確實起了很大的變化，而海口和三亞兩市變化尤大，高樓大廈林立，城市規模擴大幾倍，全島的交通運輸和通訊設備也有很大的改善，這是有目共睹的。

一九八七年，海南島人均國民生產總值低於全國平均水平，僅達83%；一九九三年則超過全國平均水平達103%；一九九二年全省國民生產總值達到一百四十一億六千八百萬元人民幣，人均國民生產總值達二千一百二十六元，超過全國的二千零三十五元平均水平。國民收入達一百一十一億零六百萬元，比一九八七年建省前增長64.8%；一九九三年全省國民生產總值高達二百零四億元，又增長了22.8%。為了促進海南的經濟發展，一九八八年至一九九三年，國家投資180億元，而一九八八年至一九九三年實際引進的外資（已到位者）近二十億美元，約一百六十億人民幣，投資額巨大。

海南部分百姓未能分享繁榮成果

海南省國民生產總值和人均收入增長那麼迅速，國家和外資的投入又那麼多，照理海南省文化、教育、醫療的狀況應該有很大的改善，老百姓的生活質素應該有很大的提高，但實際情況並非如此。除了城市居民生活改善較為顯著之外，廣大農民的生活仍很艱苦，一部分人溫飽勉強可以解決，但距離富裕仍然十分遙遠。大部分農民都缺錢，沒有錢購買日常用品，沒辦法供孩子念中學，甚至有一部分人沒有能力供孩子念小學。而且直至一九九三年，全省還有四十多萬貧困人口，即每人每月平均收入低於二十五元（人民幣），全年收入低於三百元。貧困人口約佔總人口百分之六點幾，比率不謂不高。

在萬物騰貴的今天，三百元實在是一個很低的標準，兩個人在海口市吃一餐普通的晚飯都得花三百元。我們如果把貧困線的標準稍為提高，提高到五、六百元，恐怕更多的人會進入貧困線內。據日前（95.2.21省計劃廳廳長說，按新標準，我省還有70萬人在貧困線以下，顯示貧困人口是增加而不是減少了，而且增長幅度甚大，達75%。）一方面是投資迅速增長，國民生產總值和人均收入迅速增長，另一方面卻是相當多的人口生活在貧困綫下，這說明海南老百姓未能分享到經濟建設和社會繁榮的成果。其原因是：

第一，被不斷膨脹的官僚管理階層所蠶食了。海南建省初期的「小政府、大社會」的目標根本沒有實現，各級黨、政機關逐漸膨脹超編，而有些黨、政機關的奢侈、浪費也是有目共睹的。不僅有的縣太爺要坐奔馳、皇冠，連縣裡的一些科、局長也要千方百計去弄一二輛皇冠來過過癮，管你老師、職工有沒有錢發薪水。至於借招商或招待為名，一餐吃它一萬幾千元，是平常的事。公家如此浪費，老百姓還能分享到什麼福利？

第二，一部分人通過權錢交易化公為私，用種種名目和手段，把社會財富和國家資產竊為己有。

第三，是大陸各省南下的四十多萬勞工，分享了海南部分建設成果。海南有四十多萬年收入低於三百元的貧困人口，但八八至九三年總共流入海南的外省勞動力也有四十多萬人。按照廖遜先生（海南社會經濟發展研究中心副主任）的估計，這四十多萬流入的勞動力，至少直接帶動內地四十萬個家庭、一百二十萬人脫貧，間接影響應還要更大。我覺得大陸民工所佔有的就業機會，只要有三分之一分給海南人（有海南戶籍者，並非單純指本地人）海南就能達到全省脫貧了。廖遜先生94年元月春節前在海南省理論研究會上說，現在任何一間郵局都看到大陸民工滙款回內地。滙款總數高達六個億。

一方面是大陸民工大量佔去海南的就業機會（大陸幹部所佔的還不在此列）另一方面是海南原有人口，有大量剩餘勞動力找不到出路，數以萬計的人在待業、失業。

根據許士杰主編的《海南省自然、歷史、現狀與未來》一書的估計，海南農村剩餘的勞動力，至少有百分之三十至四十；按九三年人口比例計算，海南農村剩餘勞動力至少有六十萬至八十萬人；城鎮人口就業情況比農村好一些，但全省待業的城鎮人口也有十萬。

無須列舉精確的數據，任何人只要到海南幌幌，都不難發現這樣的現象，在賓館裡墊被掃地的大多數是大陸人，看門當保安的大多數是大陸人，在建築地盤當工人，在馬路邊當苦力的更不用說是大陸民工了。幾年來，我在賓館和餐館用海南話跟服務員說話，十次起碼有七、八次碰壁（服務員不會聽）。

九三年，有一次我帶幾位華僑參觀瓊台書院，我們幾次用海南話問解說員，他都不理不睬，後來才弄清楚他聽不懂海南話。他來海南不到半年，對瓊台書院的歷史和掌故也半竅不通。看到這種情形我們都非常感慨，難道本地人當中，連一個解說員都找不到，要千里迢迢到大陸去引進嗎？

第一屆省政府要負主要責任

本人絕無反對大陸勞工之意，建樓房、修馬路，搬運等等最艱苦最粗重的工作，大多數都是外省勞工在做，他們在建設海南的過程中，付出辛勞，作出貢獻，他們理所當然應該分享到部分勞動成果。但作為一個負責任的政府，卻不能對社會上的失業現象，貧困現象熟視無睹；不能對社會上的就業情況放任不理，不作調控，不作誘導，不作合理的分配。

海南和廣東都是外省勞工大量湧進的南方省份，但海南的情況與廣東卻大大不同。廣東珠江三角洲一帶都是在當地人已充分就業，甚至是已經富起來的情況下，才招聘大量外省勞工。珠江三角洲的當地人，不是工廠的管理階層，至少也是小組長或指導工。而外省勞工卻只是半熟練工人或粗重勞力工人。海南的情形卻是就業機會大多數被外省勞力所佔據，本地人成為待業、失業的閑散人口，而且是貧困的閑散人口。

造成這種怪現象，主要是由於上一屆省委和省政府失職所至。

第一，籌備建省初期，黨委和政府對海南的發展規劃和勞動力就業情況，既缺乏全面的了解，又沒有宏觀的規劃。在經濟尚未起步之前就到處大吹大擂，到大陸各省猛登廣告，招聘人才。結果引至「十萬盲流」下海南，弄到海口市盲流睡滿街。

第二，第一屆省政府和省委，過度地強調招聘大陸幹部，為了引進一個人（未必是人才），要照顧一大串。姨媽姑爺、部屬助手，就連汽車司機、理髮員、解說員這類人都大量引進，擠壓當地青年的就業機會。

第三，官僚主義顢頇無能。

海南要建省，要辦大特區，要大力發展經濟，可以預見必然有大量外省勞工湧入海南。有關部門，特別是人事勞動廳和公安廳，照理應該考慮到在如何保障本省人口優先就業的情況下，有計劃地引進外省人才和勞工。保障本地居民優先就業，是天經地義的，是任何一個負責任的政府都會這樣做的。連世界上最自由的國家或地區（包括香港）也都這樣做。而比海南島更早開放和發展的深圳和珠江三角洲地區，也老早就這樣做，他們早制定了管理外地人口和勞工規章制度。可是海南卻沒有這樣做，完全放任不理，結果自然是流氓、罪犯、妓女進來多，引進人才少。

第四，人事勞動廳對城鎮待業、失業人口，以及農村剩餘勞動力，也是完全放任不理。沒有職業培訓，沒有輔導計劃，讓其自生自滅。同時，勞動廳也放棄了做企業與勞動者之間溝通橋樑的職責，不做僱主和勞動者的介紹人，完全放任讓企業自由招聘。結果變成司機、服務員、保安員都大量從外省聘入，而本地具有同樣技能，同樣文化水平的閑散人口，則繼續閑着。

談到這裡我想到引用廖遜（並非海南本地人）先生一段略帶憤慨的話，廖先生在海南省理論研討會上說：「想想看，海口建起了那麼多高樓大廈，但我們自己究竟從中賺到了什麼錢？設計人是外地的，施工隊伍是外地的，原材料大多數是外地的，施工機械設備還是外地的……，而我們自己，只能賺到了一份燒磚的錢。那麼大一個金融貿易區，我們也只賺到了一份燒磚頭的錢。要是把這三百五十多億投到上海浦東，看看有幾個外地人能賺着錢！我們複雜的幹不了，壯工總可以吧？可是壯工也是外地來的。」

妥善組織剩餘勞動力就業

上述種種現象，幸而這一屆省政府和省委已經注意到了，九四年三月阮崇武省長在「省人大」二次會議上說：「我到海南農村去看了看，覺得小姑娘就比小伙子行，海南農村很多小姑娘外出打工，而小伙子卻呆在家裡。現在海南外來民工很多，那麼多的工作，咱們海南人為什麼不去做？解決剩餘勞動力問題，就是政府要出面組織。」

這就接觸到問題的核心了，關鍵是政府的有關部門要切切實實地做一些實事。當前在「大家向錢看」的風氣籠罩着一切的情況下，如果要求官員們幹部們無償地為百姓做事，恐怕是不切實際的。因此，我們建議有關的部門（當然是以勞動廳為主），組成類似職業介紹公司的機構，切切實實做一些事。

第一，進行全面登記，分門別類。不分城鄉，大力宣傳和動員想找職業者登記，而登記不應收任何費用，以免令人望而卻步。只有廣泛地進行登記，才能充分地掌握求職者的資料。

第二，職業培訓。了解到企業要招聘什麼人之後，就可以根據需要進行培訓，並可根據情況向企業收取少量培訓費用，或從介紹費中扣取。我覺得倘若成功介紹一個人就業後，收他（她）半個月工資作為介紹費，相信是不會有人反對的。

我們還注意到，九四年一月，海南省人事勞動廳和公安廳發布了《關於加強外省人員進瓊就業管理的公告》，其中一條是：「對外省人員進瓊求職就業實行統一管理，發放全省統一使用的《外省人員進瓊就業許可證》。對在瓊的外省勞動力進行宏觀控制和誘導，使其流入有秩序和符合實際需要。」這是早就應該做的，符合老百姓利益的工作。但切忌把宏觀控制變成卡、壓，更要提防《就業許可證》變成權錢交換的物件。

在未來的歲月裡，海南的經濟仍將繼續發展，就業機會也會繼續增加，我們希望省政府花多一點力氣，使城鎮待業、失業人口和農村剩餘勞動力能得到培訓和安置，使海南的老百姓真正分享到經濟繁勞的成果。

一九九五年二月二十二日在海海省政協大會發言

（按照海南省政協打印稿排版）

建議我省組建武裝漁政隊

保護漁民作業，捍衛南中國海主權（提案）

九五年四月間，我省瓊海市四艘漁船六十餘名漁民，在南中國海作業時被菲律賓海軍無理扣捕監禁。經我國外交部交涉，至今事情尚未完全解決，被捕漁民也未全部歸來。本人極感憤慨，也深表關注。

南沙群島乃我國神聖領土，南中國海乃我省漁民自古以來的傳統作業區，我省政府和中央政府對保護漁民的性命財產具有不可推辭的責任；對捍衛我國領土領海也具有不可推辭的責任。第一，我們沒有理由也不應該禁止漁民到南中國海作業，第二，我們也不能容許我國漁民在中國領海裡被鄰國扣捕的事情一再發生。第三，我們又不想影響中央的睦鄰外交政策，不想引起區域性的緊張局勢。因此本人向海南省政府提出三點建議：

（一）建立一支由海南省政府指揮的武裝漁政隊，到南中國海游弋巡邏，保護漁民作業，以免漁民再被外國海軍扣捕。這樣既可以達至保護民漁和保衛疆土的目的，也可以避免由海軍出面，引起軍事對抗和外交困擾。

（二）必須勸諭漁民，如要到南中國海作業，須結隊而行，並向武裝漁政隊報告航行路線，以便提供保護。

（三）漁政隊在保護漁民之餘，也要教導和監督漁民，不要捕捉頻臨絕種的受保護的海上生物（例如大海龜）；要教育漁民不可「竭澤而漁」，不可使用炸藥毒藥等捕魚方法。要為以後的日子以及子孫着想，不要連魚苗也炸死毒死。今年四月被菲律賓海軍扣留的四艘漁船上，就搜出海龜、漁炮等物件，可見我們對漁民的教育和監督都很不夠，今後還需要多做功夫。

一九九五年九月十六日於香港

海南省漁政漁港監督管理局的答覆

寒山碧委員：

您提出的關於「建議我省組建武裝漁政隊保護漁民作業捍衛南中國海主權」的提案，現答覆如下：

一、關於建立我省漁政船隊到南中國海巡邏護漁問題，我們認為是很好的，也是很有必要的。西中南沙是我國的神聖領海，也是我省的行政區域，是我省漁民世世代代從事漁業生產的主要漁場。近年來，由於近海資源衰退，漁業發展的主要方向放在發展深遠海漁場，開發西、中、南沙。每年我省都有100多艘漁船前往西、中、南沙生產。由於，西、中、南沙漁業資源豐富，前往生產的廣東、廣西漁船也逐年增多。因此大大地增加了我省漁政管理任務。為加強西、中、南沙漁業的管理，一九九二年十二月，經省委批准，我們已在西沙永興島成立了「海南省西、中南沙漁政漁港監督管理站」，負責西、中、南沙的漁業執法管理和服務工作。但由於近年來，西、中、南沙海域鬥爭劇烈，周邊國家不斷干擾我漁民的正常生產，南沙海域的資源爭奪不僅是經濟問題，而是關係到政治外交問題。南沙局勢已給我省漁民造成了一系列的損失，形勢更趨於嚴峻，漁民生命財產安全受到嚴重的威脅。我省的漁政管理工作，由於近年來機構體制不理順，人員經費不落實，大部份人員和漁政船都實行自收自支。今年情況更加嚴峻，由於沿海各市縣基本取銷水產局，基層漁政站主管部門不明確，漁政船自收自支的體制與國家「收支兩條線」的辦法形成懸殊矛盾。目前，漁政船經費無門，執法無力，全省八艘漁政船已有五艘因無經費而停港。因此，目前漁政部門對西、中、南沙的管理需要性能好，大噸位大馬力的船隻，還需有固定經費來源解決油料費、人員工資及其漁政船的修理費用等。目前我局沒有這筆經費，所以祇是心有餘而力不足。為此，我們認為組建漁政船隊保護我漁民在南中國海作業安全和加強資源管理是非常必要的，也是漁政工作的職責所在，我們願望能夠這樣做。但關鍵是要解決好漁政人員和漁政船的編制、經費問題，把漁政船開支列入財政預算計劃內，以足夠的財力，保證南沙生產中的漁政管理開支。

二、在南沙漁業生產的組織管理工作中，去年來，我們結合該海域生產情況的特點認真抓好組織教育和安全管理工作，如瓊海市今年南沙生產工作中，認真抓好漁民的思想教育。凡赴南沙生產的漁船都進行技術檢驗，把好質量關；經過漁港監督檢查船員證件和安全救生設備，把好簽證關；並在開航前對漁民進行組織學習培訓，加強形勢和漁業法規的宣傳教育，嚴格從事漁業作業的漁船要保護魚類的生態環境和國家重點保護的水生野生動物，不得破壞珊瑚礁，不得捕殺（捉）國家重點保護的水生野生動物，嚴禁攜帶爆炸物，毒（麻醉）品及其他與生產無關的物品出海，同時組織他們跟幫生產互相監督互相幫助保護漁船安全。並規定凡沒有經過以上教育的漁船一律不准開航。瓊海市78艘赴南沙生產漁船共組織成7個隊，26個幫前往南沙生產，同時，還規定時間向市水產局岸台報告船位和作業漁區，使漁船涉外事件和生產事故得到有效控制。

此外，在開展打擊炸、電、毒魚等工作中，我們結合今年3月南沙生產被扣事件，對廣大漁民進行教育，以瓊海市為突破口，佈置文昌、陵水、萬寧、昌江、臨高、儋州、東方等市縣全面鋪開。使全省炸、電、毒魚違法行為得到有力的打擊。今年全省共繳獲炸、電、毒魚艇16艘，沒收炸藥141公斤，雷管300多個，查處非法銷售炸藥點多個。同時還抓好我省重點保護的水生野生動物的保護管理工作，主要抓赴西、中、南沙生產漁船捕捉海龜等情況的檢查，今年共查獲捕捉海龜的漁船6艘，沒收海龜72隻，已放生回歸大海。並組織專業人員對沿海一帶的酒家賓館進行檢查，使捕捉國家重點保護的水生野生動物和品種的行為受到打擊，從而提高整個社會公民對國家重點保護水生野生動物品種的認識，使炸、電、毒魚行為和濫捕海龜情況得到有效的遏止。

在西中南沙漁政管理工作中，我們努力做了一些工作，但由於我省漁政工作起點低，基礎差，目標高，任務重，管理經費困難，設備也較差，其工作離上級和漁業生產發展的要求還有很大的差距。我們將群策群力，團結一起，努力工作，力使我們的工作適應我省漁業向深遠海發展的要求。

海南省漁政漁港監督管理局

一九九五年十二月二十八日

政協海南省二屆四次會議大會發言

從炒賣房地產談到法治

國內現在流行一首順口溜：一兩萬元貧窮戶，十萬八萬才起步。一兩百萬非富翁，千萬以上才算富。

社會上出現這樣的順口溜證明社會財富迅速增加。海南是一個小省，人口只佔全國人口的百分之零點五。基礎薄弱，起步較遲，但這個小小的省份卻創造了不少億萬富翁。

國內出版的《中華文摘》九五年列出億萬富翁排行榜，資產在二億元以上的巨富有十八名，而小小的海南省竟然佔了七名。不僅是全國各省之冠，而且所佔的比率達百分之三十九。說明貧富不均，兩極分化嚴重，財富集中在少數人之手。

一個小小的海南島，二億元以上的巨富竟多達七位，千萬以上的富翁恐怕是不勝枚舉了。海南島工農業基礎皆薄弱，全省九四年工業總產值只有一百一十七個億，全省工業農業旅游業加起來生產總值也只有二百伍拾玖個億，比起廣東一些地級市也不如。何以竟能造就和聚集這麼多億萬巨富呢？一字那麼簡單，就是近年的房地產狂潮造就了這些巨富。

房地產開發之初，法律不完備，全是一哄而起，權力介入，不是通過公開拍賣，而是透過私人關係，低價徵地，低價批地。土地一落到私人或公司之手，就抬價哄高，炒高一二十倍甚至百倍。而銀行也沒有抵押法，沒有貸款的具體條例。於是全憑私人關係或領導批字條而貨款，甚至收取回扣胡亂貸款。低抵押高貸款，甚至無抵押貸款。於是海南房地產興旺一時，造就了許多千萬億萬富翁。這是市場經濟嗎？不，這不是市場經濟，更不是社會主義市場經濟，而是官僚經濟。徵地、批地是權力在發揮作用，貸款建房又是權力在發揮作用，甚至銷售樓房也是權力在發揮作用。因為許多人是利用權力調動公款去買樓房，炒賣賺了，公私兩利，公家賺了錢，自己有回扣；樓價跌了，挂在那裡不賣，銀行貸款不還，賬面還是保住不虧本。整個過程都是官僚運作，也就是說，海南的千萬、億萬富翁，很多不是依靠艱苦經營而致富，而是利用我們制度的缺憾，利用法律的不完善，利用執法不嚴，利用官僚的私心和貪婪，而突然爆發成巨富，我認為實在到了應該改善的時候了。（看韓柏先生的發言，88-95年房地產投入300個億，我想如果投入幾個億扶助漁業，幾個億扶助農業，一、二十個億振興工業，經濟效益可能要大得多。）

營商賺取利潤，本是天經地義的，但利潤也有合理利潤和暴利之分，在市場經濟成熟的國家或地區，幾乎不可能一夜致富，除非你是賣毒品，賣軍火或從事高風險的炒買炒賣外滙、黃金活動。一般從事正當工商業的人，能在十多年間從無到有，積聚第一個一百萬，已經非常不簡單了。在未來的歲月中能夠繼續發揚光大，變成千萬富翁，已是萬中無一，非常了不起了。至於發展成若干億元的大財團，那不僅需要幾代人的努力不懈，而且還需要幸運之神眷顧。因為正當的經商，利潤只是百分之幾至百分之十幾，能有百分之二十五利潤，那已值得狂喜了。財富依上述百分比增長，自然不能頓成巨富。賺錢不是一件容易事，暴富幾乎是不可能（除非中彩票）。美國總統克林頓夫婦上任前（92年）全部資產只有69萬美元約兑540萬港幣。可是前幾年在中國特別是在海南，只要你找到門路，膽子又夠大，一夜之間頓成巨富者，比比皆是。最近一年，房地產陷於低潮，有些商家（實際是既得利益者）呼籲政府幫助企業（房地產企業）。我不知道省政府如何表態，我個人認為政府千萬不要去當救生員，把炒地皮炒房產者救出生天。而應該嚴格執行國土局的有關規定，把那些買了土地（承批）但放在一邊逾期不發展的，堅決按照法規和合約辦，收歸國家。我並不反對發展房地產，但我反對私相授受，反對不依照法律辦事。

近年來國有資產流失到了非常嚴重的程度，據國務院國有資產管理局政策法規司長透露，一九九三年的調查估計，近十年間，國有資產流失五千億元，平均每年五百億元。上述國有資產還只是企業的資產，還不包括國家的土地資源，若把土地資源也計算在內，恐怕像天文數字般難於計算。

炒賣土地，炒賣樓房自然是一種不健康的現象，全世界所有負責任的政府，都運用法律和種種手段去壓抑這種活動。香港的移民，香港的一些財團，依照香港的經驗，到美、加、澳這些香港移民最多的國家去炒房地產，幾年來幾乎無不損手爛腳（受到損失），並不是香港人不聰明，而是當地政府壓抑這種炒賣活動。

炒賣房產，一不能提高社會生產力。二不是賺外國人，外地人的錢。三助長通漲，抬高物價。這已經是不健康的了，但房地產商畢竟要投入一筆資金，畢竟建起樓房，改善了環境。而尤其可惡的是炒地皮，他們甚至不投入絲毫資金，只憑權力，劃地而炒。別的縣市的情況我知道不多，但我老家文昌縣恐怕是很不好的例子之一。

六年前（九〇年初），文昌清瀾高隆灣沿海地帶的土地和銅鼓嶺的土地，據說全部賣光，說這裡要起酒店，那裡要起度假村。可是一年復一年地過去，高隆灣仍然是一片荒灘，只有富南集團建起的數幢別墅。但這些別墅不是近年建的，而是九〇年、九一年已經建了。其餘地方則原封不動。後來再了解才知道高隆灣的土地一部分被泰國華僑和香港商人買去，大部分卻被文昌縣各個機關以及省裡的一些機關瓜分了。他們並沒有真正投入資金，而是交了一個零頭給主管部門就霸住土地，自己不發展，又不讓別人發展。別人想請他們轉讓土地發展權，他們索取的土地價卻是原本的數十倍甚至一百多倍，聽聞者莫不退避三舍，所以高隆灣銅鼓嶺至今還發展不起來。鄉鎮幹部也有樣學樣，把墟鎮周圍的土地圈起來，設立空殼房地產公司，說鎮上的土地全賣給房地產公司，或某發展公司了。誰想買地建屋就得向空殼公司高價轉讓，鄉鎮幹部則坐地分肥。如此這般，試問文昌怎能建設得起來。

文昌地理環境不差，有很美的椰林和沙灘，銅鼓嶺又是海南島東北平原唯一瀕海的山嶺，景觀甚佳。文昌距離海口市只有七十二公里，假如有高速公路，不到一小時車程，正是發展旅游度假的好地方。可是六、七年過去了，文昌的海邊仍然是一片荒灘，不但發展不起來，而且自然生態大受破壞。濫挖珊瑚，引至海水倒灌，原來百多米寬的沙灘如今只剩下二、三十米，令人不忍卒睹。東郊建華山海灘由農民漁民自發地發展起來，縣政府不加以監管，不給予指導，以至濫佔海灘，在沙灘上建屋，在淺海養魚，全都是在做破壞環保的事。而尤其荒謬的是，他們霸佔了公家的海灘，破壞了環境不算數，還要徵收人頭稅，每個人都要付買路錢才可以進去，能說文昌縣政府沒有責任嗎？

改革開放以來，文昌遠遠落後於瓊山、瓊海、三亞等縣市，老百姓抱怨文昌地理環境不如人，我說不對，是文昌不幸，沒有遇上好的領導班子，以至別人都跑步了，自己還在原地爬行。現在被人家抛開那麼遠，要追談何容易。一九九六年是旅游年，文昌耽誤幾年，趕不上這班車了，游客的錢讓三亞、海口賺去了，文昌只能乾咽口水。然而亡羊補牢，未為晚也！我很希望省國土局和相關部門，全面清查一下，看看文昌，看看全省到底有多少土地被囤積起來，逾期不發展？並嚴格執行國家規定，把這些土地重新收歸國有，等待有需要的時候，通過公開拍賣的辦法，轉讓給真正有意發展而且具有實力的私人或財團。不要對炒賣土地者「寬鬆」姑息，對他們「寬鬆」姑息，就是對老百姓的殘忍。

土地資產有限，人口一天天增加，但海南島的面積不會增大，中國的面積不會增大，地球的面積也不會增大。買入土地放上十年八年，一定會賺大錢，土地的價格一定增長，正因為這樣國家才會規定發展期限。如果放着國家的法律條規不執行，不僅使法律失去尊嚴，而且使法律失去公信力，使政府也失去公信力。

我六十年代離開中國大陸，八五年二月才第一次回來。那時新的法規剛制定，到處都看到宣傳法治。軍警紀律嚴明，政府官員也還清廉，令人覺得中國充滿希望。可是十二年後，有法不依，執法不嚴，特權泛濫，政令不行的情況越來越嚴重，令人不能不深為憂慮。

有法不依，執法徇私遠比無法可依要壞得多，對經濟和社會的破壞也比想象中要大得多。我們鄰近的菲律賓，在一九六四年之前是全亞洲最富裕的國家，人均收入高過日本、香港、新加坡，而那時台灣、南韓尚未起步。可是馬可斯執政之後，藉口應付共產黨顛覆和回教徒獨立運動，實行軍法統治，廢除了一部分法律，縱容政府官員和軍警有法不依，濫用特權。十多二十年後，造就了一批土豪巨富，有的莊園主不但擁有跨越幾個縣的土地，而且擁有私人軍隊。而政府高官則個個富可敵國，馬可斯家族的財產就高達五十億美元。可是菲律賓的經濟卻被拖垮了，中資階級萎縮，兩極分化加深，絕大多數老百姓日益貧困。曾經富裕過的菲律賓也變成窮國，人均收入比中國沿海地區還要低。於是，菲律賓的男人只好到外國去當僕人、司機；女孩子只好到外國去當女傭。單在香港菲律賓女傭就有十多萬，其中有相當大部分是擁有大學畢業文憑的。可以說菲律賓的一切不幸，都是從馬可斯濫用權力，破壞法治開始，可資殷鑒。

法治是市場經濟的基礎，不管是資本主義市場經濟，或者是社會主義市場經濟。沒有法治就沒有公平交易，沒有平等競爭，也就無法抑制（更不要說杜絕了）違法亂紀以權謀私、貪污腐敗的行為。我們有省籍、縣籍迴避制度，卻沒有利益迴避制度。先進的西方工業國家，包括西歐、美、加、日本，他們沒有籍貫迴避，卻有嚴密的利益迴避制度，並且嚴格執行這一制度。公務員不准經商，主要官員必須申報資產，並在上任之前辭去所有公司董事職務。手上的股票，債券也要交給獨立的財務公司處理。比如你是負責城市規劃建設的城建局局長或分管城建的副市長，不但本身不能擁有房地產公司或建築公司，連直系親屬、傍系親屬也不能參加政府工程的投標。若事前把城市建築規劃向親友透露，讓他們到將要發展的地段，炒樓炒地，就等於利益輸送，其罪跟貪污相同。我主張嚴格執行《土地管理法》和《城市房地產管理法》，只是希望向法治邁開小小的一步，並希望一步步走下去，讓權力逐漸退出市場。只有權力退出市場之後，才能發展健康的市場經濟。

改革開放已經有十五、六年，確定社會主義市場經濟路向也已經四年了，經濟越趨發達，社會也越趨複雜，法治也越顯得重要。這好像緊張的球賽，假如沒有游戲規則或者裁判徇私不嚴格執行規則，勢必混亂不堪，甚至揮拳相向，把球賽變成拳賽，最終必然是再也玩不下去了，社會也同此理。沒有民主而有法治，可以發展經濟，香港沒有民主，但有自由、法治，所以經濟能迅速發展；新加坡，蔣經國時代的台灣，金泳三上台前的南韓，沒有民主，自由也不是十分充分，但有法治，也能迅速發展經濟。沒有法治的社會絕對不能發展經濟，只能助長貪污腐敗，像非洲、拉丁美洲，像印尼、印度。所以我說，民主可以漸進，法治必須緊急嚴格執行。

一個社會有法不依，執法不公，徇私枉法，是很危險的。流風所及，可以侵蝕社會每一寸膚肌每一個器官。中共香港工委的機關報香港《文滙報》九六年一月八日報導：

「一名海口市邊防局武警士兵在海口市濱海大道與新港路交接處攔乘出租車（的士），因司機聲言下班拒載而與司機發生口角，司機發動車時刮到士兵腿部而發生沖突，位於附近的市邊防分局另三名士兵加入一道將司機打傷，引起上百輛出租車及上千人圍觀。……經過兩個多小時的現場調查、審訊、取證，將四名肇事者收容審查，並決定由武警海口邊防分局負責傷員一切醫療費用。至次日凌晨圍觀人群散盡。」非共產黨辦的香港報紙則大肆渲染，說當場把人打死，引起數百的士和數千群眾抗議騷動云云。

此事似已解決，但通過此事也可以看到執法人員也不重視法治，紀律隊伍紀律鬆弛。身為執法人員的武警，為什麼不依法辦事？為什麼不用法律去制裁拒載的司機？而要動用拳頭？身為武警難道不知道聚眾打架傷害他人身體是犯法的嗎？難道不知道街頭打架像流氓多過像戰士嗎？

全國政協出版的《人民政協報》九六年一月十三日周末版報導的海南儋州市非法毀林及洋浦港違法出口木材的事件。我希望政協委員們仔細讀一讀這篇報道，其要點是：省政府辦公廳個別工作人員私自扣下省林業局的書面意見（反對的意見）違例批准桉木片出口。洋浦開發管理局副局長林芳明、公安局副局長李建軍、經濟發展局金副局長不看文件，自己成為法盲還不自知，還理直氣壯。儋州市林業局為了地方利益，知法犯法，出具假證明。儋州市公安交警大隊，扣押省林業局公安局人員阻止他們執法。

上述由國內報紙和香港中共黨報揭露出來的事例，只是冰山的一角，可見我省的法治混亂到什麼程度，長此下去，後果堪虞。而想改善這種情況，我認為，上級機關要以身作則；領導要以身作則；紀律部隊公安、武警、軍隊要以身作則；司法機關法院、檢察院要以身作則。

啟程來海南前看到一份資料，「國務院對台辦」有關人員透露，前國家主席楊尚昆最近到南方視察時說了三句話，他說：糾社風要先糾黨風；反腐敗要先反黨權、職權大於法；治安要先治公安、司法部門。很值得大家參考。

一九九六年二月七日在海南省政協大會發言

（依海南省政協打印稿排版）

後記

《從中西文化探索中國的出路》是我第一本政論集，也可能是我最後一本政論集。我唸的雖然是文學系，並曾醉心於文學創作，但在以往的寫作生涯中，大部份時間和精力卻用於撰寫政論和當代歷史人物傳記。因為我生長於一個文學漸趨沒落的時代，生活於匱乏文學土壤的香港，從事文學創作注定要餓死，為了活命不得不棄文學而就政論。從一九六八年杪發表第一篇政論文章算起，至今已有二十七年，大至上可以分為三個階段：

第一階段是一九六八至一九七八年，那時「文革」如火如荼，極左狂飆橫掃神州大地，上億人挨鬥受罪，生產凋蔽，經濟瀕臨破產，百姓受盡饑寒煎熬。國際間更是風雲激盪，越戰猶鏖中蘇雙方又陳兵三百餘萬於邊境，互相對峙。那時我剛抵香港不久，一方面是為了賺取生活費用，一方面是激於義憤，以待旦等多個筆名，在《中國評論》、《時代批評》、《鐘聲》、《展望》、《萬人雜誌》、《星島日報》、《工商日報》等右翼報刊上，發表抨擊毛、林（彪）、四（人幫）和分析中國大陸局勢的文章，這一階段的文章只是針對一時一事，沒有長久參考價值，我自己也沒有仔細保存，所以沒有一篇收於這本集子中。可以說，十年言論如流水，船已駕過水無痕。儘管如此，我仍然為自己當年批毛、批林、批四人幫而感到自豪。

第二階段是一九七九至一九八九年，主要是七九至八二這三、四年，那時我主持《東西方》月刊，經常以社論，本刊評論員等名義對時局發表意見，支持鄧小平的改革開放，反對華國鋒的「兩個凡是」；支持民主，反對專制。這個時期由於沒有任何束縛，最能暢所欲言，筆下的文字最能代表我真正想法。現以寫作時間為序收錄於第二輯。這些文章雖然是十餘年前寫的，但如今再看一遍，覺得並沒有過時。十餘年前我所關注的許多問題，至今尚未解決，我所批評的許多現象，如今不僅照樣存在，甚至變本加厲；我所提的許多建議，於今仍有參考的價值。由此也可以反證，十餘年來，中國（共）的政治改革十分緩慢，民主進程十分緩慢，甚至在某些方面還出現倒退的現象。

第三階段是一九八九年迄今，《東西方》月刊於八二年夏停刊之後，我把主要精力放在中國當代史的研究，收獲頗豐。一九八四年至今，已出版《鄧小平評傳》四卷，此外還有《毛澤東評傳》、《蔣經國評傳》等，這一階段我甚少寫時評和政論。可是，由於《鄧小平評傳》為我帶來些許聲名，偶而會獲邀參加一些國際學術研討會，為免太過失禮，不得不提交論文，現把有關論文收集於第一輯。這些論文篇幅較長，也經過較長時間思考，自信有一定的參考價值。儘管不同的論文論題不同，但都沒有脫出為中國探索出路的範疇，故以《從中西文化探索中國的出路》為書名。

一九九二年年底，海南省統戰部跟我接觸，邀我出任省政協委員，並表示已經獲得省組織部和新華社香港分社的審查和批准。我很感意外，也甚為猶豫，但經過再三考慮終於決定接受邀請。我認為這樣做更有利於服務鄉梓，為家鄉盡點棉力。我出任海南省政協委員至今已四年，作了四次大會發言，也寫了四份提案。這些發言和提案，說的雖是一省之事，但卻跟全國情形息息相關。故以附錄形式編於第三輯。

像我這樣的人竟能當上省政協委員，像我這樣的言論竟能多次在大會講台上侃侃而談，我希望這不像是個別人士的失算，而是中共在這方面有所進步，寬容量有所增大。

自從執筆以來，我都堅持講真話，寫自己的真實感受，說出自己的真正見解。我雖然知道，在中國歷史中，說真話的沒有幾個人會有好下場。我更知道歌功頌德可換來豐厚的利益甚至加官晉爵，但性格使然，我不能寫出連自己也不相信的謊言。然而不管我對中國共產黨的批評是何等的尖銳，對中國大陸專制腐敗的批評是何等的尖銳，我始終抱着中共能夠自我改造自我完善的良好願望，希望中國不要付出太巨大的代價，逐漸走上法治、自由、民主、繁榮、富強之路。可惜的是近三、四年來，中國在政治體制改革和意識形態方面，出現倒退現象；而在治安、教育、醫療以及人的精神面貌方面，更是令人沮喪。現在已經不是「知」與「不知」的問題，而是有沒有勇氣去改，有沒有魄力去改的問題。作為一個論政者，我已經產生無力感、無奈感。我很希望就此告一段落。希望在有生之年，在腦力和精力都未急劇衰退之前，能夠有機會再回過頭來搞點文學。這也正是我因簡陋地編這本集子的原因。我並不希企它發揮什麼作用，只想留個紀念，免其失散而已。

明年一九九七年，香港主權回歸，中國、香港會有什麼變化？很難估計。我個人何去何從或會有什麼變化也很難估計。然而這一切既不由我控制，也不在我計算之中，那就不必過分操心去籌謀計劃了。佛曰：「緣聚而生，緣散而滅。」一切隨緣。

寒山碧

一九九六年二月廿六日（正月初八）

又及：由於估計本書銷量不多，為免虧損太巨，排版因簡就陋，至感抱歉，尚祈見諒。

寒山碧著作年表

著作：

（1）《蜉蝣集》（詩）1973年，香港中國文史哲出版社。
（2）《星螢集》（散文詩）1973年，香港中國史哲出版社。
（3）《漂泊的一代》1976年，香港中國文史哲出版社。
（4）《妻哭兒啼集》1976年，香港中國文史哲出版社。
（5）《鄧小平評傳》（最初版本）1984年，東西文化事業有限公司。
（6）《中國作家作品瑣談》1985年，東西文化事業有限公司。
（7）《鄧小平評傳》第二卷（文革時期）1987年，東西文化事業有限公司。
（8）《毛澤東評傳》1987年，台灣天元出版社。
《毛澤東評傳》1987年，香港東西文化版。
（9）《鄧小平評傳》（第一卷重寫本）1988年。
《鄧小平評傳》（第一卷）台灣天元出版社，1988年。
（10）《鄧小平傳》日文版（伊藤潔教授譯，中央公論社出版），1988年。

（11）《鄧小平傳》（中文簡易本），香港東西文化，1988年。
（12）《鄧小平評傳》（第三卷）（鄧小平時代），香港東西文化，1988年。
《蔣經國評傳》台灣天元出版社，1988年。
《蔣經國評傳》香港東西文化版，1988年。
（13）《歷史的創傷》（上下冊）主編，1989年，東西文化事業有限公司。
（14）《毛澤東情史》1991年，東西文化事業有限公司。
（15）《鄧小平最後歲月》1993年，東西文化事業有限公司。
（16）《鄧小平傳》（革命篇）台灣中國時報出版社，1993年
（17）《鄧小平傳》（治國篇）台灣中國時報出版社，1993年
（18）《中共四大家族》1996年，東西文化事業有限公司。
（19）《從中西文化探索中國之出路》1996年，東西文化事業有限公司。
（20）《寒山碧雜文選》1997年出版，東西文化事業有限公司。
（21）《寒山碧小卷》1998年，東西文化事業有限公司。
（22）《六・四民運史》1999年，東西文化事業有限公司。
（23）《香港傳記文學發展特色及影響》主編，2000年，東西文化事業有限公司。
（24）《還鄉》（長篇小說，《狂飆年代三部曲》第一部）2001年，東西文化事業

有限公司。

（25）《香港傳記文學發展史》《文學史》2003年，東西文化事業有限公司。

（26）《香港的困境與希望》2005年，東西文化事業有限公司。

（27）《中國新文學的歷史命運——二十世紀中國文學的回顧與二十一世紀的展望》主編（2007年7月），香港中華書局。

（28）《韓氏三千年》（2007年12月），東西文化事業有限公司。

（29）《我的文學思考》（文藝論文），香港天地圖書有限公司，2007年。

（30）《徐訏作品評論集》編著，香港文學研究社，2009年。

（31）《理論探討與文本研究——中華傳記文學國際學術研討會論文集》主編，香港中華書局，2010年。

（32）《逃亡》（長篇小說，《狂飆年代三部曲》第二部），（《還鄉》同時再版），東西文化事業有限公司，2013年。

（33）《他鄉》（長篇小說，《狂飆年代三部曲》第三部），東西文化事業有限公司，2013年。

（34）《宋美齡——一個偉大的女性》合著，東西文化事業有限公司，2015年。

（35）《寒山碧狂飆年代三部曲評論集》編輯，東西文化事業有限公司，2018年。

（36）《我的文學足印》（記實），東西文化事業有限公司，2018年。
（37）《越山擊浪歲月》（記實偷渡故事），東西文化事業有限公司，2019年。

國家圖書館出版品預行編目資料

建立中華聯邦的芻議：從中西文化探索中國之出路／寒山碧著. -- 初版. -- 新北市：華夏出版有限公司, 2023.07
面； 公分. --（Sunny 文庫；311）
ISBN 978-626-7296-28-8（平裝）
1.CST：中國大陸研究 2.CST：政治發展
3.CST：文集

574.107 112005389

Sunny 文庫 311
建立中華聯邦的芻議：從中西文化探索中國之出路

著　作　寒山碧
印　刷　百通科技股份有限公司
電話：02-86926066 傳真：02-86926016
出　版　華夏出版有限公司
220 新北市板橋區縣民大道 3 段 93 巷 30 弄 25 號 1 樓
電話：02-32343788　傳真：02-22234544
E-mail：　pftwsdom@ms7.hinet.net
總 經 銷　貿騰發賣股份有限公司
新北市 235 中和區立德街 136 號 6 樓
電話：02-82275988　傳真：02-82275989
網址：www.namode.com
版　次　2023 年 7 月初版一刷
特　價　新台幣 680 元（缺頁或破損的書，請寄回更換）

ISBN-13：978-626-7296-28-8